Workbook
to accompany

Deutsch: Na klar!

Workbook
to accompany

Deutsch: Na klar!
An Introductory German Course

Fifth Edition

Jeanine Briggs

Di Donato • Clyde • Vansant

Boston   Burr Ridge, IL   Dubuque, IA   Madison, WI   New York   San Francisco   St. Louis
Bangkok   Bogotá   Caracas   Kuala Lumpur   Lisbon   London   Madrid   Mexico City
Milan   Montreal   New Delhi   Santiago   Seoul   Singapore   Sydney   Taipei   Toronto

*The **McGraw·Hill** Companies*

Mc Graw Hill **Higher Education**

Published by McGraw-Hill, an imprint of The McGraw-Hill Companies, Inc., 1221 Avenue of the Americas, New York, NY 10020. Copyright © 2008. All rights reserved. No part of this publication may be reproduced or distributed in any form or by any means, or stored in a database or retrieval system, without the prior written consent of The McGraw-Hill Companies, Inc., including, but not limited to, in any network or other electronic storage or transmission, or broadcast for distance learning.

This book is printed on acid-free paper.

1 2 3 4 5 6 7 8 9 0 CUS / CUS 0 9 8 7

ISBN: 978-0-07327809-4
MHID: 0-07-327809-2

Editor in chief: *Emily G. Barrosse*
Publisher: *William R. Glass*
Sponsoring editor: *Christa Harris*
Director of development: *Scott Tinetti*
Developmental editor: *Paul Listen*
Marketing manager: *Nick Agnew*
Media producer: *Allison Hawco*
Production editor: *Mel Valentin*
Art editor: *Ayelet Arbel*
Illustrator: *Wolfgang Horsch*
Photo research: *David Tietz and Sonia Brown*
Production supervisor: *Louis Swaim*
Composition: *10/12 Palatino by Aptara, Inc.*
Printing: *Von Hoffmann Graphics*

Credits: The credits section for this book begins on page 303 and is considered an extension of the copyright page.

http://www.mhhe.com

Contents

Preface

The *Workbook to accompany* **Deutsch: Na klar!** *Fifth Edition,* includes an **Einführung** plus fourteen chapters, all correlating with the main text to offer written practice of vocabulary and grammar, additional reading materials and activities, and special activities to develop thinking and writing skills in German. Art, maps, realia, and various graphics enhance the learning process throughout the *Workbook.* Whenever appropriate, **Kulturtipps** and **Sprachtipps** explain curiosities or points of interest in the realia.

How the Workbook Corresponds to the Main Text

Alles klar? sets the thematic stage of each chapter. In this edition, the *Workbook* uses the opening photo from the main text to start developing the chapter theme. The accompanying activity invites students to study the image and "read" it visually using known vocabulary.

Wörter im Kontext follows the order of the **Themen** in the main text. Section by section, it helps students comprehend, acquire, and practice the chapter vocabulary.

Wortraum, a new and exclusive feature of the *Workbook,* allows students a space in each chapter—always following the **Wörter im Kontext**—in which they can choose and apply chapter vocabulary items of personal interest.

Grammatik im Kontext follows the sequence of grammar presentations from the main text. It features written exercises that focus on the understanding, practice, manipulation, and application of grammatical forms and structures.

Sprache im Kontext offers authentic texts for additional reading practice. As in the main text, a skimming and/or scanning activity called **Auf den ersten Blick** introduces the general idea of the reading, and an activity titled **Zum Text** focuses more intently on language and context. In order to develop specific writing skills, some chapters offer a subsequent writing activity, so that students can respond to the general theme of the reading or personalize some aspect of it through writing.

Na klar!, a new and exclusive feature of the *Workbook,* once again calls students' attention to the entire context or some detail of the opening photo of the main text. Through this second look, students can experience a sense of satisfaction and progress, as they comfortably apply newly acquired vocabulary and grammar in an engaging activity.

Journal, a familiar feature of the *Workbook,* offers guidelines, suggestions, questions, and a variety of prewriting techniques that enable students to think about a topic and to conjure up ideas and vocabulary items without needing to turn to the main text or to a dictionary for help. The goal is for students to write freely and comfortably, applying the skills and knowledge of the language they have acquired up to any given point—without the fear of making mistakes. (Please see *To the Student* and *To the Instructor* in this preface for further explanation of journal writing and for suggestions for responding to the journal entries.)

New Features in the Fifth Edition

- **Alles klar?** focuses attention on the chapter opening photo from the main text, thereby helping students "think" in German as they respond to the image and chapter theme.
- **Wortraum** (following **Wörter im Kontext**) personalizes chapter vocabulary items in terms of selection and provides a location for practice and development.

- **Na klar!** at the end of the chapter once again exploits the chapter opening photo from the main text. By referencing the same image, students can measure their progress in terms of the language skills available to them at the beginning and at the end of the chapter.

Improvements in the Fifth Edition

- The expanded Contents section clearly shows the theme-by theme, point-by-point correlation between the main text and the *Workbook*.
- Additional vocabulary activities in many chapters more fully develop the **Themen** and give students a more secure handle for navigating the grammar sections.
- Additional grammar exercises in many chapters ensure a firmer foundation on which to build thinking, speaking, reading, and writing skills in German.
- Updated realia and visuals offer a fresh look while retaining the strengths of past editions.

To the Student

Wortraum: This is the space and location where you can identify, work out, and practice your own vocabulary interests and needs. Feel free to annotate the margins and attach additional cards or sheets of notes to the pages, anything that works for you in your accumulation of vocabulary.

Complete and incomplete answers: Some exercises call for a short answer (**eine kurze Antwort**), others may require complete sentences (**vollständige Sätze**), depending on whether the focus is on the expression of information within a key grammar point or on the broader context within the constructions and patterns of German sentences.

Writing space: Blank lines or space for writing are offered in the *Workbook*. Whenever an activity requires a separate sheet of paper, you will see this icon:

Answer key: At the end of the *Workbook* you will find answers to all exercises except those that call for your personal, individual response. The key works most effectively if you use it only as a check, after you have completed an assignment. In this way, you can identify for yourself areas that you need to review.

Alles klar? and *Na klar!* *sections:* As you complete each **Na klar!** section, take a moment to return to the **Alles klar?** section at the beginning of the chapter. Congratulate yourself on your language-learning progress!

Journal: For this section of the *Workbook*, you will need a notebook of your own choosing, one that you feel comfortable with and that you can use exclusively for journal writing in German.

The pre-writing techniques help you think in German and organize your thoughts before you begin writing. Apply these techniques in whatever way works best for you and annotate the *Workbook* pages freely: check and/or cross out items; modify and personalize phrases; choose and expand ideas you want to include; jot down short answers to applicable questions; reorder information according to your own approach to the subject matter.

You have three choices as you approach each journal entry: 1) write from your own personal perspective; 2) write in the third person about a friend, family member, celebrity, or a fictitious character; 3) write in the first person about a German-speaking persona that you take on and develop as your own. You can stick with one viewpoint through the entire course or switch viewpoints chapter to chapter.

The journal will help you feel comfortable thinking and writing in German. Therefore, set aside a quiet time for writing in your notebook. Express yourself freely and at length. Take risks. Don't worry about making mistakes; instead, consider errors in your journal entries a natural part of the language-learning process. By the end of the course, you will have completed fifteen journal entries. By comparing early entries with later ones, you will see your dramatic progress for yourself—and, if you wish, you can then catch and correct your own errors in spelling or grammar. Feel free to personalize your journal entries with drawings, diagrams, mementos, photos, or images from magazines—and add captions to these illustrations.

In addition to the enjoyment of personal expression through your journal entries, you will have the satisfaction of communicating with others through written German and of receiving a positive response from your instructor—or, possibly, from another member of your class. If you exchange notebooks, you will enjoy reading, understanding, and responding in written German expressions to someone else's entry.

To the Instructor

Spelling and grammar: Encourage students to find and correct their own errors. Because students can check their responses to all single-response activities against the answer key, you can focus on responding to open-ended and creative writing activities.

Responses to creative writing: Make corrections and write comments neatly and in handwriting that students can readily decipher. Give feedback in the margins, at the beginning or end or a paper, or on a clean slip of paper attached to the student's work.

Rewriting: From time to time, ask students to rewrite and fully develop a piece of creative writing. Feedback from you and/or from others in the class will help in this process: What questions does the writing evoke? What areas are unclear? What details could be added? What needs further explanation? What begs for more description? Or, what should be omitted? Try to keep feedback in German, however simple.

Responses to journal entries: See previous sections of this preface for explanations of the journal. Students will write in a separate notebook of their own choosing. Avoid marking spelling or grammar errors in the journals. Instead, give students the satisfaction of knowing they have conveyed meaning through written German. At the end of every journal entry, write a response in simple German: questions to indicate your interest in the subject, positive comments, experiences or ideas that a student's writing may have evoked, or whatever else comes to mind. Your written comments will validate the communicative process. If your class feels comfortable sharing their journals with others, you might have students read and respond to one another's entries once they have acquired some vocabulary and techniques.

Acknowledgments

Many thanks to the following people for contributing their time, talents, and effort to the success of this *Workbook:* To Robert Di Donato, Monica Clyde, and Marie Deer, whose input and suggestions for this and previous editions have greatly enriched the materials; to Paul Listen for his outstanding editorial work, suggestions, and input; to Beatrice Hohenegger for her excellent copyediting skills; to Veronica Oliva, who obtained permission to reprint the authentic materials; to George Ulrich, Irene Benison, Anne Eldredge, Kevin Berry, Brandon Carson, and Teresa Roberts for their captivating illustrations; and to the entire World Languages team at McGraw-Hill, including Christa Harris, Susan Blatty, Scott Tinetti, Nick Agnew, Amanda Peabody, and William R. Glass.

Einführung

Hallo! Guten Tag! Herzlich willkommen!

Aktivität 1   Alles klar?

Two college friends greet each other. Cross out the only phrase that would not be appropriate in that situation.

1. Hallo!
2. Guten Tag!
3. Herzlich willkommen!
4. Tag!
5. Grüß dich!
6. Guten Appetit!
7. Geht's gut?
8. Guten Morgen!

Aktivität 2   Willkommen in Deutschland!

»Herzlich willkommen!«

Guten Morgen!

GUTEN TAG!

KULTURTIPP

The word **Karstadt** appears on the menu, napkin, bowl, and plate. **Karstadt** is the name of a large department store chain in Germany. The stores belonging to this chain often have their own restaurant on the premises.

A chef in Germany welcomes two North American students to his culinary class. Write the missing words to complete the greetings.

HERR LANG: Hallo! _____ Name ist Peter Lang. _____ ist Ihr Name bitte?

FRAU WALL: Guten Tag, Herr Lang. Ich _____ Carolyn Wall.

HERR LANG: _____ mich, Frau Wall. Und _____ kommen Sie?

FRAU WALL: Ich _____ aus Chikago.

HERR LANG: Ah ja, Chikago … Und Sie? Wie _____ Sie, bitte?

HERR GRAY: Ich heiße Jonathan Gray, und ich komme aus Vancouver.

HERR LANG: Nun, herzlich _____ in Deutschland!

Wie schreibt man das?

Aktivität 3   Wie, bitte?

The first letter of each word is correct. Unscramble the remaining letters and write the correctly spelled expressions. For practice, spell each expression aloud in German; then say each expression aloud with appropriate intonation.

A: Getnu Abdne!   _Guten Abend!_ _____

B: Gßür dhic! _____

C: Dknae sönhc! _____

D: Btiet shre! _____

E: Ihc hieeß Eav. _____

F: Ftreu mhci! _____

G: Afu Wheeesdirne! _____

H: Thücsss! _____

Hallo! — Mach's gut!

Aktivität 4   Situationen und Reaktionen

Suppose you are studying in Germany. Write an appropriate expression for each situation on the next page. Some situations have more than one possible response.

HALLO...   **Bitte.**

1. You run into a friend on the street and ask how he or she is doing.

   _____

2. You say good night to your guest family in Germany just before going to your room.

   _____

3. You greet your colleague from Munich with an expression that is customary in southern Germany.

   _____

4. In the early afternoon you enter a small shop in a northern German city and greet the shopkeeper.

   _____

5. You enter your 9:00 A.M. German class and greet your professor.

   _____

6. You thank your roommate for a favor.

   _____

7. Your roommate acknowledges your comment.

   _____

8. You greet your friends in a coffeehouse.

   _____

Na, wie geht's?

Aktivität 5 Wie geht es dir? Und dir? Und ...

Speaker A asks: **Wie geht es dir?** Speaker B responds: **Ausgezeichnet!** Write an appropriate response for speakers C–G. More than one answer may be possible in each situation.

A: Wie geht es dir?

B: _Ausgezeichnet!_

C: _____

D: _____

E: _____

F: _____

G: _____

So zählt man auf Deutsch.

Aktivität 6 Anzeigen° per Fax

Complete the dialogue by writing each digit as a word.

Anzeigen per Fax

aufgeben: **1 83 594**

HERR REUTER: Wie ist die Faxnummer für Anzeigen, bitte?

FRAU WENDT: Die Nummer ist _____, _____, _____,

_____, _____, _____.

HERR REUTER: Danke.

FRAU WENDT: Bitte.

Aktivität 7 Teenager

The following teenagers introduce themselves. Write each age as a word to complete the information.

Sigrid Lippmann (17)   Anneliese Vogt (19)
Jürgen Schwab (16)   Thomas Zellmer (13)

1. Tag! Mein Name ist Sigrid. Ich bin _____. Ich komme aus Mainz.

2. Guten Tag! Mein Name ist Jürgen, und ich bin _____. Ich komme aus Leipzig.

3. Grüß dich. Ich bin _____, und mein Name ist Anneliese. Ich komme aus Salzburg.

4. Hallo! Ich komme aus Basel. Ich bin _____, und mein Name ist Thomas.

Aktivität 8 Countdown

The fans are counting down the seconds to the end of an exciting soccer game. Supply the missing numbers.

FANS: _____, neunzehn,

_____,

siebzehn, sechzehn, _____,

_____, dreizehn,

_____,

_____,

_____, neun,

acht, _____,

_____, fünf,

vier, drei, _____, eins, null!

Aktivität 9   Paare

Write the numbers as words.

1. Herr Voß ist _____ (23),

   Frau Voß ist _____ (32).

2. Frau Kramer ist _____ (59),

   ihr (_her_) Vater ist _____ (95).

3. Frau Hübner ist _____ (67),

   Herr Hübner ist _____ (76).

4. Frau Bruhn ist _____ (84),

   ihr Sohn ist _____ (48).

Aktivität 10   Zahlen über hundert

> SPRACHTIPP
>
> In German as well as in English, large numbers normally appear as numerals rather than as words. However, when spelled out, a number in German is printed as one word, regardless of length.
>
> | | |
> |---|---|
> | 42 | zweiundvierzig |
> | 842 | achthundertzweiundvierzig |
> | 6 842 | sechstausendachthundertzweiundvierzig |

A. Write the numeral for each word.

1. einhundertzweiundsiebzig _____

2. dreihundertfünfundachtzig _____

3. fünfhundertneununundneunzig _____

4. zweitausendsiebenhundertsechs _____

Now write each number as a word.

5. 201 _____

6. 446 _____

7. 647 _____

8. 9 661 _____

B. For pronunciation practice, say each of the eight numbers in A aloud. Practice saying them until they sound smooth and natural.

Aktivität II   Wie ist Ihre Adresse, bitte?

SPRACHTIPP

The address side of a German postcard normally includes four lines with a space between the third and fourth lines. The word **Frau** or **Herrn** (accusative form) normally appears by itself on the first line. The name goes on the second line, the street address on the third line, and the postal code and city on the fourth line.

Mr. Schuster has just ordered a book from a bookstore. The bookdealer fills out a postcard, which he will send to Mr. Schuster when the book arrives. Read the following dialogue; then address the postcard accordingly.

BUCHHÄNDLER: Wie ist lhr Name, bitte?
HERR SCHUSTER: Georg Schuster.
BUCHHÄNDLER: Und Ihre Adresse?
HERR SCHUSTER: Poststraße zwanzig.
BUCHHÄNDLER: Die Postleitzahl?
HERR SCHUSTER: Sechs, neun, eins, eins, fünf.
BUCHHÄNDLER: Und die Stadt?
HERR SCHUSTER: Heidelberg.
BUCHHÄNDLER: Danke, Herr Schuster.

ABSENDER siehe Rückseite[1]

[1]RETURN ADDRESS see other side

Nützliche Ausdrücke im Sprachkurs

Aktivität 12   Im Deutschkurs

Write an appropriate statement or question for each student, as suggested by the picture. More than one expression is possible.

[1]homework

STEFAN: _____

ANNA: _____

BRIGITTE: _____

THOMAS: _____

PETER: _____

KARIN: _____

Sie können schon etwas Deutsch!

Aktivität 13   Lernen plus!

Read through the ad. Then use words from the ad to fill in the blanks.

[1]*in particular*

1. Institut auf dem Rosenberg offers summer language courses. Write the German word for that but omit the two hyphens. _____

2. The institute offers language classes in what two languages?

   a. _____   b. _____

3. The institute also offers intensive courses in what academic subject?

   _____

4. What word tells you that the classes are small? _____

5. What word indicates that they offer private instruction? _____

6. In addition to coursework, students have an opportunity for *Spiel & Sport*. Name one of the three sports mentioned. _____

7. Provide the following contact information from the ad.

   a. Namen: _____, _____

   b. Adresse: _____

   c. Postleitzahl: _____   f. Telefonnummer: _____

   d. Stadt: _____   g. Faxnummer: _____

   e. Land: _____   h. Website: _____

Aktivität 14 Wo spricht man was?

Some countries have one official language; others have more than one. Write the names of some countries that have the following official languages.

1. Dänisch: _____

2. Deutsch: _____

_____

_____

_____

_____

_____

3. Französisch: _____

4. Polnisch: _____

5. Tschechisch: _____

Aktivität 15 Woher kommen Sie?

Write the German names of the countries that correspond to the following international abbreviations.

Volkswagen –
da weiß man, was man hat.

Danke schön, Europa.

1. F _____

2. D _____

3. DK _____

4. FL _____

5. PL _____

6. CH _____

7. CZ _____

8. A _____

Aktivität 16 Sie können schon etwas Deutsch schreiben.

You can already write some German. Write a brief note to another student. An example and suggested phrases are shown.

> Hallo, Andrew, wie geht's? Prima? Na, mach's gut!
>
> Beth

So lala?   Wie ist deine Telefonnummer?   Hallo!   Wiedersehen!

Prima?   Wie geht es dir?

Na, mach's gut!   Na, wie geht's?   Tschüss!   Grüß dich!

Aktivität 17 Na klar!

Write a short dialogue to accompany the photo on the previous page. Who speaks first? What does he/she say? How does the other person respond? What question(s) do they ask each other? What are the replies? Use expressions you have learned in this chapter.

_____

_____

_____

_____

_____

_____

_____

_____

_____

Journal

Before you begin writing, please reread the section titled "To the Student" in the preface to this workbook, especially the paragraphs about journal writing.

Introduce yourself in your first journal entry. Write a greeting, then add your name, where you are from, your address (**Meine Adresse ist ...**), and your telephone number. Write one more sentence to express two or three of your interests: **Meine Interessen sind** (_are_) ... **und ...**

Film	Sport	Internet	Yoga
Fotografieren	Tanz	Deutsch	Science Fiction
Literatur	Tennis	Politik	Philosophie
Musik	Theater	Astronomie	Biotechnologie

KAPITEL

1

Das bin ich

Alles klar?

A. Imagine you approach this group of students and ask **Na, wie geht's?** Write an appropriate response to your question from each of the five persons in the photo.

1. _____

2. _____

3. _____

4. _____

5. _____

B. Check the adjectives that describe the five persons in the photo as they appear to you.

	freundlich	uninteressant	sportlich	unfreundlich	enthusiastisch	intelligent	pessimistisch	optimistisch	intolerant	extrovertiert	introvertiert
Person 1											
Person 2											
Person 3											
Person 4											
Person 5											

Wörter im Kontext

Thema 1
Persönliche Angaben

Aktivität 1   Wer bin ich?

Choose words from the box to complete the paragraph logically. Not all words will be used.

> aber
> aus
> geboren
> Hochschullehrer
> arbeite
> Nachname
> wohnen
> groß
> Beruf
> Geburtsort
> heiße
> Postleitzahl
> Vorname

Hallo! Ich _____ Martin Thomas. Martin ist mein

_____, und Thomas ist mein _____. Ich bin

_____ von Beruf. Ich _____ an der Freien

Universität. Meine Frau ist Architektin von _____. Ich bin in Hamburg

_____, _____ meine Frau und ich

_____ jetzt in Berlin. Wir finden alles hier sehr interessant.

Thema 2
Sich erkundigen

Aktivität 2 Wer ist sie?

Read the following paragraph; then extract information from it to complete the chart.

Hallo! Ich heiße Renate Menzel. Ich komme aus Österreich. Meine Geburtsstadt ist Linz. Ich bin 26 Jahre alt. Ich bin Studentin an der Universität Wien. Ich studiere Musik. Ich finde die Uni und die Stadt Wien wirklich faszinierend. Tanzen macht mir Spaß.

Vorname: _____

Nachname: _____

Geburtsort: _____

Wohnort: _____

Alter: _____

Beruf: _____

Hobby: _____

Aktivität 3 Was fragt der Quizmaster? Was sagt der Kandidat?

Richard, an exchange student, answers the questions. Choose the appropriate verb and complete each question.

Q: Wie _____ Sie, bitte? (heißen / besuchen)

K: Richard Johnson.

Q: Woher _____ Sie? (tanzen / kommen)

K: Aus Phoenix.

Q: Was _____ Sie in Berlin? (machen / wohnen)

K: Fotografieren.

Q: Wie _____ Sie die Stadt? (finden / kochen)

K: Sehr interessant.

Q: Wie lange _____ Sie in Deutschland? (sagen / bleiben)

K: Ein Jahr.

Q: Was _____ Sie von Beruf? (sind / kommen)

K: Ich bin Student.

Q: Was _____ Sie denn an der Uni? (reisen / studieren)

K: Informatik.

Q: _____ Sie gern im Internet? (Surfen / Wandern)

K: Ja, natürlich.

Q: _____ Sie Deutsch am Sprachinstitut? (Arbeiten / Lernen)

K: Ja, seit September.

Q: Na, viel Glück.

Thema 3
Eigenschaften und Interessen

Aktivität 4   Sonja und Sofie

Sonja's roommate Sofie is her opposite in every way. Complete Sonja's description of her.

1. Ich bin faul, Sofie ist _____.

2. Sofie ist _____, ich bin unpraktisch.

3. Ich bin sympathisch, Sofie ist _____.

4. Sofie ist _____, ich bin freundlich.

5. Ich bin progressiv, Sofie ist _____.

6. Sofie ist _____, ich bin langweilig.

Aktivität 5   Eigenschaften und Berufe

A. Cross out the least desirable characteristic for each profession.

1. Astronaut/Astronautin:	ernst	intelligent	unpraktisch
2. Diskjockey:	dynamisch	ruhig	lustig
3. Architekt/Architektin:	fleißig	praktisch	chaotisch
4. Komiker/Komikerin:	lustig	langweilig	exzentrisch
5. Politiker/Politikerin:	sympathisch	ernst	untreu
6. Professor/Professorin:	intolerant	nett	fleißig
7. Journalist/Journalistin:	ernst	uninteressant	praktisch
8. Student/Studentin:	faul	fleißig	tolerant

B. Now use any three of the preceding adjectives and write a sentence to describe yourself.

_____

_____

_____

SPRACHTIPP

German does not use a comma before **und** with a series of three or more elements.

Hans-Jürgen ist fleißig, ernst und praktisch.

Aktivität 6   Was macht dir Spaß?

How would each person answer the question?

GISELA: _Computerspiele spielen macht mir Spaß._

MICHAEL: _____

CHRISTIAN: _____

ANDREAS: _____

HANNA: _____

ELISABETH: _____

NOTE TO STUDENT

Starting in **Kapitel 1,** a **Wortraum** activity appears at the end of the **Wörter im Kontext** section in every chapter. To do this activity, you are to pick words from the vocabulary presented in the corresponding section of the main text. Choose vocabulary that is important for you personally.

Wortraum

Choose at least ten words from the **Wortschatz** that reflect something of who you are, what you are like, and/or what you do. Write them in the space below.

_____   _____

_____   _____

_____   _____

_____   _____

_____

Grammatik im Kontext

Nouns, Gender, and Definite Articles

Übung ı   Fragen

Write the definite articles to complete the questions.

Personen

1. Woher kommt _____ Freundin von Hans?

2. Wie heißt _____ Mann aus Bochum?

3. Wer ist _____ Studentin aus Österreich?

4. Wie heißt _____ Amerikaner?

5. Ist _____ Professorin tolerant und sympathisch?

Dinge

6. Ist _____ Zeitung hier?

7. Ist _____ Buch interessant?

8. Ist _____ Essen exotisch?

9. Wo ist _____ Telefonbuch?

Orte

10. Wie groß ist _____ Universität?

11. Ist Bonn wirklich _____ Geburtsort von Beethoven?

12. Wie heißt _____ Wohnort von Hans?

Personal Pronouns

Übung 2   Mann und Frau

Complete the exchanges with **der, die, er,** and **sie** in the appropriate places.

A: Ist _____ Amerikanerin freundlich?

B: Ja, _____ ist sehr freundlich.

C: Wohnt _____ Hochschullehrer in Augsburg?

D: _____ wohnt in Flensburg. _____ Hochschullehrerin wohnt in Augsburg.

E: Ist _____ Professorin kritisch?

F: Nein, _____ ist nicht kritisch. _____ Professor ist auch unkritisch.

G: Wie lange bleibt _____ Student hier in Bern?

H: _____ bleibt ein Jahr als Student hier.

I: Findet _____ Studentin das Land interessant?

J: Ja, _____ findet es wirklich interessant.

Übung 3   Ja, ...

Complete the following mini-exchanges with the missing articles and personal pronouns.

A: Ist _____ Praktikum interessant?

B: Ja, _____ ist faszinierend.

C: Ist _____ Universität von Wien alt?

D: Ja, _____ ist wirklich alt.

E: Ist _____ Beruf stressig?

F: Ja, _____ ist oft stressig.

G: Ist _____ Stadt romantisch?

H: Ja, _____ ist sehr romantisch.

I: Ist _____ Professorin nett?

J: Ja, _____ ist echt nett.

K: Ist _____ Geburtsort von Mozart in Österreich?

L: Ja, _____ ist Salzburg.

The Verb: Infinitive and Present Tense

Use of the Present Tense

Übung 4   Wer ist der Kandidat?

Use the correct verb forms to complete the questions.

1. Wie _____ der Kandidat? (heißen)

2. Was _____ er von Beruf? (sein)

3. Wo _____ er? (arbeiten)

4. Woher _____ er? (kommen)

5. Wo _____ er jetzt? (wohnen)

6. Wie _____ er Deutschland? (finden)

7. _____ er oft SMS? (schicken)

8. _____ er im Sommer? (wandern)

9. _____ er Englisch? (lernen)

10. _____ er oft? (reisen)

The Verb sein

Übung 5   Wer sind sie?

Complete the following dialogue with the correct forms of **sein**.

SOFIE: Mein Name _____ Sofie. _____ du Peter?

PETER: Ja, und das _____ Alex und Andreas. Alex _____

Amerikaner und Andreas _____ Österreicher.

SOFIE: _____ ihr alle neu in Freiburg?

ANDREAS: Alex und ich _____ neu hier. Peter, _____ du auch neu
hier?

PETER: Nein, ich _____ schon (*already*) ein Jahr in Freiburg.

SOFIE: Wie findest du Freiburg, Peter?

PETER: Das Land und die Stadt _____ faszinierend. Die Uni

_____ auch wirklich interessant.

SOFIE: Woher kommst du denn?

PETER: Ich komme aus Liverpool. Ich _____ Engländer.

Word Order in Sentences

Übung 6   Minidialoge

Write a response to each question. Begin with the word or phrase in parentheses.

A: Herr und Frau Braun, wann fahren Sie nach Kiel? (morgen [*tomorrow*])

B: _*Morgen fahren wir nach Kiel.*_

C: Thomas und Sabine, wann geht ihr tanzen? (heute Abend)

D: _____

E: Susanne, wann besuchst du Wien? (nächstes Jahr)

F: _____

G: Wann kommt Matthias? (heute)

H: _____

I: Wann spielen Maria und Adam Karten? (jetzt)

J: _____

Asking Questions

Übung 7   Interview

Interview the mystery woman and man. Write the question that each sentence answers. Use **du.**

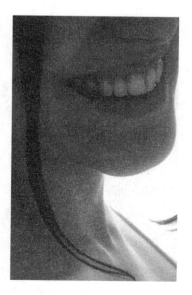
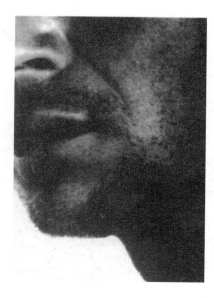

DIE FRAU

1. Q: _Wie heißt du?_

   A: Ich heiße Monika.

2. Q: _____

   A: Ich komme aus Düsseldorf.

3. Q: _____

   A: Ich bin dreiundzwanzig Jahre alt.

4. Q: _____

   A: Ja, ich bin Studentin.

5. Q: _____

   A: Ich studiere Chemie.

DER MANN

6. Q: _____

   A: Ich heiße Robert.

7. Q: _____

   A: Ich wohne jetzt in Dresden.

8. Q: _____

   A: Ich finde die Stadt echt interessant.

9. Q: _____

   A: Ich bin Web-Designer von Beruf.

10. Q: _____

   A: Nein, ich reise nicht oft.

Übung 8   Wer sind sie?

Answer the following questions about the mystery woman and man. Use the information from **Übung 7.**

DIE FRAU

1. Wie heißt sie?

_____

2. Woher kommt sie?

_____

3. Wie alt ist sie?

_____

4. Ist sie Studentin?

_____

5. Was studiert sie?

_____

DER MANN

6. Wie heißt er?

_____

7. Wo wohnt er jetzt?

_____

8. Wie findet er die Stadt?

_____

9. Was ist er von Beruf?

_____

10. Reist er oft?

_____

Sprache im Kontext

Lesen

derStandard.at

STANDARD-Leserinnen
beweisen Haltung.

DI [1]Dr. Kim Meyer-Cech, Universität für Bodenkultur Wien, [2]Yogalehrerin:
Wer das Lesen des STANDARD regelmäßig praktiziert, erfährt schon bald die
wohltuende Wirkung auf Geist und Seele: ein vorher nicht gekanntes Gefühl des
Wissens, geistige Klarheit und Entspannung.

Jetzt 4 Wochen gratis lesen: 0810 / 20 30 40

DER STANDARD

Die Zeitung für Leser

[1]Diplom Ingenieur *engineering graduate*   [2]Universität ... *University of Natural
Resources and Applied Life Sciences, Vienna*

Auf den ersten Blick

A. The image and text of the ad suggest an equation between a product and a discipline. What do you notice at first glance?

1. Die Frau macht …
    a. Kreuzworträtsel.   b. ein Examen.   c. Yoga.   d. Musik.
2. Die Anzeige (*ad*) ist für …
    a. einen Yoga-Kurs.   b. eine Zeitung.   c. ein Magazin.   d. eine Universität.

SPRACHTIPP

In German, many nouns for persons derive from verbs; the ending **-er** replaces the infinitive ending **-en**. For example, the noun **Besucher** (*visitor*) comes from the verb **besuchen** (*to visit*). Knowing this, can you guess what the noun **Leser** means? It occurs twice in the advertisement, once in the feminine plural and once in the masculine plural. Find and circle these two words.

B. Scan the ad for answers to the following questions. (Don't expect to understand everything in the ad. Just focus on finding answers to the questions.)

1. Wie heißt die Frau? _____

2. Wie heißt die Universität, wo sie arbeitet? _____

    _____

3. Was ist sie von Beruf? _____

4. Wie heißt die Zeitung? _____

Zum Text

A. The following paragraph simplifies the gist of the ad text. Read this paragraph as often as necessary to grasp a basic understanding.

Ich praktiziere regelmäßig (*regularly*) Yoga. Yoga ist gut für den Geist (*mind*) und die Seele (*soul*). Yoga bringt Wissen (*knowledge*), Klarheit (*clarity*) und Entspannung (*relaxation*). STANDARD-Lesen bringt ähnliche (*similar*) Resultate.

B. Now check **JA** or **NEIN** for each statement as it applies to you personally.

		JA	NEIN
1.	Ich praktiziere Yoga.	☐	☐
2.	Ich lese Zeitung.	☐	☐
3.	Zeitung Lesen bringt …		
	a. Wissen.	☐	☐
	b. Klarheit.	☐	☐
	c. Entspannung.	☐	☐

C. Notice the woman's pose and read the sentence next to her: **STANDARD-Leserinnen beweisen Haltung.** The phrase **beweisen Haltung** can be translated in a number of different ways. Which of the following equivalents—all possible—do you personally find most effective for selling newspapers?

Readers of the *Standard* . . .

a. keep their composure.
b. show attitude.
c. maintain their posture.

d. show style.
e. prove their concentration.
f. _____.

D. How would you describe the woman in the ad? Write a complete sentence alongside each question.

a. Wie heißt sie? _____

b. Woher kommt sie? _____

c. Was ist sie von Beruf? _____

d. Wie ist sie? (Welche [*which*] Eigenschaften hat sie?) _____

_____

_____

_____

e. Was macht sie? (Was sind ihre Hobbys und Interessen?) _____

_____

_____

_____

Na klar!

Look at the five persons in the photo. Choose one of them to introduce to a classmate. Offer your classmate a full written description. Consider the following questions.

- Name (Vorname, Nachname): Wie heißt er/sie?
- Wie alt ist er/sie?
- Wie groß ist er/sie?
- Eigenschaften: Wie ist er/sie? (drei Adjektive)
- Geburtsort: Woher kommt er/sie?

- Adresse: Wo wohnt er/sie jetzt?
- Universität: Wo studiert er/sie?
- Was ist er/sie von Beruf?
- Macht er/sie ein Praktikum? Wo?
- Hobbys: Was macht er/sie? (drei Verben oder Aktivitäten)

Journal

Write as much as you can about yourself. If you wish, attach a photo or draw a picture of yourself. Include some or all of the following information.

Wer bin ich?

- your name
- your age
- where you are from
- where you live now
- how you find the city you live in (i.e., how you like it)

- your profession or occupation
- what you study
- what language(s) you are learning
- your characteristics
- your hobbies and interests
- what you find fun

Alternate topic: For each of your journal entries, including the one for this chapter and from here on, you may choose to write about someone else: a fictitious person, a character from a book or a movie, a celebrity, or your German persona, if you have chosen a German name in your class and wish to develop the image. You may always choose to write about yourself, or you may vary your entries from one chapter to the next.

KAPITEL

2

Wie ich wohne

Alles klar?

Look at the photo and choose the most likely answers to the questions.

1. Was ist diese Frau von Beruf? Sie ist _____.

   a. Journalistin   b. Hochschullehrerin   c. Studentin   d. Professorin

2. Was macht sie jetzt? Sie _____.

   a. macht Kreuzworträtsel   b. surft im Internet   c. telefoniert   d. liest Anzeigen

3. Was sucht sie? Vielleicht sucht sie _____.

   a. Essen   b. ein Zimmer   c. ein Hobby   d. Karten

4. Welche Informationen braucht sie? Sie braucht _____ oder _____.

   a. eine Telefonnummer   b. eine Postleitzahl   c. eine Universität   d. eine E-Mail-Adresse

Wörter im Kontext

Thema 1
Auf Wohnungssuche

Aktivität 1   Was braucht Claudia?

Claudia needs a room, but her requirements are the exact opposite of those listed. Write the antonyms to the crossed-out words.

das Zimmer: ~~unmöbliert~~ _____

~~dunkel~~ _____

das Fenster: ~~klein~~ _____

die Miete: ~~hoch~~ _____

~~teuer~~ _____

das Bett: ~~unbequem~~ _____

Aktivität 2   Wo machen Herr und Frau Steinberger was?

Mr. and Mrs. Steinberger are giving you a tour of their new house. Write the names of the rooms or spaces they are describing.

1. Hier schlafen wir.   _das Schlafzimmer_____

2. Hier kochen wir.   _____

3. Hier essen wir abends.   _____

4. Hier arbeiten wir.   _____

5. Hier baden wir.   _____

6. Hier nehmen wir Sonnenbäder.   _____

7. Hier pflanzen wir unsere Rosen. _____

8. Hier steht das Auto.   _____

Aktivität 3   Wo und wie wohnen sie?

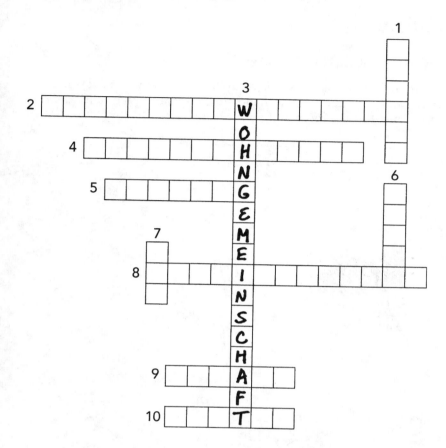

- Richard ist neu in Mainz, und er hat nicht viel Geld. Er braucht dringend ein _____.[1]

- Jakob ist Student in Freiburg. Er hat ein Zimmer in einem großen _____.[2]

- Marianne wohnt in einem Haus mit fünf anderen jungen Männern und Frauen. Sie wohnen alle in einer _Wohngemeinschaft_ .[3]

- Erika wohnt mit Katrin zusammen. Katrin ist Erikas _____.[4]

- Renate hat schon ein großes Zimmer. Sie sucht jetzt eine Zwei- oder Dreizimmer _____.[5]

- Volker wohnt und arbeitet in seiner Wohnung. Die Wohnung hat eine _____,[6] ein _____,[7] ein Schlafzimmer, ein Wohnzimmer und auch ein _____.[8]

- Elisabeth wohnt in einem Haus. Das Haus hat eine _____[9] fürs Auto. Das Haus hat auch einen _____[10] mit Gras, Rosen und Chrysanthemen.

Thema 2
Auf Möbelsuche im Kaufhaus

Aktivität 4 Thomas braucht ein möbliertes Zimmer.

Thomas is thinking of subleasing his friend's room while she is away for the summer; however, the furnishings appear to have come from flea markets or second-hand stores. Identify each item (definite article plus noun) to complete his assessment of the room and its furnishings.

BEISPIEL: <u>Das Zimmer</u> _____ ist möbliert und nicht zu klein.

1. _____ ist bequem.

2. _____ ist unbequem.

3. _____ ist klein und alt.

4. _____ ist nicht modern.

5. _____ ist viel zu klein.

6. _____ ist nicht schön.

7. _____ geht nicht.

8. _____ ist nicht so toll.

9. _____ ist nicht zu groß.

Aktivität 5   Vom Kaufhaus

Thomas has found a furnished room. Now he is taking inventory of all the personal items he has just bought in a department store to feel at home in his space. Write the German nouns with definite articles.

1. *poster:* _____

2. *bookcase:* _____

3. *desk:* _____

4. *computer:* _____

5. *telephone:* _____

6. *DVD player:* _____

7. *stereo:* _____

8. *CD player:* _____

9. *rug:* _____

10. *houseplant:* _____

Thema 3

Was wir gern machen

Aktivität 6   Was macht Paula heute?

Paula has outlined her day. Write in the appropriate verbs to complete the list on the next page.

arbeiten   schlafen   laufen   essen   gehen   kochen   hören   fahren   lesen   schreiben   trinken

HEUTE:

1. Zeitung _____ lesen _____
2. Toast mit Butter _____
3. Kaffee _____
4. Fahrrad _____
5. im Büro (*office*) _____
6. Briefe (*letters*) _____
7. im Park _____
8. Spaghetti _____
9. Radio _____
10. ins Bett _____
11. _____ und träumen (*dream*).

Aktivität 7 Was macht Spaß? Was machen Sie gern?

Choose five activities that you like. Use two different expressions to state that you enjoy these activities.

BEISPIELE: Kochen macht mir Spaß.
Ich koche gern.
Deutsch lernen macht mir Spaß.
Ich lerne gern Deutsch.

arbeiten	Karten spielen	schreiben
Auto fahren	kochen	schwimmen
im Internet surfen	Fahrrad fahren	tanzen
Computerspiele spielen	Radio hören	CDs kaufen
Deutsch lernen	reisen	wandern
Freunde besuchen	SMS schicken	lesen

1. _____
_____
2. _____
_____
3. _____
_____
4. _____
_____
5. _____
_____

Wortraum

A. Choose one of the following suggestions to fill the space below.

1. **Worthaus:** Create a floorplan of a house using only words to show the location of rooms and spaces.
2. **Wortzimmer:** Create a diagram of a room using only words to indicate the location of furniture and other items.

B. Write sentences near appropriate words in your plan or diagram above to indicate that this is where you do certain activities. Use some or all of the following verbs in this pattern: **Hier ... ich.** Verbs: **arbeiten, besuchen, Computerspiele spielen, essen, kochen, Karten spielen, lernen, lesen, Radio hören, schlafen, tanzen, telefonieren.**

Grammatik im Kontext

The Plural of Nouns

Übung 1 Menschen

A. Write the plural form of each word; include the definite article.

1. der Herr, _____

2. die Frau, _____

3. der Mann, _____

4. der Kunde, _____

5. der Freund, _____

6. die Mitbewohnerin, _____

7. der Student, _____

8. der Amerikaner, _____

9. die Kundin, _____

10. der Verkäufer, _____

11. die Mutter, _____

12. der Vater, _____

13. der Junge, _____

SPRACHTIPP

Just as the term "ladies and gentlemen" often replaces "women and men" in English, one often hears or reads *Damen und Herren* rather than *Frauen und Männer* in German. Signs on public restrooms typically use those terms. A speaker often addresses an audience with the phrase *Meine Damen und Herren!*

B. Now choose six of the preceding plural nouns and use each in a question with one of the following phrases.

    BEISPIEL: Hunger haben → Haben die Studenten Hunger?

1. heute schwimmen

    _____

2. in Bern bleiben

    _____

3. Handys kaufen

_____

4. Radio hören

_____

5. gern schwimmen

_____

6. wieder schlafen

_____

Übung 2   Wohnungssuche

Use plural nouns to rewrite each sentence.

BEISPIEL: Der Student hat ein Problem. → Die Studenten haben Probleme.

1. Die Studentin braucht eine Wohnung.

_____

2. Die Frau liest das Buch.

_____

3. Der Verkäufer sucht ein Hotelzimmer in Köln.

_____

_____

4. Die Amerikanerin sucht eine Mitbewohnerin.

_____

_____

5. Der Kunde braucht ein Haus.

_____

6. Die Miete in Deutschland ist hoch.

_____

Das Magazin für internationales Wohnen

HÄUSER

The Nominative and Accusative Cases

The Definite Article: Nominative and Accusative

Übung 3 Im Möbelgeschäft

The salesperson in a furniture store asks a customer several questions. Supply the definite articles.

1. Ist _____ Esstisch zu groß?

2. Sind _____ Stühle zu teuer?

3. Ist _____ Bett zu klein?

4. Ist _____ Sessel bequem?

5. Wie finden Sie _____ Bett, _____ Nachttisch und _____ Lampe?

6. Finden Sie _____ Kleiderschrank, _____ Kommode und _____ Bücherregale preiswert?

7. Kaufen Sie _____ Sessel, _____ Sofa oder _____ Stühle?

8. Sehen Sie _____ Wand da drüben (*over there*)? Dort finden Sie _____ Teppiche.

Weak Masculine Nouns

Übung 4 Fragen und Antworten

Write out the brief exchanges indicated below. Use the correct form of each word or phrase.

BEISPIEL: A: Sehen / Sie / der Herr / da drüben?
B: Ja. / Der Herr / heißen / Jakob Klinger.

A: *Sehen Sie den Herrn da drüben?*

B: *Ja. Der Herr heißt Jakob Klinger.*

C: Sein / Herr Siegfried / hier?
D: Nein. / Ich / sehen / Herr Siegfried / nicht.

C: _____

D: _____

E: Der Student / heißen / Konrad.
F: Wie / sein / der Name / bitte?

E: _____

F: _____

G: Im Museum / sehen / wir / ein Mensch aus der Steinzeit (*stone age*).
H: Wie, bitte? / Woher / kommen / der Mensch?

G: _____

H: _____

I: Besuchen / du / oft / der Student aus Tokio?
J: Ja. / Ich / besuchen / auch / ein Student aus Hiroshima.

I: _____

J: _____

The **der**-Words **dieser** and **welcher**

Übung 5   Möbel

Complete the exchanges with the correct forms of **dieser** or **welcher**.

A: _____ Sessel ist wirklich bequem.

B: _____ Sessel findest du so bequem?

C: Ich nehme _____ Wecker.

D: Wie, bitte? _____ Wecker nehmen Sie?

E: _____ DVD-Spieler kaufst du?

F: Vielleicht kaufe ich _____ [DVD-Spieler] hier.

G: _____ Couchtisch ist wirklich schön.

H: Um, ich finde _____ Tisch ganz interessant aber nicht schön.

I: _____ Bett, _____ Schreibtisch und _____ Stuhl sind recht preiswert.

J: Ja, aber ich finde _____ Möbel hässlich.

K: _____ Möbel findest du denn schön?

The Indefinite Article: Nominative and Accusative

Übung 6   Im Kaufhaus: Was fragt die Verkäuferin? Was sagt der Kunde?

Write brief exchanges regarding the items in the picture. Follow the example in number 1.

6. das Bett

1. der Kleiderschrank

2. die Lampe

3. der Wecker

4. der Nachttisch

5. die Kommode

1. V: _Hier ist ein Kleiderschrank._
   Brauchen Sie einen Kleiderschrank?
   K: _Nein. Einen Kleiderschrank habe ich schon._

2. V: _____
   _____
   K: _____

3. V: _____
   _____
   K: _____

4. V: _____
   _____
   K: _____
   _____

5. V: _____
   _____
   K: _____

6. V: _____
   _____
   K: _____

Nominative and Accusative Interrogative Pronouns

Übung 7   Probleme

Write the question that the underlined portion of each statement answers. Begin each question with **wer, wen,** or **was.**

> BEISPIEL: Die Studenten brauchen <u>Computeranschlüsse</u>. →
>   Was brauchen die Studenten?

1. Der Student aus Köln sucht <u>ein Zimmer</u>.

   _____

2. Die Studentin aus Aachen braucht <u>ein Handy</u>.

   _____

3. Der Amerikaner besucht <u>die Studentinnen</u>.

   _____

4. Die Amerikanerin findet <u>die Miete</u> zu hoch.

   _____

5. <u>Der neue Verkäufer</u> hat nur einen Kunden.

_____

6. Die Kundinnen sehen <u>nur eine Verkäuferin</u>.

_____

The Verb haben

Übung 8   Was „haben" die Menschen?

Use each set of words in a complete sentence with the correct form of **haben.**

> BEISPIEL: die Freunde / Hunger: → Die Freunde haben Hunger.

1. wir / Durst: _____

2. ihr / Geld: _____

3. Claudia / Uwe gern: _____

4. ich / keine Lust: _____

5. du / Recht: _____

6. der Verkäufer / Zeit: _____

Negation with **nicht** and the Negative Article **kein**

Übung 9   Was sie nicht haben, was sie nicht brauchen

Mr. and Mrs. Klug have just moved into a new apartment. Use the correct form of **kein** to complete the lists of what they don't have and what they don't need.

WIR HABEN

_____ Bett,

_____ Computer,

_____ Kommode,

_____ Sessel und

_____ Lampen.

WIR BRAUCHEN

_____ Couchtisch,

_____ Teppich,

_____ Uhr,

_____ Radio und

_____ Regale.

Übung 10   Nein, ...

Käthe has just found a room in Marbach, and her friend Richard asks her about it. Write a negative response to each question.

> BEISPIELE: Ist das Zimmer möbliert? → Nein, es ist nicht möbliert.
> Ist das ein Problem? → Nein, das ist kein Problem.

1. Ist die Miete hoch?

_____

2. Ist das Zimmer groß?

   _____

3. Brauchst du einen Sessel? (*Begin items 3–7:* Nein, ich …)

   _____

4. Hast du einen Schreibtisch?

   _____

5. Hast du Stühle?

   _____

6. Findest du das Zimmer schön?

   _____

7. Suchst du eine Wohnung?

   _____

Verbs with Stem-Vowel Changes

Übung 11 Was fragt sie? Was sagt er? Was berichtet sie dann?

Use the cues to write each question that Christiane asks her friend Max, his negative answer, and what Christiane can then report to other friends.

> BEISPIEL: Videos gern sehen →
> Sie fragt: Siehst du gern Videos?
> Er sagt: Nein, ich sehe Videos nicht gern.
> Sie berichtet (*reports*):   Er sieht Videos nicht gern.

1. das Zimmer nehmen

   Sie fragt: _____

   Er sagt: _____

   Sie berichtet: _____

2. oft in Restaurants essen

   Sie fragt: _____

   Er sagt: _____

   Sie berichtet: _____

3. gern im Park laufen

   Sie fragt: _____

   Er sagt: _____

   Sie berichtet: _____

4. heute Auto fahren

   Sie fragt: _____

   Er sagt: _____

   Sie berichtet: _____

5. heute Abend Zeitung lesen

   Sie fragt: _____

   Er sagt: _____

   Sie berichtet: _____

6. jetzt schlafen

   Sie fragt: _____

   Er sagt: _____

   Sie berichtet: _____

Übung 12   Herr Reiner in Berlin

The slogan in the ad plays on the similarity between **ist** and **isst** (with the older spelling **ißt**). The restaurant is on the top floor of a tall building with a view of the city. The ad also suggests that "Berlin is tops." Write the correct form of each verb to complete the paragraph.

Herr Reiner aus Hannover _____ (fahren) nach

Berlin. Er _____ (wohnen) in einem eleganten

Hotel und _____ (schlafen) in einem bequemen

Bett. Heute _____ (trinken) er Kaffee und

_____ (lesen) die *Berliner Morgenpost*. Dann

_____ (finden) er einen Park und _____

(laufen). Übrigens _____ (haben) Herr Reiner

manchmal Hunger. Dann _____ (gehen) er ins

Restaurant i-Punkt zum Brunch-Buffet und _____

(essen) Berliner Spezialitäten. Das Restaurant i-Punkt

_____ (sein) ganz oben in der 20. Etage im

Europa-Center.

Demonstrative Pronouns

Übung 13 Was sagen die Schnaken und die Gnus?

The cartoon depicts mosquitoes (**Schnaken**) as tiny dots flying around the heads of two gnus and insulting them. Read the cartoon text as many times as necessary to understand it; then complete the following tasks.

1. Find and circle the five demonstrative pronouns in the cartoon text. (Note that the mosquitoes refer to both gnus as males.)

2. Circle the speech bubble that means: *Stupid? Then just look at this one here.* Notice that this expression includes the accusative demonstrative pronoun.

3. The mosquitoes repeatedly describe the gnus as _____ (opposite of

    intelligent) and _____ (opposite of **schön**).

4. Write the equivalent of the English interjection *hey!* _____

5. Write the adjective used by one of the mosquitoes that means *revolting* or *disgusting* and to

    which another mosquito responds with **iih!** _____

6. Write the two names (nouns) that the mosquitoes call the gnus.

    _____ , _____

7. The gnus speak in the last frame, exclaiming that the mosquitoes get worse every year.

    Write the word that means *worse*. (A synonym is the word **schlechter**.) _____

SPRACHTIPP

Die Schnake, -n is the southern German term for **die Stechmücke, -n** or simply **Mücke**, meaning *mosquito* or *gnat*.

Übung 14   Was sagen die Gnus über die Schnaken?

Suppose in another cartoon strip the gnus were inspecting the mosquitoes under a magnifying glass. Complete the text with the correct forms of the demonstrative pronouns. (Hint: **die Schnake, -n**)

GNU EINS: Sieh dir erst mal _____ (*pl.*) hier an.

GNU ZWEI: Ja, _____ sind wirklich hässlich.

GNU EINS: Mann, ist _____ blöd.

GNU ZWEI: Ja, wirklich blöd. Aber nicht so dumm wie _____ (*sg.*) da.

GNU EINS: He! Du, Torfkopp!

GNU ZWEI: _____ hört das nicht. _____ ist zu dumm. Dumm und hässlich!

Ich habe _____ (*sg.*) ungern.

GNU EINS: Schnaken! Iih! Ich finde _____ ekelhaft.

Sprache im Kontext

Lesen

Auf den ersten Blick

Wir suchen

⌂ 2 - bis¹ 4 - ZIMMER
WOHNUNGEN

von 13. Juli bis¹ 13. August 2006

für unsere DozentInnen² und für die bei
ImPulsTanz 2006 auftretenden³KünstlerInnen⁴.

Bitte kontaktieren Sie uns:

523 55 58 • apartment@impulstanz.com

¹*to*   ²*instructors*   ³*appearing*   ⁴*artists*

Courtesy of ImPulsTanz—Vienna International Dance Festival. Photo: ©
N. Höbling, Dans.Kias/Saskia Höbling "Jours Blancs"

Scan the ad and indicate whether it provides each bit of information by checking **JA** or **NEIN**. Then go back and write in the word or phrase that gives the information for each **JA**-answer.

		JA	NEIN	
1.	wie viele Zimmer pro Wohnung	☐	☐	_____
2.	was für (*what kind of*) Zimmer	☐	☐	_____
3.	wie viele Wohnungen	☐	☐	_____
4.	wo	☐	☐	_____
5.	woher	☐	☐	_____
6.	wann	☐	☐	_____
7.	wie lange	☐	☐	_____
8.	für wen	☐	☐	_____
9.	wie kontaktieren	☐	☐	_____
10.	Telefonnummer	☐	☐	_____
11.	E-Mail-Adresse	☐	☐	_____
12.	Postleitzahl	☐	☐	_____

Zum Text

A. Use information from the ad to complete the following summary. Be sure to use correct verb forms when necessary.

Die Organisation ImPulsTanz _____ 2- bis 4- Zimmer_____ für ihre

Dozenten/Dozentinnen und Künstler/Künstlerinnen. Sie brauchen die Wohnungen für einen

Monat, vom _____ bis 13. August 2006. Die _____ ist 523 55 58 und die

E-Mail-_____ ist apartment@impulstanz.com.

B. Scan the ad and look at the image again. Speculate on whether each statement seems **wahrscheinlich** (*likely*) or **unwahrscheinlich** as an answer to the following question:

Warum ist die Frau in einer Badewanne (*bathtub*)?

		WAHRSCHEINLICH	UNWAHRSCHEINLICH
1.	Sie ist obdachlos (*homeless*). Sie hat kein Zimmer.	☐	☐
2.	Sie braucht nur ein Badezimmer.	☐	☐
3.	Das ist eine Szene aus einem Theaterstück (*play*).	☐	☐
4.	Sie braucht eine Wohnung oder ein Zimmer mit Bad.	☐	☐
5.	Sie braucht kein Zimmer, nur eine Badewanne.	☐	☐
6.	Sie ist Tänzerin und das ist eine Szene aus dem Tanz.	☐	☐

C. Imagine you have an apartment to offer the ImPulsTanz group. Write six questions you would like to ask a prospective applicant.

Na klar!

A. Look at the woman in the photo. Create a personality for her by jotting down answers to the following questions. Use the space in the margins.

- Wer ist diese Frau? (Amerikanerin, Kanadierin, Studentin aus _____, __?__)

- Wie heißt sie?

- Wie ist sie? (ruhig, sympatisch, __?__)

- Wohnt sie jetzt allein, oder hat sie Mitbewohner/Mitbewohnerinnen?

- Was sucht sie? (ein Zimmer, eine Wohnung, ein Haus mit Garten, __?__)

- Kocht sie? Braucht sie eine Küche?

- Welche Möbelstücke hat sie schon? Welche braucht sie?

- Braucht sie etwas zentral gelegen?

- Hat sie ein Fahrrad? ein Auto? Braucht sie eine Garage?

- Welche Hobbys oder Interessen hat sie? Was macht sie gern?

B. Assume that none of the ads on the bulletin board offer a perfect match for the housing she is seeking. Create a simple want ad she can post on the board to outline the ideal housing situation for her. Use pictures and drawings if you wish.

Journal

 Write about your living quarters, your friends, and your likes and dislikes. The following questions will give you some ideas. Use the extra space on the page to jot down notes and to organize your thoughts before you begin writing in your journal.

- Wo wohnen Sie? (Stadt)

- Haben Sie ein Zimmer, eine Wohnung oder ein Haus?

- Wie ist Ihr Zimmer? (Ist es groß? klein? gemütlich [cozy]? _____? Ist die Miete hoch oder niedrig?)

- Haben Sie Möbel? (Haben Sie ein Bett? einen Tisch? Bücherregale? einen Computer?

    _____?) Was haben Sie nicht?

- Was brauchen Sie?

- Haben Sie einen Mitbewohner oder eine Mitbewohnerin? Wenn ja: Wie ist er oder sie?

- Haben Sie viele Freunde und Bekannte? Wie sind sie?

- Was machen Sie gern? (Schreiben Sie gern? Kochen Sie gern?) Was machen Sie nicht gern?

Remember, in this chapter as well as in all others, you may choose to write about someone other than yourself.

Familie und Freunde

Alles klar?

Look at the photo and circle all the most likely possibilities.

1. Wer?

Baby	Freunde	Mutter	Tochter
Bruder	Hund	Schwester	Vater
Familie	Kundinnen	Sohn	Verkäufer

2. Was?

essen	kaufen	schlafen	sprechen
grillen	laufen	schreiben	trinken

3. Wo?

Esszimmer	Hotel	Restaurant
Garten zu Hause	Kaufhaus	Terrasse

4. In welchem Monat? Im ...

Januar	April	Juli	Oktober
Februar	Mai	August	November
März	Juni	September	Dezember

5. An welchem Tag? Am …

Montag	Mittwoch	Freitag	Sonntag
Dienstag	Donnerstag	Samstag / Sonnabend	

6. Warum?

Familienfest	Geburtstag	Muttertag	Valentinstag
Fasching/Karneval	Hochzeit	Neujahr	Weihnachten

Wörter im Kontext

Thema 1

Ein Familienstammbaum

Aktivität 1   Eine Familie

Write the masculine or feminine counterpart to complete each sentence of this family's description.

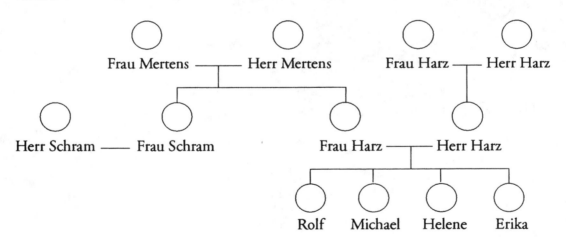

1. Frau Harz ist die Mutter; Herr Harz ist der _____.

2. Rolf und Michael sind ihre Söhne; Helene und Erika sind ihre _____.

3. Helene und Erika sind Schwestern; Rolf und Michael sind _____.

4. Frau Mertens ist ihre Oma; Herr Mertens ist ihr _____.

5. Frau Harz ist ihre Großmutter väterlicherseits; Herr Harz ist ihr _____.

6. Helene und Erika sind die Nichten von Frau Schram; Rolf und Michael sind die

   _____.

7. Herr Schram ist ihr Onkel; Frau Schram ist ihre _____.

Thema 2

Der Kalender: Die Wochentage und die Monate

Aktivität 2 Tage

Write the day that corresponds to each abbreviation. Note that German calendars usually begin with Monday and end with Sunday.

Mo _____   Fr _____

Di _____   Sa _____

Mi _____   So _____

Do _____

Aktivität 3 Monate

SPRACHTIPP

The impersonal pronoun **man** refers to people in general, as do the English words *one, they, you,* or *people*. Like **er, sie,** or **es, man** is used with third-person singular verb forms. Be careful not to confuse the pronoun **man** with the noun **der Mann.** You will learn to use this pronoun in your own sentences in **Kapitel 4.**

In welchem (*which*) Monat feiert man was?

1. Im _____ feiert man das Oktoberfest.

2. Im _____ feiert man Neujahr.

3. Im _____ feiert man Muttertag.

4. Im _____ feiern Amerikaner den *Independence Day* mit Paraden, Picknicks und Feuerwerk.

5. Im _____ feiert man Valentinstag.

6. Im _____ feiert man Chanukka und Weihnachten.

7. Ende _____ sind die Sommerferien in Amerika vorbei (*over*).

8. Im _____ und manchmal schon im _____ feiert man Ostern (*Easter*).

9. Der Sommer beginnt im _____.

10. Im _____ feiern die Amerikaner *Thanksgiving*.

11. Das Schuljahr in Amerika beginnt meistens im _____.

Aktivität 4   Welches Datum ist heute?

BEISPIEL: 12.07 → Heute ist der zwölfte Juli.

1.   01.03 _____

2.   06.05 _____

3.   07.06 _____

4.   19.10 _____

5.   20.12 _____

Aktivität 5   Wann haben sie Geburtstag?

BEISPIEL: Gabi: 10.04 → Am zehnten April hat Gabi Geburtstag.

1.   Thomas: 14.01 _____

2.   Ulli: 20.02 _____

3.   Monika: 03.08 _____

4.   Olga: 30.09 _____

5.   Max: 15.11 _____

Aktivität 6   Geburtsanzeige

A.   Read the following birth announcement and answer the questions.

Wir freuen uns über die Geburt von

Christopher

23. 7. 2007

51 cm   **3030 g**

Sandra und Rolf Bajorat

geb. Mulders

Felix-Roeloffs-Straße 21, 47551 Bedburg-Hau

1.   Wie heißt das Baby?

_____

2.   Wann hat es Geburtstag?

_____

3.   Wie groß ist Christopher?

_____

4.   Wie viel wiegt (*weighs*) er?

_____

5.   Wie heißen seine Eltern?

_____

6.   Wo wohnt die Familie?

_____

7.   Wie alt ist Christopher heute?

_____

B.   Now create an announcement with all the facts surrounding your own birth. Or, write a birth announcement for a friend, family member, or pet.

Thema 3
Feste und Feiertage

Aktivität 7   Wie heißen die Feiertage?

Supply the missing names of holidays.

1. Eine Familie kommt zusammen. Sie feiert ein _____.

2. Mariannes Geburtsdatum ist der 24. Januar 1988. Jedes Jahr hat sie am 24. Januar

    _____.

3. Mariannes Bruder heiratet im Mai. Natürlich feiert die ganze Familie diese

    _____.

4. Dieser Feiertag ist wichtig für Mütter. Er heißt _____.

5. Am _____ sehen wir rote Rosen und Glückwunschkarten
    mit Herzen.

6. Diese Feiertage sind wichtig für Christen. _____ kommt im

    Dezember, _____ im März oder April.

7. Das _____ beginnt am 1. Januar. Der Feiertag am 31. Dezember

    heißt _____.

8. Mardi Gras hat eine lange Tradition. In Süddeutschland und Österreich heißt Mardi Gras

    _____ und im Rheinland _____.

Aktivität 8   Was sagen sie?

Write an appropriate response for each situation.

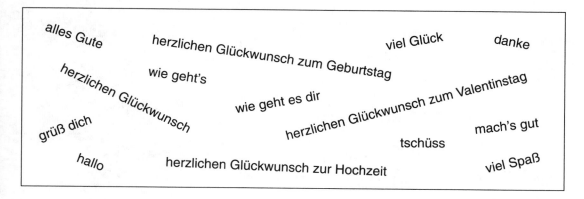

alles Gute   herzlichen Glückwunsch zum Geburtstag   viel Glück   danke

herzlichen Glückwunsch   wie geht's   wie geht es dir   herzlichen Glückwunsch zum Valentinstag   mach's gut

grüß dich   tschüss

hallo   herzlichen Glückwunsch zur Hochzeit   viel Spaß

1. Max wird am Sonntag 18. Was sagt seine Familie?

    _____

2. Karin hat nächste Woche Examen. Was wünscht ihr Freund ihr (her)?

    _____ zum Examen.

3. Susan dankt Mark für das Buch zum Geburtstag. Sie schreibt:

   _____ für das Buch.

4. Paul hat am Samstag ein Tennisturnier. Was wünschen seine Freunde Paul?

   _____

5. Yasmin geht zu Peters Party. Was sagt ihre Mitbewohnerin?

   _____

6. Peter findet Heike sehr nett. Zum Valentinstag schreibt er Heike eine Karte. Was schreibt er?

   _____

   _____

7. Sabine trifft (*meets*) ihre Freundin im Café. Was sagt sie?

   _____

8. Richards Kusine heiratet am Samstag. Wie gratuliert ihr Richard?

   _____

Wortraum

A. Draw a stick figure of yourself in the space below. Surround the figure with the names and relationships of people important to you, such as **Tante Barbara, Stephen (Freund), Anna (Schwägerin),** and so forth.

B. Write a sentence in which you express a particular liking for some of the persons mentioned above. Use this pattern: **Ich habe ... besonders gern.**

_____

_____

_____

Grammatik im Kontext

Possessive Adjectives

Übung 1   Familie und Freunde

Complete the exchanges with the correct possessive adjectives.

1. A: Kennst du _____ (*my*) Freund Willi?

    B: Nein, aber ich kenne _____ (*his*)
        Schwester Anna.

2. C: _____ (*Our*) Großvater hat am Montag

        Geburtstag. Wir feiern _____ (*his*)

        Geburtstag am Samstagabend. _____

        (*Our*) Party beginnt um acht. Kommst du?

    D: Danke, aber _____ (*my*) Eltern planen am Samstagabend ein

        Familienfest. Sie feiern nämlich _____ (*their*) Hochzeitstag.

3. E: Susanne, wie ist _____ (*your*) Adresse?

    F: _____ (*My*) Adresse ist Schillerstraße 64.

    E: Und Achim, _____ (*your*) Adresse habe ich schon, aber wie ist

        _____ (*your*) Telefonnummer?

4. G: Wer ist denn das?

    H: Das ist _____ (*our*) Kusine aus Berlin.

    I: Sie besucht _____ (*our*) Familie.

    G: Und wie heißt _____ (*your* [*infor. pl.*]) Kusine?

    H: _____ (*Her*) Name ist Emilie.

> Unsere Oma
>
>
> feiert ihren
> 90. Geburtstag!

Personal Pronouns in the Accusative Case

Übung 2   Reziprozität: Wie du mir, so ich dir

Use the cues to write sentences according to the model.

> BEISPIEL: er/sie (*sg.*): etwas fragen →
>   Er fragt sie etwas, und sie fragt ihn etwas.

1. wir/ihr: nicht gut kennen

    _____

    _____

2. ich/du: manchmal besuchen

   _____

3. er/Sie: interessant finden

   _____

   _____

4. wir/sie (*pl.*): schon gut verstehen (*understand*)

   _____

   _____

Übung 3   Minidialoge über Möbel und sonst was

Complete the exchanges with the correct definite articles and personal pronouns.

A: Wie finden Sie _____ Computer (*sg.*)?

B: Ich finde _____ wirklich toll.

C: Wie finden Sie _____ Fernseher, _____ CD-Spieler,

   _____ Lampe und _____ Radio?

D: Ich finde _____ alle ausgezeichnet.

E: Kaufen Sie _____ Teppich?

F: Ja, ich kaufe _____ .

G: Fahren Sie _____ neue Auto gern?

H: Ja, ich fahre _____ sehr gern.

I: Suchen Sie _____ Fotos?

J: Ja, ich suche _____ . Sehen Sie _____?

Prepositions with the Accusative Case

Übung 4   Minidialoge

CHRISTOPH: Ich verstehe Robert nicht gut, und er versteht _____ (*me*) auch nicht gut.

Verstehst du _____ (*him*)?

BRIGITTE: Ja, kein Problem. Ich verstehe _____ (*him*) gut.

CHRISTOPH: Woher kommt er eigentlich?

BRIGITTE: Aus Kanada.

HERR SCHULZ: (*am Telefon in Frankfurt*) Hören Sie _____ (*me*), Herr Jones?

HERR JONES: (*am Telefon in Los Angeles*) Ja, ich höre _____ (*you*) ganz gut, Herr Schulz.

FRAU KLAMM: Laufen Ihre Kinder immer so laut _____ (*around the house*) herum und _____ (*through the garden*), Frau Kleist? Das macht mich ganz nervös.

FRAU HARZ: Sie sind doch Kinder. Die spielen nun mal gern.

PAUL: Hast du etwas _____ (*against my friend*)?

UTE: Nein, natürlich habe ich nichts _____ (*against him*).

Aber er hat etwas _____ (*against me*).

SUSI: Spielt ihr schon wieder Cowboys _____ (*without me*)?

ALEX: Nein, Susi, wir spielen nicht _____ (*without you*).

MARGRET: Fährst du im Winter _____ (*through Switzerland*)?

MICHAEL: Ja, und auch _____ (*through Austria*). Die Straßen sind sehr gut, auch im Winter.

MÄXCHEN: Opa, hast du eine Cola _____ (*for us*)?

OPA: Nein, aber ich habe Milch _____ (*for you*).

_____ (*without milk*) bleibt ihr klein.

MÄXCHEN: Ach, Opa, bitte!

OPA: Na gut, eine Cola _____ (*for you*) und Barbara.

Übung 5   Mein Freund Martin und ich

Write complete sentences; use the correct form of each word.

BEISPIEL: ich / kaufen / Bücher / für / mein Freund. →
Ich kaufe Bücher für meinen Freund.

1. mein Freund / kaufen / Rosen / für / ich

   _____

2. gegen / sechs Uhr / laufen / wir / gern / durch / der Park

   _____

3. wir / laufen / selten / ohne / sein Neffe

   _____

4. ich / haben / gar nichts / gegen / Martins Schwester / oder / ihr / Sohn

   _____

5. Martins Schwester / und / ihr Mann / kaufen / oft / CDs / für / wir

   _____

The Irregular Verbs werden and wissen

Übung 6   Wie alt werden sie?

Write the correct forms of **werden**.

1. Meine Eltern _____ nächstes Jahr 50.

2. Ich _____ 23, und mein Bruder _____ 18.

3. Brigitte, du _____ nächstes Jahr 21, nicht?

4. Jochen und Erwin, wann _____ ihr 21?

Using the Verbs wissen and kennen

Übung 7   Festspiele

33. **INTERNATIONALE BACHTAGE**
IN HESSEN UND THÜRINGEN

02. bis 30. April 2006

J. S. BACH, JOHANNES-PASSION
OSTERKANTATEN

GOLDBERG-VARIATIONEN
ORGELMUSIK ZUR PASSION
PARTITEN FÜR VIOLINE SOLO

46. **BAD HERSFELDER FESTSPIELKONZERTE**

17. Juni bis 20. August 2006

U.A. **W.A. MOZART, REQUIEM**

SINFONIA SILESIA KATTOWITZ / HERSFELDER FESTSPIELCHOR
FRANKFURTER KONZERTCHOR / MARBURGER KONZERTCHOR
DVORÁK-SINFONIE-ORCHESTER PRAG / KAMMER-ENSEMBLES
ST. LAWRENCE STRING QUARTET / U.V.M.

27. **BAD HERSFELDER OPERNFESTSPIELE**

7. bis 23. August 2006

G. BIZET, CARMEN
W. A. MOZART, DON GIOVANNI

KARTENVERKAUF & KOSTENLOSE PROSPEKTE

Arbeitskreis für Musik e.V. / Nachtigallenstrasse 7 / 36251 Bad Hersfeld
Telefon 0 66 21/50 67 13 und 50 67 18 / Fax 0 66 21/6 43 55
www.opern-festspiele.net / info@opernfestspiele-badhersfeld.de

Complete the exchanges with the correct forms of **wissen** or **kennen**.

1. A: _____ ihr die Musik von Johann Sebastian Bach?

   B: Ja, natürlich. Wo ist Bachs Geburtsort? _____ ihr das?

   A: Nein, das _____ ich nicht. Du?

   C: Ja, Bach wurde 1685 in Eisenach geboren.

2. D: _____ Sie, wann die Festspielkonzerte beginnen?

   E: Ich _____ das nicht genau. Ich glaube im Juni. Vielleicht

   _____ mein Kollege (*colleague*) das. Ich frage ihn.

3. F: _____ Sie Mozarts Oper *Don Giovanni*?

   G: Nein. Ich _____ Mozarts *Requiem*, aber diese Mozartoper

   _____ ich nicht.

4. H: Wer _____, wo wir Karten kaufen?

   I: Die Adresse ist Nachtigallenstraße 7. Das _____ ich. Aber ich

   _____ die Straße nicht. Wo ist das?

   J: Ich _____ genau, wo das ist.

5. K: _____ du, wie viel die Karten kosten?

   L: Nein, aber ich frage. Ich habe die Telefonnummer.

KULTURTIPP

Many cities in the German-speaking countries offer **Festspiele** or **Festwochen,** especially in spring and summer, to celebrate culture and the arts: music, theater, opera, dance, fine arts, architecture, and/or film. Music festivals feature not only music by famous classical composers—such as the **Beethovenfest Bonn,** the **Mozartfest Würzburg,** or the **Bachfest Leipzig**—but also jazz, reggae, and rock. Such festivals take place in major metropolitan areas—as for example, **Art Basel, Berliner Festspiele und Festwochen,** and **Wiener Festwochen**—as well as in smaller towns and cities, such as the **Bad Hersfelder Festspielkonzerte** and **Opernfestspiele.** People refer to Bad Hersfeld, located in Hessen, as **das hessische Salzburg,** and visitors come from around the world to enjoy the open-air performances that take place in the ruins of an old monastery.

Sprache im Kontext

Lesen

Auf den ersten Blick

Take a quick look at the announcement and complete the information.

Am 18.08.2008 möchten wir gemeinsam mit[1] der Taufe[2] unseres Sohnes Elias unsere kirchliche Trauung[3] nachholen.[4]

Diesen besonderen Tag wollen wir gerne in lockerer[5] Atmosphäre mit allen Verwandten, Freunden und Bekannten feiern. Der Gottesdienst[6] beginnt um 16:00 Uhr in der Auferstehungskirche[7] Kellen.

Das anschließende[8] Gartenfest findet auf der Briener Straße 180 in Kellen statt.[9]

Bernd und Silke Engelen geb. Münnekhoff mit Annalena und Elias

Elias   Silke   Bernd   Annalena

[1]gemeinsam ... *along with*   [2]*baptism*   [3]kirchliche ... *religious wedding ceremony*   [4]*belatedly perform*   [5]*relaxed*   [6]*service*   [7]*Resurrection Church*   [8]*following*   [9]findet ... statt *takes place*

Hier sehen wir eine Familie von vier. Die Mutter heißt _____ Engelen geborene

Münnekhoff, ihr _____ heißt Bernd, ihre _____ heißt Annalena

und ihr _____ heißt Elias.

KULTURTIPP

Every couple who marries in Germany must have a civil ceremony at a registry office (**Standesamt**). Usually only the witnesses and perhaps a few friends or family members attend this ceremony, which is often followed by a meal in a restaurant. Those couples who wish a traditional religious wedding (**eine kirchliche Trauung**) arrange for such a ceremony to take place in a church, cathedral, or some other venue usually a few days after the civil ceremony and with their invited guests in attendance. However, the couple in the announcement planned for a **kirchliche Trauung** and reception several years later, in this case following the birth of their second child.

Zum Text

A. Das stimmt nicht. Correct each of the following statements to make it true according to the announcement.

BEISPIEL: Annalenas Eltern sind Silke und Bernd Münnekhoff.

Engelen
Annelenas Eltern sind Silke und Bernd ~~Münnekhoff~~.

1. Am achtzehnten Juli feiern Bernd und Silke die Taufe von Elias und auch ihre kirchliche Trauung.
2. Sie feiern diesen Monat mit allen Verwandten, Freunden und Bekannten.
3. Der Gottesdienst endet um 16.00 Uhr.
4. Ein Bierfest folgt dem Gottesdienst.
5. Das Fest findet auf der Briener Straße 180 in Köln statt.

B. Design and write your own announcement for an upcoming special event. Use phrases and ideas from the materials in this chapter. You can use your own name and include actual facts, or you can make up a German-speaking persona and create details accordingly.

Na klar!

Write a paragraph-length caption to accompany the photo on the previous page. Offer a logical explanation or description of the family gathering. You can refer to **Alles klar!** at the beginning of this chapter for ideas and vocabulary. Consider the following questions:

Wo sind sie? Wie heißen sie? Wie sind sie verwandt? Woher kommen sie? Was machen sie? Wie verbringen (*are spending*) sie den Tag? Warum feiern sie heute?

Journal

Schreiben Sie über Ihre Familie. Before you begin writing, make a family tree and include as much information about each person as you are able to give in German. The following questions will give you ideas for your journal entry, as will the reading and dialogues at the beginning of **Kapitel 3** in your textbook. You might also include photos and write a caption to accompany each one.

- Wie groß ist Ihre Familie?

  Haben Sie Geschwister?
  Haben Sie eine Stiefmutter (*stepmother*) oder einen Stiefvater?
  Haben Sie Stiefbrüder oder -schwestern?
  Haben Sie Halbbrüder oder -schwestern?
  Haben Sie Nichten und Neffen? Tanten und Onkel? Kusinen und Vettern? Großeltern? Urgroßeltern?

- Sind Sie verheiratet (*married*)?

  Wenn ja: Haben Sie einen Schwiegervater (*father-in-law*)? eine Schwiegermutter? einen Schwager (*brother-in-law*) oder Schwäger (*brothers-in-law*)? eine Schwägerin (*sister-in-law*) oder Schwägerinnen?
  Haben Sie Kinder? Wenn ja: Wie beschreiben (*describe*) Sie sie? Haben Sie vielleicht Enkelkinder?

- Wie heißen die Familienmitglieder (*family members*)?

  Wie alt sind sie?
  Wo wohnen sie?
  Was machen sie gern?
  Was machen sie nicht gern?

- Haben Sie einen Hund? ein Pferd? eine Katze?

  Beschreiben Sie Ihr Haustier (*pet*).

Mein Tag

Alles klar?

Das Studentenleben: Wann macht man gewöhnlich was? Mehr als eine Antwort kann richtig sein.

(1) morgens, (2) vormittags, (3) mittags, (4) nachmittags, (5) abends

_1, 2_ aufwachen

_____ aufstehen

_____ ausgehen

_____ Tennis spielen

_____ einen Film sehen

_____ essen

_____ (Fahrrad) fahren

_____ fernsehen

_____ Freunde besuchen

_____ ins Kino gehen

_____ ins Konzert gehen

_____ Kaffee trinken

_____ lernen für morgen

_____ Musik hören

_____ tanzen

_____ telefonieren

_____ über Politik diskutieren

_____ in Vorlesungen gehen

_____ Zeitung lesen

_____ zur Universität gehen

Wörter im Kontext

Thema 1
Die Uhrzeit

Aktivität 1   Wie viel Uhr ist es?

A. Ergänzen Sie die fehlenden Wörter.

1. _____ hat 60 Sekunden.

2. _____ hat 60 _____.

3. *Ein Tag* _____ hat 24 _____.

B. Schauen Sie sich jetzt die Uhren an, und ergänzen Sie die Sätze.

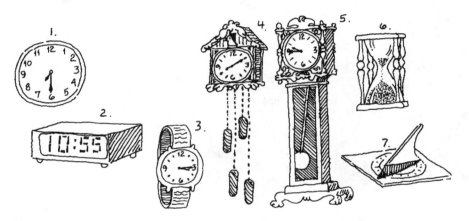

1. Es ist _____ acht.

2. Es ist fünf _____ elf.

3. Es ist _____ _____ drei.

4. Es ist zehn _____ acht.

5. Es ist _____ _____ zehn.

C. Wie nennt man diese Uhren? Markieren Sie die Antworten.

_3_ Das ist eine Armbanduhr.

_____ Das ist eine Digitaluhr.

_____ Das ist eine Kuckucksuhr.

_____ Das ist eine Küchenuhr.

_____ Das ist eine Sanduhr.

_____ Das ist eine Sonnenuhr.

_____ Das ist eine Standuhr.

D. Benutzen Sie die Namen für Uhren aus Teil C, und beantworten Sie die folgenden Fragen.

1. Was für Uhren haben Sie schon?

   _____

   _____

2. Was für eine Uhr brauchen oder möchten Sie?

   _____

   _____

Thema 2
Pläne machen

Aktivität 2 Die Tageszeiten

Wie heißen die Tageszeiten?

HEUTE

1. 12.00: _____

2. 22.00: _____

MORGEN

3. 6.00: _____

4. 17.00: _____

MONTAG

5. 11.00: _____

6. 14.00: _____

Aktivität 3 Was ist üblich?

Wann machen Menschen normalerweise was? Manchmal kann mehr als eine Antwort richtig sein.

BEISPIEL: ins Theater gehen: nachts (samstagnachmittags) (abends)

1. aufstehen: abends nachmittags morgens
2. frühstücken: vormittags morgens abends
3. Kollegen anrufen: nachts mittags morgens
4. einkaufen: morgens gegen sechs nachts samstags
5. spazieren gehen: morgens nachmittags abends
6. ins Kino gehen: montagmorgens freitagabends mittwochvormittags
7. fernsehen: morgens abends nachts
8. einschlafen: mittags nachts morgens

Aktivität 4   Was machen die zwei Familien?

Wählen (*Choose*) Sie die richtigen Verben.

fängt … an   sieht … aus   kocht
ruft … an   bekommt   kommt … mit
räumt … auf   kauft … ein   spricht
steht … auf   sieht … fern   geht … spazieren
~~geht … weg~~   frühstückt   kommt … vorbei

Frau Fiedler

Josef

Maria

Herr Fiedler

Frau Jahn

Herr Jahn

Hänschen

Opa

Es ist halb acht, und Frau Fiedler __geht__ jetzt __weg__ .

Um Viertel nach acht hat sie eine Verabredung mit zwei Kollegen. Ihr Sohn Josef

_____ schon sein Zimmer _____ , und ihre Tochter

Maria _____ jetzt _____ . Jeden Tag bleibt ihr Mann,

Herr Fiedler, bis acht Uhr zu Hause. Heute Morgen _____ er seine

Mutter _____ .

Die Familie Jahn ist heute Morgen auch noch zu Hause. Frau Jahn _____ ,

und Herr Jahn _____ . Ihr Kind, das kleine Hänschen, _____

_____ . Frau Jahns Vater _____ alle zwei Wochen

_____ .

Thema 3

Kino, Musik und Theater

Aktivität 5   Wohin gehen Sie? Was sehen Sie? Was hören Sie?

A. Schreiben Sie **ins** oder **in die.**

Wohin gehen Sie gern? Gehen Sie gern _____ [1] Kino? _____ [2] Disko?

_____ [3] Konzert? _____ [4] Theater? _____ [5] Oper?

B. Schreiben Sie die fehlenden Wörter.

1. Ein Film mit viel Horror ist ein _____.

2. Ein Film mit einem Detektiv ist ein _____,

3. Ein komisches Stück ist eine _____.

4. Ein tragisches Stück ist eine _____.

5. Ein Stück, in dem man singt, ist eine _____.

6. Ein Stück, in dem man tanzt, ist ein _____.

C. Beantworten Sie die folgenden Fragen mit Hilfe der Wörter und Ausdrücke von A und B.

1. Wohin gehen Sie, oder was machen Sie gern, freitagabends?

_____

_____

2. Ihre Freunde sehen heute Abend fern. Was machen Sie lieber?

_____

_____

3. Was für Filme sehen Sie gern oder nicht gern?

_____

_____

4. Was für Theateraufführungen (*theater performances*) sehen Sie am liebsten?

_____

_____

Wortraum

A. Welche Aktivitäten machen Sie jeden Tag? Schreiben Sie zehn Verben.

_____   _____

_____   _____

_____   _____

_____   _____

_____   _____

B. Wann machen Sie was? Wählen Sie drei Verben aus Teil A und schreiben Sie Sätze (*sentences*). Beschreiben (*Describe*) Sie, wann Sie das machen.

1. _____

2. _____

3. _____

Grammatik im Kontext

Separable-Prefix Verbs

Übung 1 Anjas Alltag

Anja ist Studentin. Wie verbringt sie ihren Tag?

BEISPIEL: 6.30 Uhr / aufstehen → Um halb sieben steht sie auf.

1. 7.10 Uhr / frühstücken _____

   _____

2. 7.30 Uhr / schnell ihr Zimmer aufräumen _____

   _____

3. 8.20 Uhr / zur Universität gehen _____

   _____

4. 9.05 Uhr / ihre Englischstunde anfangen (*Note:* ihre Englischstunde *is the subject of this*

   sentence.) _____

   _____

5. 2.15 Uhr / nach Hause zurückkommen _____

   _____

6. 5.45 Uhr / ihre Freundin anrufen _____

   _____

7. 6.30 Uhr / fernsehen _____

   _____

8. von 8.00 bis 10.00 Uhr / Englisch lernen _____

   _____

The Sentence Bracket

Übung 2   Wann?

Schreiben Sie die Antworten.

> BEISPIEL: Wann kommst du vorbei? (um halb sieben) →
> Ich komme um halb sieben vorbei.
> *oder*:   Um halb sieben komme ich vorbei.

1. Wann kommst du zurück? (am Freitag)

   _____

2. Wann rufst du Freunde an? (nachmittags)

   _____

3. Wann trinkst du eine Tasse Kaffee? (gegen vier Uhr)

   _____

4. Wann gehst du spazieren? (frühmorgens)

   _____

5. Wann siehst du fern? (abends)

   _____

6. Wann hast du Zeit für die Familie? (immer)

   _____

Übung 3 Der Bumerang

A. Find the two sentences in the cartoon that contain separable-prefix verbs. Circle each conjugated verb form and underline each prefix.

LACHEN MIT HÖRZU

WAS IST DAS? EIN BUMERANG

MAN WIRFT IHN WEG — SO! UND DANN KOMMT ER...

VON SELBST ZURÜCK!!

NÜTZLICHE WÖRTER

wegwerfen (wirft weg) *to throw away*   von selbst *by itself*
zurückbringen (bringt zurück) *to bring back* energisch *energetically*

B. Write complete sentences. Be sure to use the correct form of the definite article.

So funktioniert ein Bumerang normalerweise:

1. man / wegwerfen / der Bumerang

   _____

2. der Bumerang / zurückkommen / von selbst

   _____

So funktioniert der Bumerang im Cartoon:

3. der Mann / wegwerfen / der Bumerang / energisch

   _____

Der Bumerang trifft (*hits*) einen anderen Mann am Kopf (*head*). Dieser Mann heißt Herr Richter.

4. Herr Richter / zurückbringen / der Bumerang

   _____

Herr Richter sagt böse (*angrily*):

5. ich / aufstehen / immer / frühmorgens

   _____

6. oft / spazieren gehen / ich / hier im Park

   _____

7. heute / mitnehmen / ich / ein Bumerang / nach Hause

   _____

8. Ihr Bumerang / zurückkommen / nie wieder / !

   _____

Modal Auxiliary Verbs

The Present Tense of Modals

Übung 4   Muss es immer so sein?

Ergänzen Sie die richtigen Formen von **müssen**.

1. _____ wir samstagabends immer in die Disko gehen?

2. _____ du wochentagabends immer fernsehen?

3. _____ ich jeden Sonntag meine Familie besuchen?

4. _____ ihr immer so fleißig arbeiten?

5. _____ meine Freunde mich jeden Tag anrufen?

6. _____ meine Mitbewohnerin jeden Tag die Wohnung aufräumen?

7. Herr Klempner, _____ Sie immer so früh aufstehen?

Übung 5   Eine Autofahrt

Sie fahren von Köln nach Hamburg. Drei Freunde möchten mitkommen. Was fragen sie?

1. _____ wir mitfahren, oder _____ du lieber allein fahren? (dürfen/möchte)

2. _____ ich meine Freundin auch einladen? (dürfen)

3. Wo _____ man tanken? (können)

4. Um wie viel Uhr _____ ich morgen früh vorbeikommen? (sollen)

5. Warum _____ ihr diese Strecke nicht? Ich finde die Landschaft (*scenery*) interessant. (mögen)

6. Ich _____ die Staus (*traffic jams*) nicht. (mögen)

   Wie _____ wir sie vermeiden (*avoid*)? (können)

7. Wie _____ das Wetter morgen sein? (sollen)

8. Was _____ wir mitbringen? (können)

Übung 6   Der Alltagsstress

A. Bilden Sie Sätze.

> BEISPIEL: wir: lieber fernsehen / möchte →
> Wir möchten lieber fernsehen.

1. ihr: früher aufstehen / müssen

_____

2. ich: so früh nicht aufwachen / können

_____

3. du: dein Arbeitszimmer aufräumen / müssen

_____

4. mein Freund: heute Abend vorbeikommen / sollen

_____

B. Bilden Sie jetzt Fragen.

BEISPIELE: ihr: ins Kino gehen / möchte →
Möchtet ihr ins Kino gehen?

was / ihr: im Kino sehen / möchte →
Was möchtet ihr im Kino sehen?

1. du: mich gegen sieben anrufen / können

_____

2. ihr: uns um halb acht abholen / können

_____

3. warum / dein Freund: nicht in die Disko gehen / wollen

_____

4. warum / ihr: abends immer ausgehen / müssen

_____

5. warum / du: diesen Kaffee / nicht mögen

_____

6. wo / ich: morgen frühstücken / sollen

_____

The Imperative

Formal Imperative / Particles and **bitte** with the Imperative

Übung 7　Machen Sie das bitte.

Frau Siebert ist neu hier. Was plant Frau König für sie? Schreiben Sie jede Frage neu als Imperativsatz. Benutzen (*Use*) Sie auch das Wort in Klammern.

BEISPIEL: Können Sie mich heute Abend anrufen? (bitte) →
Rufen Sie mich bitte heute Abend an.

1. Möchten Sie morgen früh im Café frühstücken? (doch)

_____

2. Möchten Sie morgen Nachmittag einkaufen gehen? (doch)

_____

3. Möchten Sie durch den Park spazieren gehen? (mal)

_____

4. Möchten Sie morgen Abend im Restaurant essen? (doch)

_____

5. Möchten Sie dann einen Horrorfilm sehen? (mal)

_____

6. Können Sie am Samstag vorbeikommen? (bitte)

_____

Informal Imperative

Übung 8   Was müssen die Kinder alles machen?

Herr Kramer schickt seine Kinder, Helga und Jens, zum Einkaufen. Was sagt er? Schreiben Sie jeden Satz neu im Imperativ.

BEISPIEL: Ihr müsst zuerst euer Zimmer aufräumen. →
            Räumt euer Zimmer zuerst auf.

1. Helga, du darfst jetzt nicht fernsehen.

_____

2. Helga, du musst nur eine Minute warten.

_____

3. Jens, du darfst die Tür noch nicht öffnen.

_____

4. Jens, du musst nett sein.

_____

5. Ihr müsst eure Jacken mitnehmen.

_____

6. Ihr müsst vorsichtig (*careful*) sein.

_____

7. Ihr müsst eine Zeitung und ein Buch für mich kaufen.

_____

8. Ihr müsst dann sofort zurückkommen.

_____

Übung 9   Mach es jetzt! Du musst das jetzt machen!

Martin und Josef sind Brüder. Heute hat Martin ein Problem: Josef schläft noch. Was sagt Martin?
Wählen Sie Verben aus der Kiste (*box*), und schreiben Sie sechs Satzpaare.

BEISPIEL: 1. a. Bleib nachts nicht so spät auf.
             b. Du sollst nachts nicht so spät aufbleiben.

aufbleiben	aufstehen	dürfen	frühstücken
sollen	ausgehen	einschlafen	aufwachen
fernsehen	Basketball spielen	lesen	können müssen

Sprache im Kontext

Lesen

Auf den ersten Blick

> LESETIPP
>
> When working with an authentic text such as the book advertisement shown here, remember a few tips. First, look at the pictures to give you clues about the topic. Then scan the text slowly and look for words that you know. Don't worry about unfamiliar words at first. You will quickly be on your way to understanding more than you thought possible.

A. Ergänzen Sie.

1. Der Titel des Buches ist _____

   _____.

2. Der Autor heißt _____.

3. Das Buch ist keine Biographie. Es ist ein

   _____.

4. Das Buch hat _____ Seiten.

5. Es kostet _____ Euro.

6. Dieses Adjektiv beschreibt das Buch: _____

7. Das ändern manche Leute: _____

B. Schauen Sie sich das Bild jetzt an. Es ist von dem norwegischen Maler (*painter*) Edvard Munch und der Titel ist *Der Tanz des Lebens*.

		JA	NEIN
1.	Kennen Sie dieses Werk von Munch?	☐	☐
2.	Kennen Sie sein berühmtes (*famous*) Bild, *Der Schrei* (*The Scream*)?	☐	☐
3.	Kennen Sie andere Werke von Munch?	☐	☐

[1]*dangerous* [2]*Manche … Some people change their lives!* [3]*story*
[4]*novel*

Munch painting on book cover: Edvard Munch, "The Dance of Life," 1899–1900. © 2006 The Munch Museum/The Munch-Ellingsen Group/Artists Rights Society (ARS), NY.

dtv
premium

Ein gefähr-liches[1] Buch. Manche ändern ihr Leben![2]

Tanja Langer
Kleine Geschichte[3] von der Frau, die nicht treu sein konnte
Roman[4]

dtv
premium

Originalausgabe
540 Seiten · € 15,–
ISBN 3-423-**24527**-1

Äußerlich ist Evas Leben fast idyllisch: Ein Haus mit Garten, drei Kinder, ein Mann mit künstlerischem Beruf. Sie ist auch nicht unglücklich. Aber die Offenheit, mit der sie anderen Menschen begegnet, macht sie immer wieder zum Spielball des Lebens. Und so steht sie eines Tages vor einem Bild des Malers Edvard Munch und fühlt sich wie vom Blitz getroffen …

www.dtv.de – Ihr Kulturportal

Zum Text

A. Lesen Sie jetzt den Text und beantworten Sie die Fragen.

1. Wie heißt die Protagonistin? _____

2. Wie ist ihr Leben äußerlich (*on the surface*)? _____

3. Wie viele Kinder hat sie? _____

4. Was für (*what kind of*) ein Haus hat sie? _____

5. Was für einen Beruf hat ihr Mann? _____

6. Wie ist sie innerlich (*inwardly*)? _____

---

drei

Eva

einen künstlerischen

fast idyllisch

mit Garten

nicht unglücklich

B. Verbinden Sie jede Frage mit der passenden Antwort.

_____ 1. Was ist Evas Problem?

_____ 2. Was macht sie eines Tages (*one day*)?

_____ 3. Wie fühlt (*feels*) sie sich?

a. Sie fühlt sich wie vom Blitz (*lightning*) getroffen.

b. Die Offenheit (*candor*), mit der sie anderen Menschen begegnet (*interacts*), macht sie immer wieder zum Spielball des Lebens (*life's playtoy*).

c. Eines Tages steht sie vor (*in front of*) einem Bild des Malers Edvard Munch.

C. Kann ein Buch oder ein Film das Leben ändern? Schreiben Sie einen Brief (*letter*). Empfehlen (*recommend*) Sie jemandem (*someone*) so ein Buch oder so einen Film. Lesen Sie zuerst den Sprachtipp auf der nächsten Seite.

Du musst _____ lesen/sehen.

Das ist _____.

ein Abenteuerbuch (*adventure book*) / Abenteuerfilm
eine Biographie
ein Dokumentarfilm
ein Drama
ein Horrorfilm
eine Komödie

eine Liebesgeschichte (*love story*)
ein Roman
eine romantische Komödie
ein Thriller
ein Sachbuch (*nonfiction book*)
?

Ich finde ihn/sie/es _____.

ausgezeichnet
hochinteressant
eindringlich (*powerful*)
fantastisch
sehr romantisch

überzeugend (*persuasive, convincing*)
urkomisch (*hilarious*)
sehr wichtig
?

Er/sie/es kann dein Leben ändern.

SPRACHTIPP

In the salutation of a personal letter, address a man with **Lieber** and a woman with **Liebe,** followed by the person's name.

> Lieber Doug,   Liebe Maria,
> Lieber Herr Schmidt,   Liebe Frau Hüppe,

You can follow the salutation with a comma or an exclamation point. After a comma, begin the first word with a lowercase letter (unless the word is a noun). After an exclamation point, the first word should begin with an uppercase letter.

> Lieber Doug,   Liebe Frau Hüppe!
> ich hoffe …   Ich hoffe …

To close a personal letter to someone whom you address informally, with **du,** write **dein** (*your*) if you are a man, **deine** if you are a woman, and sign your name.

> Dein Michael   Deine Beth

To close a more formal personal letter to someone whom you address with **Sie,** end with the phrase **Mit freundlichen Grüßen** and sign your name.

> Mit freundlichen Grüßen
> Michael Forster

Na klar!

Schauen Sie sich das Foto an. Was für (*what kind of*) Pläne machen die drei Personen? Schreiben Sie ihr Gespräch (*conversation*).

- Was haben sie vor?

- Wohin wollen sie gehen? ins Kino? ins Konzert? in die Disko? in die Oper? ins Theater? __?__

- Was möchten sie sehen? einen Film? (einen Krimi? einen Horrorfilm?) ein Ballet? eine Oper?

  ein Theaterstück? (eine Komödie? eine Tragödie? ein Musical?) __?__

- Wann machen sie das?

- Wer soll wen anrufen?

- Wer soll wen abholen?

- Um wie viel Uhr kommt … vorbei?

- Wer kommt mit?

- Was nehmen sie mit?

Journal

 Wie verbringen Sie Ihre Zeit? Write about your general routines and habits: what you do when.

- Before you begin writing, look over the list of verbs and circle those activities you want to include; draw a line through those you do not want to use.

(Freunde) anrufen	(Freunde/Familie/ ?) besuchen
arbeiten	bleiben
(Zimmer/Wohnung) aufräumen	einkaufen (gehen)
aufstehen	einschlafen
aufwachen	essen
ausgehen	(Auto/Motorrad) fahren
feiern	mitnehmen
fernsehen	reisen
frühstücken	schlafen
(ins Kino / ins ? / in die ?) gehen	(Briefe/E-Mails) schreiben
(CDs) hören	schwimmen
(DVDs/ ?) kaufen	spazieren gehen
kochen	(Karten/ ?) spielen
laufen	(Deutsch/ ?) sprechen
lernen	im Internet surfen
lesen	(Kaffee/ ?) trinken
(Kreuzworträtsel) machen	wandern
mitkommen	zurückkommen

- Jot down appropriate time adverbs, qualifying words, or any other pertinent notes alongside some or all of the verbs you have circled. (You need not use all the words listed.)

TIME ADVERBS	QUALIFYING WORDS
jeden Tag	ich darf
montags, …	ich kann
morgens	ich möchte
mittags	ich muss
nachmittags	ich soll
abends	ich will
nachts	
am Wochenende	

- Number your circled verbs and notes in the sequence in which you want to present them.

The preceding steps will provide you with some thoughts and a rough outline for writing in your journal.

Einkaufen

Alles klar?

A. Was kann man hier machen? Kreuzen Sie an.

☐ viele Obst- und Gemüsestände sehen

☐ in eine Vorlesung gehen

☐ frisches Obst und Gemüse kaufen

☐ einen Film sehen

☐ Obst und Gemüse direkt vom Bauern (*farmer*) kaufen

☐ an der frischen Luft (*air*) sein

☐ frische Ingredienzen zum Mittagessen oder Abendessen suchen

☐ einen Vortrag hören

☐ einen Rucksack oder eine Tasche mitbringen

B. Wann geht man gewöhnlich auf den Markt?

☐ frühmorgens

☐ morgens

☐ vormittags

☐ nachmittags

☐ spätabends

☐ nachts

Wörter im Kontext

Thema 1
Kleidungsstücke

Aktivität 1 Bekleidung

Wie heißt jedes Kleidungsstück?

1. _der Anzug_____
2. _____
3. _____
4. _____
5. _____
6. _____
7. _____
8. _____

9. _____
10. _____
11. _____
12. _____
13. _____
14. _____
15. _____
16. _____

Aktivität 2   Kleidungsstücke

Welche Kleidungsstücke haben Sie schon? Kreuzen Sie diese Wörter an (✓). Welche Kleidungsstücke brauchen oder möchten Sie? Machen Sie einen Kreis um diese Wörter (Wort). Welche Kleidungsstücke wollen Sie nie (*never*) tragen (*wear*)? Streichen Sie diese Wörter aus (Wort).

☐ einen Sommeranzug
☐ einen Winteranzug
☐ eine Lederjacke
☐ eine Windjacke
☐ eine Cordhose
☐ einen Ledergürtel

☐ ein Sommerkleid
☐ einen Wintermantel
☐ eine Baumwollbluse
☐ ein Baumwollhemd
☐ einen Baumwollschal
☐ ein Flanellhemd

☐ einen Cowboyhut
☐ Wanderschuhe
☐ Tennisschuhe
☐ Fußballschuhe
☐ Joggingschuhe
☐ Cowboystiefel

Aktivität 3   Kleidungsstücke, die gut zusammenpassen

Schreiben Sie die Ausdrücke auf Deutsch.

1. *socks and shoes:* _____

2. *jeans and a T-shirt:* _____

3. *a shirt and (a pair of) pants:* _____

4. *a coat and a hat:* _____

5. *a suit and a tie:* _____

6. *a jacket and a scarf:* _____

Aktivität 4   Meine Kleidung

Schauen Sie sich jetzt die Bilder und Ihre Antworten in Aktivitäten 1–3 an. Schreiben Sie dann einen kurzen Absatz (*paragraph*): Was haben Sie? Was brauchen Sie? Was möchten Sie kaufen?

BEISPIEL: Ich habe einen Anzug, fünf Baumwollhemden, … Ich brauche eine Windjacke, …
Ich möchte auch gern einen Cowboyhut, … kaufen.

Thema 2
Beim Einkaufen im Kaufhaus

Aktivität 5 Was sagt man im Kaufhaus?

Lesen Sie die Situationen. Was sagen oder fragen Sie? Oder was sagt oder fragt der Verkäufer / die Verkäuferin?

1. *You need to find the register.*
   a. Wo ist die Kasse, bitte?
   b. Wo finde ich den Käse, bitte?

2. *You want to try on a shirt.*
   a. Darf ich dieses Hemd anprobieren?
   b. Darf ich Ihnen dieses Hemd zeigen?

3. *You remark that the shoes fit you.*
   a. Diese Schuhe passen mir.
   b. Diese Schuhe gefallen mir.

4. *A salesperson asks what color you want.*
   a. Welche Größe möchten Sie?
   b. Welche Farbe möchten Sie?

5. *Say that a certain color suits you.*
   a. Diese Farbe steht mir gut.
   b. Diese Farbe gefällt mir nicht.

6. *A salesperson tells you to pay at the counter.*
   a. Zahlen Sie bitte an der Kasse.
   b. Zeigen Sie mir bitte die Kasse.

Aktivität 6 Im Modegeschäft

Was fragt der Verkäufer? Was sagen Sie? Ergänzen Sie die Sätze.

Der Verkäufer fragt:

1. _____ (*What size*) brauchen Sie?

2. Möchten Sie etwas _____ (*striped*) oder
   _____ (*plaid*)?

3. Dieses Hemd ist wirklich _____ (*fashionable*).

4. Möchten Sie es _____ (*try on*)?

Sie sagen:

5. Dieses Hemd _____ (*fits*) mir.

6. Die Farbe _____ (*suits*) mir gut.

7. Dieses Hemd _____ (*pleases*) mir.

8. Wo ist die Kasse bitte? Ich möchte jetzt _____ (*pay*).

Thema 3
Lebensmittel

Aktivität 7   Lebensmittel und Farben

Welche Farbe haben diese Lebensmittel gewöhnlich?

1. Tomaten und Erdbeeren sind _____.

2. Salz und Zucker sind meistens _____.

3. Gurken und Brokkoli sind gewöhnlich _____.

4. Pfeffer ist meistens _____.

5. Butter ist _____.

6. Karotten sind _____.

7. Kaffee ist dunkel_____, aber Kaffee mit Milch ist

   hell_____.

Aktivität 8   Was essen und trinken Sie?

Kreuzen Sie Ihre Antworten an.

1. Was für Säfte trinken Sie gern?
   ☐ Orangensaft
   ☐ Apfelsaft
   ☐ Tomatensaft

2. Was für Salate essen Sie gern?
   ☐ Kartoffelsalat
   ☐ Tomatensalat
   ☐ Gurkensalat
   ☐ Obstsalat
   ☐ Fleischsalat

3. Was für Kuchen essen Sie gern?
   ☐ Apfelkuchen
   ☐ Käsekuchen

4. Trinken Sie Wein? Trinken Sie
   ☐ Rotwein?
   ☐ Weißwein?

5. Es gibt viele verschiedene (*different*) Brot- und Brötchensorten (*types of bread and rolls*). Welche kennen Sie?

   ☐ Weißbrot   ☐ Salzbrötchen

   ☐ Schwarzbrot   ☐ Käsebrötchen

   ☐ Sesambrötchen   ☐ Milchbrötchen

6. Es gibt auch viele Wurst- und Würstchensorten. Kennen Sie zum Beispiel ...

☐ Leberwurst?   ☐ Wiener Würstchen?

☐ Weißwurst?   ☐ Frankfurter Würstchen?

☐ Bratwurst?

Aktivität 9   Planen Sie ein Picknick!

Schreiben Sie die Einkaufsliste auf Deutsch.

_____ (cold cuts)   _____ (cucumbers)

_____ (sausage)   _____ (apples)

_____ (cheese)   _____ (grapes)

_____ (bread)   _____ (cookies)

_____ (rolls)   _____ (drinks)

Aktivität 10   Im Supermarkt

Herr Eckhardt kann die Lebensmittel im Supermarkt nicht finden. Was sagt er? Ergänzen Sie die bestimmten (definite) Artikel.

Wo ist _____ Blumenkohl? Ich kann _____ Blumenkohl nicht finden.

_____ Salz?   _____ Salz

_____ Pfeffer?   _____ Pfeffer

_____ Tee?   _____ Tee

_____ Wurst?   _____ Wurst

_____ Kaffee?   _____ Kaffee

_____ Mineralwasser?   _____ Mineralwasser

_____ Brot?   _____ Brot

_____ Truthahn?   _____ Truthahn

Aktivität 11   Was und wo?

Ergänzen Sie die Sätze.

1. Ich brauche Medikamente. Wo kann ich _____ finden? (a pharmacy)

2. Eva braucht _____ und _____. (bread / rolls)

3. Wo kann sie _____ finden? (a bakery)

4. Ich brauche _____ und _____. (beef / pork)

5. Wo ist hier _____ ? (a butcher shop)

6. Meine Freunde kommen heute Abend vorbei. Ich möchte _____ für sie kaufen. (a cake)

7. Wo kann ich eine gute _____ finden? (pastry shop)

8. Ist das _____ (*a drugstore [store for toiletries]*)?

9. Gut, ich muss _____ und _____ kaufen. (*toilet paper / toothpaste*)

10. Heute muss ich _____ für die ganze Familie kaufen. (*groceries*)

11. Wo kann ich _____ finden? (*a supermarket*)

12. Ich will _____ kaufen. (*beer*)

13. Wo ist hier _____? (*a beverage store*)

14. Wo finde ich _____? (*a natural foods store*)

15. Ich muss noch Biomilch, _____ und _____ haben. (*granola / yogurt*)

Wortraum

A. Zeichnen Sie (*Draw*) ein Strichmännchen (*stick figure*). Schreiben Sie Wörter als Kleidungsstücke für die Figur.

B. Was trägt die Figur in **Teil A**? Erklären Sie auch die Farben.

BEISPIEL: Die Figur trägt einen Hut. Der Hut ist schwarz.

_____

_____

_____

_____

_____

_____

Grammatik im Kontext

The Dative Case

Personal Pronouns in the Dative

Übung 1   Wie geht es ... ?

Schreiben Sie die fehlenden Personalpronomen.

Mir geht es gut. Dir auch?

A: Wie geht es Herrn Körner?

B: _____ geht es nicht so gut.

C: Wie geht es Frau Schuhmacher?

D: _____ geht es nicht schlecht.

E: Wie geht es Herrn und Frau Wollmann?

F: Es geht _____ sehr gut.

G: Wie geht es Familie Lessing?

H: Es geht _____ ganz gut.

I: Wie geht es Ihnen, Herr und Frau Koch?

J: Es geht _____ ausgezeichnet, danke.

Übung 2   Kleidungsstücke überall

Schreiben Sie jede Frage auf Deutsch.

1. *To whom do these articles of clothing belong?*

   _____

2. *Does this bathrobe belong to you?* (*Sie*-form)

   _____

3. *Does this tie belong to him?*

   _____

4. *Does this scarf belong to her?*

_____

5. *Does this jacket belong to you?* (**du**-*form*)

_____

6. *Do these T-shirts belong to them?*

_____

7. *Do these shoes belong to you?* (**ihr**-*form*)

_____

Mittwochs gehört er Ihnen

dieser Anzeigenraum • Telefon 0 22 25 / 50 51

Articles and Possessive Adjectives in the Dative

Übung 3　Wer schenkt wem was?

Schauen Sie sich die Tabelle an, und schreiben Sie Sätze.

	VATER	MUTTER	ONKEL	SOHN	BRUDER	ELTERN	OMA
Rudi					Gürtel		
Karin							Schal
Herr Lenz		Hut					
Peter	Krawatte						
Emilie			Hemd				
Herr und Frau Pohl				Anzug			
Frau Effe						Flasche Wein	

1. *Rudi schenkt seinem Bruder einen Gürtel.*

2. _____

3. _____

   _____

4. _____

   _____

5. _____

   _____

6. _____

   _____

7. _____

   _____

The Dative Case for Indirect Objects / Position of Dative and Accusative Objects

Übung 4   Nein, das stimmt nicht.

Schauen Sie sich die Tabelle in Übung 3 noch einmal an, und beantworten Sie dann jede Frage.

1. Schenkt Rudi seinem Vater den Gürtel?

   Nein, Rudi schenkt ihn seinem Bruder.

2. Schenkt Karin ihrer Mutter den Schal?

   _____

3. Schenkt Herr Lenz seiner Tochter den Hut?

   _____

4. Schenkt Peter seinem Onkel die Krawatte?

   _____

5. Schenkt Emilie ihrem Bruder das Hemd?

   _____

6. Schenken Herr und Frau Pohl ihrem Neffen den Anzug?

   _____

7. Schenkt Frau Effe ihrem Nachbarn (*neighbor*) die Flasche Wein?

   _____

Übung 5   Ja, das stimmt.

Frau Grünwald beantwortet jede Frage positiv. (Ja, ich …) Schreiben Sie ihre Antworten und ersetzen (*replace*) Sie jedes Substantiv mit einem Pronomen.

> BEISPIEL: Sie schicken Ihrem Sohn diese Handschuhe, nicht wahr? →
> Ja, ich schicke sie ihm.

Ihre Nachbarin fragt sie:

1. Sie kaufen Ihrer Tochter das Medikament, nicht wahr?

    _____

2. Sie zeigen Ihren Nichten diesen Kuchen, nicht wahr?

    _____

3. Sie geben uns diese Brötchen, nicht wahr? (*Sie-form*)

    _____

Die Nachbarskinder fragen sie:

4. Sie geben uns diese Kekse, nicht wahr? (*ihr-form*)

    _____

Ihr Neffe fragt sie:

5. Du schickst mir den Brief, nicht wahr? (*du-form*)

    _____

Verbs with a Dative Object Only

Übung 6   Was sagt man in jeder Situation?

Schreiben Sie für jede Situation einen Ausdruck auf Deutsch.

1. *You are eating strawberries. Say that they taste good.*

    _____

2. *You are trying on a pullover. Say that it fits you well.*

    _____

3. *Your friend is wearing new jeans. Tell her they look good on her.*

    _____

4. *You are in a store and need assistance. Ask someone if he/she can please help you.*

    _____

5. *Tell your friend that you would like to thank him for the tea.*

    _____

6. *Your aunt recently sent you a cap. Tell her you like it.*

_____

7. *You did something you now regret. Say that you are sorry.*

_____

8. *A salesperson wants you to buy a shirt. Tell him/her it's too expensive (for you).*

_____

9. *Your roommates want to know whether you prefer to see a movie in a theater or at home on DVD. Tell them you don't care.*

_____

Prepositions with the Dative Case

Übung 7 Fragen und Antworten

Antworten Sie mit der richtigen Information.

> BEISPIEL: Kommt deine Tante aus Italien? (die Schweiz) →
> Nein, sie kommt aus der Schweiz.

1. Ist dein Onkel jetzt bei der Metzgerei? (der Supermarkt)

_____

2. Siehst du nach dem Abendessen fern? (die Arbeit)

_____

3. Ist deine Freundin Tanja schon seit einer Woche hier? (ein Monat)

_____

4. Hörst du oft von deiner Nichte Maxine? (mein Neffe Max)

_____

5. Gehst du jetzt zum Bioladen? (die Bäckerei)

_____

6. Gehst du später mit deiner Familie aus? (meine Freunde)

_____

7. Kommt Pawel aus Polen? (die Slowakei)

_____

Übung 8 Wer ist Richard? Was macht er?

Schreiben Sie vollständige Sätze.

1. Richard / sein / schon / seit / drei / Monate / in Münster.

   _____

   _____

2. Morgens / gehen / er / zu / die Uni.

   _____

3. Nachmittags / gehen / er / zu / die Arbeit.

   _____

4. Er / wohnen / bei / Herr und Frau Mildner.

   _____

5. Er / sprechen / oft / mit / ein Student / aus / die Schweiz.

   _____

   _____

6. Sie / sprechen / besonders gern / von / ihre Freunde.

   _____

   _____

7. Manchmal / gehen / Richard / mit / seine Freunde / zu / der Supermarkt.

   _____

   _____

8. Da / können / er / Lebensmittel / auch / aus / die USA (*pl.*) / finden.

   _____

   _____

9. Nach / das Einkaufen / fahren / Richard / mit / der Bus / nach / Hause.

   _____

   _____

Interrogative Pronouns wo, wohin, and woher

Übung 9   Was sagt Erika? Was fragen Sie?

Erika spricht über sich und ihre Familie. Schreiben Sie Fragen mit **wo, woher** oder **wohin** und der **du-**Form des Verbs.

1. Ich arbeite bei einer Firma in der Stadtmitte.

   Wie, bitte? _____

2. Abends bleibe ich oft zu Hause.

   Wie, bitte? _____

3. Samstagnachmittags gehe ich gern ins Kino.

   Wie, bitte? _____

   _____

4. Meine Eltern wohnen jetzt in München.

   Wie, bitte? _____

5. Mein Bruder arbeitet manchmal in Regensburg.

   Wie, bitte? _____

6. Meine Freundin Maria studiert in Marburg.

   Wie, bitte? _____

7. Mein Freund Peter kommt aus der Schweiz.

   Wie, bitte? _____

8. Meine Kusine kommt aus Fulda.

   Wie, bitte? _____

9. Mein Onkel fährt nächste Woche nach Bonn.

   Wie, bitte? _____

10. Meine Tante will in die Türkei reisen.

    Wie, bitte? _____

Sprache im Kontext

Lesen

Auf den ersten Blick

Schauen Sie sich die Fotos an, und beantworten Sie die Fragen in vollständigen Sätzen.

1. Wie heißen die zwei Frauen?

   _____

   _____

2. Wie heißen die zwei Männer?

   _____

   _____

3. Wie alt sind diese Leute?

   _____

   _____

   _____

4. Was sind sie von Beruf?

   _____

   _____

   _____

   _____

DIE GANZE wahrheit

Winterschlaf für die Liebe. Was tut man dagegen?

Der Winter bietet tolle Möglichkeiten[1] zum Flirten! Nach dem Skifahren kommt man sich auf der Hütte schnell näher – speziell bei einem leckeren[2] Jagertee. Außerdem wird's früh dunkel. Und was tut man, wenn's dunkel ist? Kuscheln[3] natürlich.

DUNJA, 28
ERZIEHERIN

Meine Heimat Kanada ist der ideale Ort für Winterromantik. Deshalb würde ich meine Freundin dorthin einladen. Und beim Skifahren bricht auch schnell das Eis. Wenn man doch zu sehr durchgefroren ist, taut man beim Kuscheln vorm Kamin[4] wieder auf.

RUSS, 28
MODEL

Ich finde den Winter geradezu ideal, um Gefühle aufleben zu lassen. Wenn es kalt und dunkel ist, kann man doch ohne schlechtes Gewissen[5] den ganzen Tag im Bett verbringen. Und was ist romantischer als ein Spaziergang durch verschneite Wälder?[6]

IRENE, 25,
REDAKTEURIN

Ich liebe die Wärme und würde immer versuchen, dem Schmuddelwetter[7] Richtung Süden zu entfliehen – am besten natürlich mit der Liebsten. Wenn das nicht klappt, dann bleibt nur noch ein romantisches Häuschen in den schneebedeckten Bergen.[8]

NICK, 25
FITNESS-TRAINER

[1]*possibilities*

[2]*delicious*

[3]*cuddling, snuggling*

[4]*fireplace*

[5]schlechtes ... *guilty conscience*

[6]verschneite ... *snow-covered woods*

[7]*grimy weather*

[8]schneebedeckten ... *snow-covered mountains*

Zum Text

Wer …

	DUNJA	RUSS	IRENE	NICK
1. kommt aus Kanada?	☐	☐	☐	☐
2. trinkt gern Jägertee?	☐	☐	☐	☐
3. fährt gern Ski?	☐	☐	☐	☐
4. reist gern im Winter in den Süden?	☐	☐	☐	☐
5. findet den Winter romantisch?	☐	☐	☐	☐
6. liebt warmes Wetter?	☐	☐	☐	☐
7. kuschelt gern?	☐	☐	☐	☐
8. bleibt gern an Wintertagen im Bett?	☐	☐	☐	☐
9. geht gern durch die Wälder spazieren?	☐	☐	☐	☐

Na klar!

 Sie sind neu in Deutschland, aber Sie können schon eine Party planen. Schreiben Sie drei Listen.

1. Gäste: Wen möchten Sie einladen?
2. Vorbereitungen (*preparations*): Was müssen Sie machen?
3. Einkaufen: Was essen und trinken Ihre Gäste? Was müssen Sie kaufen? Wo?

BEISPIEL:

GÄSTE	VORBEREITUNGEN	EINKAUFEN
meine Freundin Anna	Wohnung aufräumen	Salat: Markt
?	?	?

Journal

Wählen Sie ein Thema. Machen Sie sich zuerst auf diesem Blatt (*page*) Notizen. Schreiben Sie dann mit Hilfe Ihrer Notizen in Ihr Journal.

Thema 1: Ihr Lieblingskleidungsstück

Sybille trägt fast immer Jeans. Sind Jeans auch Ihr Lieblingskleidungsstück? Oder haben Sie vielleicht einen Lieblingshut, eine Lieblingsjacke oder sonst was? Wie beschreiben (*describe*) Sie dieses Kleidungsstück?

- Welche Farbe hat es?

- Ist es groß? klein? eng? lang? kurz? schön? hässlich? alt? neu? __?__

- War es ein Geschenk? Wenn ja: Von wem?

- Woher kommt es? (aus Mexiko? aus Miami? aus der Schweiz? __?__)

- Wann tragen Sie es?

- Wo oder wohin tragen Sie es?

- Warum tragen Sie es gern?

Thema 2: Ein Glücksbringer

Haben Sie einen Glücksbringer (*good luck charm*) oder einen Talisman? Ist er vielleicht ein Ring, ein Ohrring oder ein Paar Ohrringe, eine Kette (*chain*), ein Armband (*bracelet*), eine Figur oder ein Stofftier (*stuffed animal*)?

- Tragen Sie den Talisman immer, oder bleibt er in Ihrem Zimmer oder in Ihrem Auto?

- Wie beschreiben Sie ihn? (Farbe, Größe, Aussehen [*appearance*], __?__)

- Woher kommt er? (aus welchem Land? aus welcher Stadt? aus welchem Geschäft? von wem? __?__)

- Wie bringt er Ihnen Glück? Geben Sie ein Beispiel.

Thema 3: Ein besonderer Einkaufstag (*special shopping day*).

Stellen Sie sich vor (*Imagine*): Sie gewinnen mehrere Millionen in der Lotterie. Planen Sie einen Einkaufstag.

- Wo wollen Sie einkaufen? (in welchem Land? in welcher Stadt? in welchen Geschäften? __?__)

- Wie kommen Sie dorthin? (Fahren Sie mit dem Auto? mit dem Bus? mit einem Taxi? Fliegen Sie? Gehen Sie zu Fuß [*on foot*]? __?__)

- Wer kommt mit?

- Was kaufen Sie alles? Für wen?

- Was machen Sie nach dem Einkaufen?

- ?

Wir gehen aus

Alles klar?

Was sehen Sie? Indentifizieren Sie alles auf dem Foto.

1. *server:* _die Kellnerin_

2. *street:* _____

3. *window:* _____

4. *door:* _____

5. *glasses:* _____

6. *shirt:* _____

7. *chair:* _____

8. *pants:* _____

9. *main dish:* _____

10. *plate:* _____

11. *napkin:* _____

12. *knife:* _____

13. *fork:* _____

14. *table:* _____

15. *wine:* _____

16. *jacket:* _____

Wörter im Kontext

Thema 1

Lokale

Aktivität 1   Sie haben die Wahl.

Schauen sie sich die drei Anzeigen an, und vervollständigen Sie die Sätze. Schreiben Sie dann als Kurzantwort auf jede Frage „B" für La Bodega, „K" für Restaurant zum Klösterl oder „W" für Restaurant zum Webertor.

1. Welches Restaurant hat keinen _____ *(closed day)*?

    KURZANTWORT: _____

2. Welches Restaurant ist montags, dienstags und samstags nicht _____ *(open)*?

    KURZANTWORT: _____

3. Welches Restaurant bietet internationale _____ (cuisine) und vegetarische

_____ (dishes)?

KURZANTWORT: _____

4. In welches Restaurant kann man _____ (after the theater) gehen?

KURZANTWORT: _____

5. Welches Restaurant ist an Sonn- und Feiertagen _____ (closed)?

KURZANTWORT: _____

6. In welchem Restaurant kann man nur _____ (between) 19 und 22 Uhr zu Abend essen?

KURZANTWORT: _____

7. In welchem Restaurant serviert man warmes Essen _____ (till) 24 Uhr?

KURZANTWORT: _____

8. In welchem Restaurant gibt es mittags _____ (from)

11.30 _____ (to) 14 Uhr Mittagstisch?

KURZANTWORT: _____

9. Und Sie? In welches Restaurant möchten Sie gehen? Warum?

_____

_____

_____

Aktivität 2 Terminologie

Ergänzen Sie die Sätze mit den passenden Wörtern.

Speisekarte   Ruhetag   Rechnung   Nachtisch

Ist hier noch frei?   Teller   Kellnerin   besetzt

Tischreservierung   Ober   getrennt   Imbiss

1. Beim Einkaufen möchte man schnell essen. Man sucht also einen

_____.

2. Am _____ ist ein Restaurant geschlossen.

3. Man will zu einer bestimmten Zeit in einem Restaurant essen. Man ruft das Restaurant an und macht eine _____.

4. Man sieht einen freien Platz an einem Tisch. Man will sich hier hinsetzen, aber zuerst fragt man die anderen Leute an diesem Tisch:

_____?

5. Ein Platz ist schon _____. Das heißt, er ist nicht mehr frei.

6. Man sitzt in einem Restaurant und liest die _____. Dann bestellt man.

7. Nach dem Essen in einem Restaurant oder in einem anderen Lokal muss man die _____ zahlen.

8. Man gibt dem _____ oder der _____ das Geld.

Thema 2
Die Speisekarte, bitte!

Aktivität 3   Was steht auf der Speisekarte?

1. Welche Wörter sieht man wahrscheinlich (*probably*) nicht auf einer Speisekarte? Streichen Sie diese Wörter aus.

Servietten	Sprudel	Messer
Hauptgerichte	Vorspeisen	Hausspezialitäten
Gaststätten	Ober	Pfannengerichte
Nachtische	Nachspeisen	Suppen
Speisen	Rechnung	Beilage
Getränke	Plätze	Ruhetage

2. Ergänzen Sie jetzt den folgenden Absatz mit der richtigen Form (Singular oder Plural) der übrigen (*remaining*) Wörter aus der Liste.

In einem Restaurant nehmen sich die Gäste viel Zeit für ihre

_____ (*foods*) und _____

(*beverages*). Da kann man zuerst eine _____ (*appetizer*)

bestellen. Das kann oft eine _____ (*soup*) oder ein

_____ (*salad*) sein. Dann wählt (*chooses*) man ein

_____ (*main dish*) mit _____

(*side dish*). Das ist vielleicht ein Pfannengericht oder eine _____

(*house specialty*). Dazu wählt man auch ein _____ (*beverage*),

wie zum Beispiel ein Bier oder ein Glas Wein oder sonst was. Nach diesem Gericht kann man

eine _____ (*dessert*) bestellen – wenn man noch Hunger hat.

Aktivität 4   Eine Speisekarte

Markieren Sie die richtigen Satzendungen. Mehr als eine Antwort kann richtig sein.

1. Der Ramspauer Hof ist wahrscheinlich (*probably*)
   a. am Strand (*beach*).
   b. in oder in der Nähe von einer Großstadt.
   c. im Wald (*forest*) oder in der Nähe von einem Wald.

Herzlich willkommen
im
Ramspauer Hof

Zum Abschluss der Romantischen Waldwanderung empfehlen wir Ihnen:

Getränke nach Wahl

Speisen:

Wiener Schnitzel mit Pommes frites und Salat	€ 13,50
Jägerschnitzel mit Spätzle und Salat	€ 12,75
Curry-Wurst mit Pommes frites	€ 7,75
Wurstbrot	€ 5,00
Käsebrot	€ 5,25

---

2. Gäste kommen oft zum Ramspauer Hof
   a. nach dem Einkaufen.
   b. nach dem Wandern.
   c. nach dem Spazierengehen im Wald.

3. Die Atmosphäre im Ramspauer Hof soll
   a. gemütlich sein.
   b. romantisch sein.
   c. kultiviert sein.

4. Auf der Speisekarte stehen
   a. zwei Gerichte mit Kalbsschnitzel.
   b. zwei Wurstgerichte.
   c. zwei Gerichte mit Brot.

5. Welches Gericht möchten Sie besonders gern im Ramspauer Hof bestellen?

_____

Thema 3

Im Restaurant

Aktivität 5 Was steht auf dem Tisch?

ein Löffel   ein Messer   eine Serviette

eine Tasse

Servietten   Weinglas

einem Teller   eine Gabel

Tee

Suppe   Teller und Tassen

Ergänzen Sie den folgenden Text mit passenden Wörtern aus dem Kasten.

Auf dem Tisch sehen wir ein Gedeck (*place setting*). Auf der linken Seite liegt _____[1].

Auf der rechten Seite liegen _____[2] und _____[3].

_____[4] sind oft aus Papier. Zwischen der Gabel und dem Messer steht ein

Suppenteller (*soup bowl*) auf _____[5]. Über dem Teller liegt _____[6].

Man isst _____[7] mit einem Suppenlöffel. Oben (*top*) rechts sehen wir

_____[8] auf einer Untertasse (*saucer*). Man trinkt _____[9] aus einer

Teetasse. _____[10] sind oft aus Keramik oder Porzellan. Auf diesem Tisch sehen wir

kein _____[11].

Aktivität 6 Ein Abend in einem Restaurant

A. Was sagt der Ober? Was sagt der Kunde oder die Kundin? Schreiben Sie **O** für Ober oder **K** für Kunde/Kundin.

_K_: Herr Ober, zahlen bitte! _____

_____: Vielen Dank. Auf Wiedersehen. _____

_____: Ein Pilsener bitte. _____

_____: Guten Abend. Möchten Sie die Speisekarte? _1_

_____: Eine Pizza Margherita, bitte. _____

_____: „Dinner for Two". Also, das macht 32 Euro 40. _____

_____: Und für mich einen Weißwein. _____

_____: Was möchten Sie gern bestellen? _____

_____: 33 Euro. _____

_____: Und zu trinken? _____

_____: Ja, bitte. _____

B. Bringen Sie jetzt die vorhergehenden Sätze in die richtige Reihenfolge. Der erste Satz ist schon für Sie nummeriert.

Wortraum

A. Welche Gerichte und Getränke essen und trinken Sie besonders gern? Wie beschreiben Sie sie? Schreiben Sie ein paar Stichworte (*keywords*) als Notizen.

B. Was ist Ihr Lieblingsgericht? Ihr Lieblingsgetränk? Warum? Schreiben Sie vollständige Sätze.

_____

_____

_____

_____

_____

Grammatik im Kontext

Two-way Prepositions

Übung 1   Was trägt man wann und wo?

„Was trägt man im Herbst in Tokio?"
Ruf doch mal an!

1. Was trägt man wann?

   Was trägt man _____ (in / der Frühling)?

   _____ (an / der Abend)?

   _____ (an / das Wochenende)?

   _____ (in / die Sommermonate)?

   _____ (an / ein Wintertag)?

2. Und was trägt man wo?

   Was trägt man _____ (in / die USA [*pl.*]?

   _____ (in / die Großstadt)?

   _____ (auf / das Land)?

   _____ (auf / der Markt)?

   _____ (an / die Uni)?

Describing Location

Übung 2   Im Büro

Schauen Sie sich das Bild an und schreiben Sie Sätze.

1. in / dieses Zimmer / sitzen / ein Mann / hinter / sein Schreibtisch

    _____

    _____

2. wir / sehen / seine Schuhe / unter / der Schreibtisch

    _____

    _____

3. hinter / der Mann / hängen / viele Uhren / an / die Wand

    _____

    _____

4. die Kuckucksuhr / hängen / über / ein Tisch

    _____

    _____

5. eine Lampe / stehen / auf / der Schreibtisch

    _____

    _____

6. neben / die Lampe / stehen / ein Telefon

    _____

    _____

7. ein Computer / stehen / auf / ein Computertisch / an / das Fenster

_____

_____

Describing Placement

Übung 3   Das Büro braucht Farbe!

Schreiben Sie Sätze.

> BEISPIEL: stecken / Blumen / in / eine Vase →
> Stecken Sie Blumen in eine Vase.

1. stellen / die Vase / auf / der Tisch

_____

2. hängen / Bilder / an / die Wand

_____

3. legen / ein Teppich / vor / der Schreibtisch

_____

4. stellen / ein Sessel / zwischen / die Fenster

_____

5. stellen / eine Zimmerpflanze / neben / der Schreibtisch

_____

6. bringen / Farbe / in / das / Zimmer

_____

Übung 4   Wo und wohin?

Paul und Anna haben ein neues Restaurant. Was fragt Paul? Was sagt Anna? Ergänzen Sie Pauls Fragen mit dem richtigen Verb: **hängen; stecken; legen/liegen; setzen/sitzen; stehen/stellen.** Schreiben Sie dann Annas Antworten.

> BEISPIEL: PAUL: Wohin soll ich dieses Foto hängen?
> ANNA: Über die Kasse.
> PAUL: Wo liegt meine Zeitung?
> ANNA: Unter den Speisekarten.

PAUL: Wohin soll ich die Gabeln _____ ?

ANNA: _____ (auf / die Tische)

PAUL: Wo _____ die Tassen?

ANNA: _____. (in / der Schrank [*cupboard*])

PAUL: Wo _____ der Schrank?

ANNA: _____. (in / das Foyer)

PAUL: Wohin soll ich die Servietten _____ ?

ANNA: _____. (in / die Schublade [*drawer*])

PAUL: Wohin soll ich die Blumen _____?

ANNA: _____. (in / diese Vase)

PAUL: Wo _____ das große Poster?

ANNA: _____. (zwischen / die Fenster)

PAUL: Wo _____ der kleine Teppich?

ANNA: _____. (vor / die Tür)

PAUL: Wohin soll ich die Stühle _____?

ANNA: _____. (an / die Tische)

PAUL: Wohin soll ich den ersten Gast _____?

ANNA: _____. (an / dieser Tisch)

PAUL: Wo können die Kellner und Kellnerinnen _____?

ANNA: _____. (an / der Tisch / neben / die Hintertür)

Expressing Time with Prepositions

Übung 5   Ein Telefongespräch

Thomas und Maria sprechen am Telefon. Ergänzen Sie den Dialog.

MARIA: Also, wir gehen heute Abend ins Theater, nicht?

THOMAS: Ja, wann soll ich vorbeikommen?

MARIA: _____. (in / eine Stunde)

THOMAS: Und um wie viel Uhr soll das sein?

MARIA: _____. (gegen / halb sechs)

Ich habe die Tickets _____ (an / der Computer)

gebucht. Sie liegen _____ (an / die Abendkasse)
für uns bereit.

THOMAS: Wann möchtest du essen? _____?
(vor oder nach / das Theater)

MARIA: Vielleicht können wir schnell etwas _____
essen. (in / die Pause)

THOMAS: Wie lange läuft dieses Stück schon im Theater?

MARIA: _____. (seit / zwei Monate)

THOMAS: Nun, es soll sehr spannend sein. Bis dann.

MARIA: Wiederhören.

Expressing Events in the Past

The Simple Past Tense of **sein** and **haben**

Übung 6   Wo waren sie?

Schreiben Sie fünf Fragen und fünf Antworten mit den gegebenen Satzteilen (*sentence elements*).

FRAGEN			
wo	sein	du	gegen / sieben Uhr
		ihr	vor / der Film
		Sie	nach / das Abendessen
		die Frauen	zwischen / sechs und sieben Uhr
		Michael	von / sieben bis neun Uhr
		?	?

ANTWORTEN		
ich	sein	in / eine Kneipe
wir		in / das Restaurant
er		zu / Haus
sie (*pl.*)		auf / eine Party
		in / der Gasthof
		?

BEISPIEL: Frage: wo / sein / die Kinder / nach / der Film? →
Wo waren die Kinder nach dem Film?

Antwort: sie / sein / in / Bett →
Sie waren im Bett.

_____

_____

_____

_____

_____

_____

_____

_____

_____

_____

Übung 7   Das Abendessen im Restaurant

Herr Geisler, der Restaurantinhaber, fragt die Familie Schulze nach ihrem Abendessen in seinem Restaurant. Ergänzen Sie den Dialog mit den richtigen Formen von **haben** im Imperfekt.

HERR GEISLER: Was _____[1] Sie denn zum Abendessen, Herr Schulze?

HERR SCHULZE: Ich _____[2] das Wiener Schnitzel, meine Frau

_____[3] die Hausspezialität, und meine drei Kinder

_____[4] einen Wurstteller.

HERR GEISLER: Was _____[5] ihr zum Nachtisch, Kinder?

ANGELIKA: Wir, das heißt Corinna und ich, _____[6] beide einen Eisbecher. Christoph, etwas anderes.

HERR GEISLER: Und du, Christoph. Was _____[7] du?

CHRISTOPH: Ich _____[8] ein Stück Apfelstrudel.

HERR GEISLER: Und wie war denn das alles?

HERR SCHULZE: Ausgezeichnet, wie immer.

HERR GEISLER: Vielen Dank, Herr Schulze.

The Simple Past Tense of Modals

Übung 8   Minidialoge über das Leben als Kind

Ergänzen Sie die Dialoge mit den richtigen Formen des jeweiligen (*respective*) Modalverbs im Imperfekt.

1. **müssen:**

   A: Am Abendtisch _____ wir den ganzen Teller leer essen. Du auch?

   B: Ja, ich _____ das auch. Und ihr?

   C: Nein, wir _____ das nicht, aber unsere Kusine

   _____ das.

2. **dürfen:**

A: Im Sommer _____ wir bis zehn Uhr aufbleiben. Und ihr?

B: Ich _____ im Sommer spät am Abend spielen.

_____ du spät aufbleiben?

C: Ich _____ nur bis neun aufbleiben, aber mein Bruder

_____ bis zehn oder elf fernsehen.

3. **können:**

A: Wir _____ freitagabends ins Kino gehen.

_____ ihr oft ins Kino gehen?

B: Ich _____ nur samstagnachmittags ins Kino gehen.

_____ du abends ins Kino?

C: Ich _____ nachmittags oder abends ins Kino gehen, aber mein

bester Freund _____ nur selten mitkommen.

4. **sollen:**

A: Wir _____ jeden Samstag unser Zimmer aufräumen. Was

_____ ihr zu Hause machen?

B: Ich _____ manchmal für meine Mutter einkaufen, und meine

Brüder _____ sonntagmorgens das Frühstück für die Familie

machen. _____ du auch manchmal kochen?

C: Nein, nie.

5. **wollen:**

A: _____ du immer fernsehen?

B: Nein, ich _____ mit meinen Freunden Basketball oder Fußball

spielen. Was _____ ihr als Kinder machen?

C: Wir _____ jeden Tag im Park spielen, aber unsere Schwester

_____ zu Hause bleiben und lesen.

6. **mögen:**

A: _____ ihr als Kinder Gemüse?

B: Wir _____ nichts Grünes, aber unsere Eltern.

_____ Brokkoli, Spinat, Spargel – alles, was grün ist.

_____ du Gemüse?

C: Ich _____ Gemüse, Obst, Brot, alles. Heute esse ich
meistens vegetarisch.

Sprache im Kontext

Lesen

Auf den ersten Blick

Schauen Sie sich die Anzeige und Bilder an, und wählen Sie die richtigen Antworten. Mehr als eine Antwort kann richtig sein.

OPERA
GmbH & Co
Kapuzinerstraße 13 · 53111 Bonn
Tel. (02 28) 69 46 44 · Fax (02 28) 69 08 71
Öffnungszeiten:
täglich von 8.00–1.00 Uhr

Türkische Spezialitäten

Sie haben einen netten Einkaufsbummel[1] in der Bonner City gemacht, einen Spaziergang am Rhein oder sind noch beseelt[2] von Pucks Tanzkünsten im Sommernachtstraum – Wo kann man besser die schönen Erlebnisse[3] vom Tage oder Abend ausklingen lassen, als im Café Restaurant Opera!

Lassen Sie sich einfangen von der eleganten, gemütlichen Atmosphäre des citynah[4] in unmittelbarer[5] Nähe zur Oper gelegenen Restaurants. Feine türkische Köstlichkeiten[6] und ausgewählte Gastfreundschaft[7] erfreuen Gaumen und Seele, das weiß das bunt gemischte[8] Publikum zu schätzen. Ob Sie den Lammrücken mit frischen Pilzen genießen[9] oder den Sonntagmorgen mit einem exklusiven Brunch auf der begrünten Terrasse beginnen möchten – Ihre Erwartungen werden erfüllt.[10]

Liebevoll und mit organisatorischem Geschick[11] richtet das Opera-Team Ihre feierlichen Anlässe[12] aus, ob Firmenjubiläen,[13] Hochzeiten, Weihnachts- oder Silvesterfeiern oder bietet[14] Ihnen einen Außerhaus-Partyservice inklusive Personal, Geschirr,[15] Musik und Schmuck,[16] Bauchtanz[17] und Lifemusik.

Ausgezeichnet mit der exklusiven Feinschmecker-Urkunde[18] und Plakette 2000 gilt das Opera als eins der besten ausländischen Restaurants in Deutschland.

Filiz Tosun und Müslüm Balaban

[1]*shopping stroll*
[2]*inspired*
[3]*experiences*
[4]*near downtown*
[5]*immediate*
[6]*delicacies*
[7]*hospitality*
[8]*bunt … colorfully diverse*
[9]*enjoy*
[10]*Ihre … your expectations will be met*
[11]*skill*
[12]*feierlicher … festive occasions*
[13]*office parties*
[14]*offers*
[15]*dinnerware*
[16]*decorations*
[17]*belly dancing*
[18]*gourmet certification*

1. Das Restaurant heißt Opera. Wo liegt es wahrscheinlich? Mehr als eine Antwort ist möglich.
   a. ganz in der Nähe von der Oper   b. weit weg von Theatern   c. an der Universität
2. Was kann man im Restaurant Opera bestellen?
   a. Spezialitäten aus der Türkei   b. türkische Küche   c. japanische Gerichte
3. In welcher Stadt findet man das Restaurant Opera?
   a. in Berlin   b. in Bonn
4. Wann hat das Restaurant Opera Ruhetag?
   a. Restaurant Opera ist täglich geöffnet.   b. Es hat keinen Ruhetag.   c. donnerstags

Zum Text

A. Richtig oder falsch? Kreuzen Sie an.

	RICHTIG	FALSCH
1. Das Café Restaurant Opera liegt in der Nähe von Geschäften und Theatern.	☐	☐
2. Man kann ins Café Restaurant Opera nach einem Spaziergang am Rhein, nach einem Einkaufsbummel in der Innenstadt oder nach einem Theaterbesuch gehen.	☐	☐
3. Das Café Restaurant Opera ist täglich nur zum Mittagessen geöffnet.	☐	☐
4. Hier findet man Eleganz und Gemütlichkeit	☐	☐
5. Filiz Tosun und Müslüm Balaban bieten hren Gästen Gastfreundschaft und deutsche Köstlichkeiten.	☐	☐
6. Das Publikum genießt Gerichte wie Lammrücken mit frischen Pilzen.	☐	☐
7. Man kann täglich Brunch auf der Terrasse essen.	☐	☐
8. Hier kann man Firmenjubiläen, Hochzeiten, Weihnachten und Silvester feiern.	☐	☐
9. Café Restaurant Opera bietet keinen Außerhaus-Partyservice wie Geschirr, Musik, Schmuck oder Bauchtanz.	☐	☐

B. Wie beschreibt man das in der Anzeige?

_____ 1. Das Restaurant ist   a. elegant und gemütlich.

_____ 2. Die Köstlichkeiten sind   b. begrünt (mit Grünpflanzen bedeckt).

_____ 3. Die Erlebnisse sind   c. feierlich.

_____ 4. Das Publikum ist   d. schön.

_____ 5. Der Brunch ist   e. citynah gelegen.

_____ 6. Die Terrasse ist   f. bunt gemischt.

_____ 7. Die Anlässe sind   g. türkisch und fein.

_____ 8. Die Atmosphäre ist   h. sonntagmorgens.

C. Laut (*according to*) einer Feinschmecker-Urkunde und Plakette ist das Café Restaurant Opera eins der besten ausländischen Restaurants in Deutschland. Hat Ihre Stadt ausländische Restaurants? Welches finden Sie am besten?

_____

_____

_____

D. Schreiben Sie eine Anzeige für Ihr Lieblingsrestaurant, Ihr Lieblingscafé, Ihre Lieblingskneipe oder Ihr Lieblingslokal.

- Wie ist die Adresse? in welcher Stadt?
- Was sind die Öffnungszeiten?
- Gibt es einen Ruhetag?
- Welche Speisen und Getränke serviert man dort?
- Welches Gericht/Getränk ist dort besonders beliebt (populär)?
- Wie ist die Atmosphäre? die Küche? der Service?
- Wie sind die Preise?
- Wer kommt gern in dieses Restaurant? (in dieses Café? in diese Kneipe? in dieses Lokal?) Warum?
- Kann man dort essen und trinken? tanzen? live Musik hören? singen __?__
- Wem empfehlen Sie dieses Restaurant? (dieses Café? diese Kneipe? dieses Lokal?)

Na klar!

Schauen Sie sich das Foto an und beantworten Sie die Fragen. Schreiben Sie vollständige Sätze.

1. Wo sind der Mann und die Frau?

_____

2. Wo sitzen sie?

_____

3. Was macht die Kellnerin?

_____

4. Was sagt die Kellnerin vielleicht?

_____

5. Was sagen der Mann und die Frau vielleicht?

_____

6. Wie finden die Gäste das Essen und die Bedienung?

_____

Journal

Planen Sie eine Party, ein Picknick oder ein Familienfest.

- Was feiern Sie? Warum? (den Semesteranfang? das Semesterende? einen Geburtstag? eine Hochzeit? Weihnachten? Silvester? __?__)

- Wann ist die Party / das Picknick / das Fest?

- Wer ist der Ehrengast (*guest of honor*)? Warum?

- Wen laden Sie ein?

- Wo feiern Sie? (im Restaurant? in einem Tanzlokal? am Strand [*beach*]? im Wald [*forest*]? an Bord eines Schiffes? im Park? in einem Schloss [*castle*]? __?__)

- Was tragen die Gäste? (Kostüme? Sportkleidung? Winterkleidung? Sommerkleidung? Gesellschaftskleidung [*formal wear*]? Badeanzüge? __?__)

- Welche Dekorationen brauchen Sie? (Ballons? Kerzen [*candles*]? Blumen wie Rosen, Chrysanthemen, Tulpen, Dahlien, Gladiolen oder etwas anderes?)

- Was essen und trinken die Gäste?

- Was machen die Gäste?

Freizeit und Sport

Alles klar?

Schauen Sie sich das Foto an. Markieren Sie alle passenden Antworten.

1. Wo sind diese zwei Menschen?
   a. in einer Sporthalle
   c. in einem Stadion
   b. im Gebirge (einer Gruppe von hohen Bergen)
   d. auf einem See

2. Welche Jahreszeit ist es?
   a. Spätfrühling
   c. Spätherbst
   b. Sommer
   d. Winter

3. Was tragen sie?
   a. Jogginganzüge
   c. Rucksäcke
   b. Wanderschuhe
   d. Hüte

4. Was machen sie?
   a. joggen
   c. wandern
   b. segeln
   d. reiten

5. Wie ist das Wetter?
   a. Die Sonne scheint.
   c. Es ist wolkenlos.
   b. Es regnet.
   d. Es ist bewölkt.

6. Wie ist die Temperatur?
   a. Es ist sehr kalt.
   b. Es ist angenehm.
   c. Es ist wirklich heiß.
   d. Es ist mild.

7. Was sehen Sie noch auf dem Foto?
   a. Schnee
   b. Berge
   c. einen Fluß
   d. viele Wolken
   e. Wanderer
   f. eine Wiese im Hochgebirge
   g. eine Turnhalle
   h. einen dicken Wald

Wörter im Kontext

Thema 1

Sportarten

Aktivität 1   Wie und wo verbringen diese Leute ihre Freizeit?

Schreiben Sie zu jedem Bild eine Bildunterschrift (*caption*).

Herr und Frau Markus / ? / in / ein Park

BEISPIEL: *Herr und Frau Markus gehen in einem Park spazieren.*

1.

Helga / ? / auf / ein See

_____

_____

2.

Herr Dietz / ? / auf / das Meer

_____

_____

3.

Werner / ? / in / ein Hallenbad

_____

_____

4.

Käthe / ? / auf / eine Wiese

_____

_____

5.

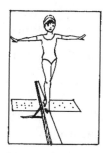

Maria / ? / in / eine Turnhalle

_____

_____

6.

Joachim und Sigrid / ? / auf / ein Tennisplatz

_____

_____

Aktivität 2   Wohin geht man? Was macht man dort?

Benutzen Sie die Satzteile, und schreiben Sie acht vollständige Sätze.

BEISPIEL: Man geht ins Stadion und spielt Fußball.

ins Stadion	und	Ski fahren
in den Wald		turnen
auf den Tennisplatz		Bodybuilding machen
ins Eisstadion		schwimmen
in die Turnhalle		wandern
ins Fitnesscenter		Fußball spielen
ins Schwimmbad		Schlittschuh fahren
im Winter in die schneebedeckten Berge		Judo machen
in die Sporthalle		Tennis spielen

1. _____

2. _____

3. _____

4. _____

5. _____

6. _____

7. _____

8. _____

Aktivität 3   Sportarten

Was machen sie? Ergänzen Sie jeden Satz mit dem richtigen Verb.

1. Viele Menschen _____ in Ihrer Freizeit Sport.

2. Unsere Freunde _____ oft und gern Fußball.

3. Die Studenten _____ gern Baseball-Karten.

4. Wir _____ im Sommer schwimmen.

5. Die Familie Hubner _____ jeden Winter Schlittschuh.

6. Herr Becker, Sie _____ jedes Wochenende Golf, nicht wahr?

7. Du _____ fast jeden Tag Rad, nicht wahr?

8. Die Kinder _____ gern Rollschuh.

9. Ihr _____ manchmal Bodybuilding, nicht wahr?

Thema 2
Hobbys und andere Vergnügungen

Aktivität 4   Was machen sie gern in ihrer Freizeit?

Sagen Sie, was jede Person gern macht. Schreiben Sie Sätze.

BEISPIEL: *Erika: collects stamps* → Erika sammelt gern Briefmarken.

1. *Willi: does bodybuilding*

_____

2. *Petra and her (female) friends: jog*

_____

3. *Claudia: paints*

_____

4. *Manfred: draws*

_____

5. *Christel: rides a bicycle*

_____

6. *Heike and Max: play chess*

   _____

7. *Eva: ice skates*

   _____

8. *Jürgen and his brothers: swim*

   _____

9. *Monika: blogs*

   _____

10. *Stefan: lies around doing nothing*

    _____

Thema 3
Jahreszeiten und Wetter

Aktivität 5　Was für Wetter ist das?

A. Schreiben Sie das passende Substantiv zu jedem Bild.

BEISPIEL: *der Schauer*

1. _____

2. _____

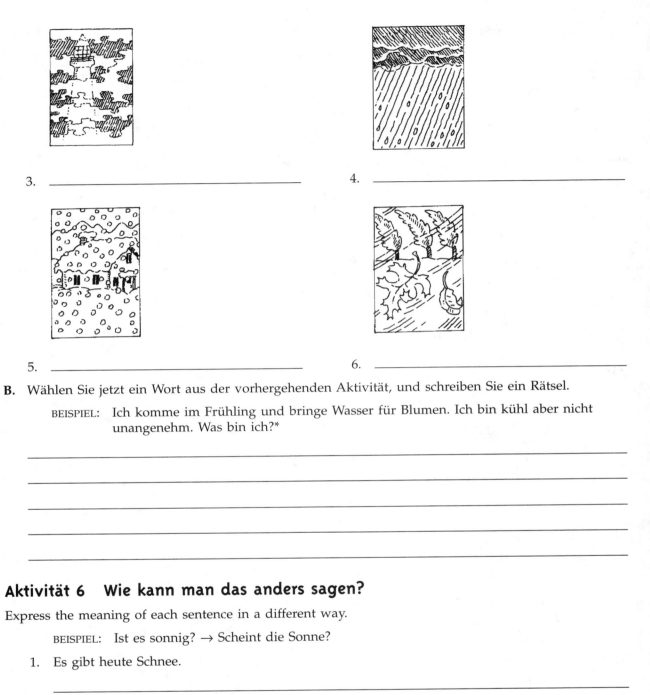

3. _____   4. _____

5. _____   6. _____

B. Wählen Sie jetzt ein Wort aus der vorhergehenden Aktivität, und schreiben Sie ein Rätsel.

    BEISPIEL: Ich komme im Frühling und bringe Wasser für Blumen. Ich bin kühl aber nicht unangenehm. Was bin ich?*

_____

_____

_____

_____

_____

Aktivität 6   Wie kann man das anders sagen?

Express the meaning of each sentence in a different way.

    BEISPIEL: Ist es sonnig? → Scheint die Sonne?

1. Es gibt heute Schnee.

    _____

2. Morgen ist es regnerisch.

    _____

3. Gibt es morgen auch ein Gewitter?

    _____

_____

*Antwort: ein Schauer

4. Gestern war es sonnig.

_____

5. Gibt es oft Nebel?

_____

6. Im Frühling ist es angenehm.

_____

Aktivität 7 Wie ist das Wetter in Deutschland?

Schauen Sie sich die Wetterkarte an. Schreiben Sie einen Wetterbericht für das Wetter an diesem Tag in Deutschland. Sie müssen nicht alle Städte erwähnen (*mention*).

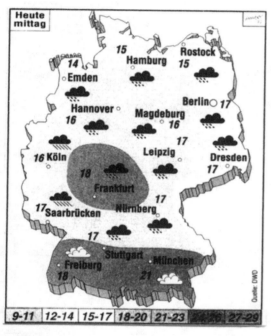

Deutschland:	(gestern 14 Uhr)			Köln	sonnig	14°
Bad Kissingen	bew.	15°		Konstanz	bew.	18°
Braunlage	bedeckt	10°		Leipzig	wolkig	16°
Dresden	bedeckt	17°		Magdeburg	bew.	17°
Düsseldorf	Gewitter	16°		München	wolkig	17°
Erfurt	wolkig	14°		Nürnberg	wolkig	16°
Frankfurt/Main	sonnig	19°		Schwerin	bew.	15°
Frankfurt/Oder	bedeckt	15°		Stuttgart	Schauer	17°
Freiburg	wolkig	19°		Suhl	bew.	12°
Garmisch-Part.	sonnig	19°		Travemünde	bedeckt	14°
Hamburg	sonnig	10°		Warnemünde	bedeckt	14°
Hannover	sonnig	15°		Westerland	Schauer	14°

Wortraum

A. Was sind Ihre Lieblingssportarten, -hobbys und -freizeitaktivitäten? Schreiben Sie mindestens (*at least*) zehn Wörter.

B. Beschreiben Sie in vollständigen Sätzen einen idealen Tag. Wie ist das Wetter? Wo sind Sie? Was machen Sie?

_____

_____

_____

_____

_____

_____

Grammatik im Kontext

Connecting Ideas: Coordinating Conjunctions

Übung 1   Pläne für einen Tag auf dem Land

Welches Satzende passt am besten zu welchem Satzanfang?

1. Die Sonne scheint heute früh, _____

2. Wir wollen nicht zu Hause bleiben, _____

3. Wir wandern im Wald, _____

4. Wir können ins Wirtshaus zum

    · Mittagessen gehen _____

5. In dieser Jahreszeit sind die Wälder _____

6. Auch gibt es nicht so viele

    Touristen, _____

7. Ich rufe Karin _____

8. Vielleicht möchten sie mitkommen, _____

9. Wir können alle in meinem Auto

    fahren _____

a. sondern aufs Land fahren.
b. denn sie arbeiten heute nicht.
c. und Gerhard an.
d. oder wir können zwei Autos nehmen.
e. oder weiter aufs Land fahren.
f. aber es ist kühl und windig.
g. oder vielleicht segeln wir auf dem Kiessee.
h. und Wiesen besonders schön.
i. denn die Ferienzeit ist schon vorbei.

Expressing Events in the Past: The Present Perfect Tense

Weak Verbs

Übung 2   Freizeitaktivitäten

Zwei Frauen sprechen miteinander. Schreiben Sie das Gespräch neu im Perfekt.

FRAU WAGNER: Was machen Sie in Ihrer Freizeit?
FRAU HUBERT: Ich sammle Briefmarken und spiele Karten. Ich koche auch viel. Und Sie?
FRAU WAGNER: Ich zeichne, male und arbeite im Garten. Mein Mann und ich segeln auch.
FRAU HUBERT: Hören Sie auch Musik?
FRAU WAGNER: Ja natürlich. Wir faulenzen auch. Dann hören wir gern Jazz.

FRAU WAGNER: _____

FRAU HUBERT: _____

_____

_____

FRAU WAGNER: _____

_____

_____

FRAU HUBERT: _____

FRAU WAGNER: _____

_____

_____

Strong Verbs

Übung 3   Was fragt man sie?

Viele Studenten und Studentinnen haben neben dem Beruf auch studiert. Was fragt man sie? Bilden Sie Fragen im Perfekt.

BEISPIEL: Gehst du am Abend oder Wochenende in die Hochschule? →
Bist du am Abend oder Wochenende in die Hochschule gegangen?

1. Sitzt du stundenlang vor dem Computer?

_____

2. Wie viele Stunden schläfst du pro Nacht?

_____

3. Sprecht ihr oft mit anderen Studenten und Studentinnen?

_____

4. Wie viele Bücher lest ihr pro Kurs?

_____

5. Wie viele Tassen Kaffee trinkst du pro Tag?

_____

6. Bleibst du am Abend und Wochenende zu Hause?

_____

7. Wie oft fahrt ihr in der Freizeit aufs Land?

_____

8. Wie oft geht ihr ins Kino?

_____

9. Wie findet ihr die Kurse?

_____

The Use of **haben** or **sein** as Auxiliary

Übung 4   Der neue Millionär

„Das kann doch nicht wahr sein:
Ich hab' 10 Millionen
gewonnen?"

Das können Sie jetzt auch!
Lesen Sie weiter!

Der Mann beschreibt, was er letztes Jahr als Millionär gemacht hat. Bilden Sie Sätze im Perfekt.

1. ich / machen / keine Arbeit mehr

   _____

2. wir / fliegen / zehn Wochen / nach Hawaii

   _____

3. ich / bleiben / fast nie zu Hause

   _____

4. ich / fahren / oft / in Österreich / Ski

   _____

5. wir / essen / oft / in Restaurants

   _____

   _____

6. meine Eltern / kommen / oft zu Besuch

   _____

7. wir / gehen / oft / in die Oper

   _____

   _____

Mixed Verbs / Past Participles of Verbs with Prefixes

Übung 5　Uwes Geburtstagsparty

Vervollständigen Sie alle Fragen im Perfekt.

1. Was _____ denn an deinem Geburtstag _____? (passieren)

2. Wie _____ du den Abend _____? (verbringen)

3. _____ du _____, (wissen) dass deine Freunde das ganze

   Restaurant für deine Party reserviert hatten?

4. Was _____ du zum Abendessen _____? (bestellen)

5. Wen _____ man _____? (einladen)

6. _____ du alle Partygäste _____? (kennen)

7. _____ deine Eltern viel _____? (fotografieren)

8. Was _____ du zum Geburtstag _____? (bekommen)

9. _____ Claudia dir ein Geschenk _____? (bringen)

10. Wann _____ du nachts _____? (einschlafen)

Übung 6   Max und Moritz

A. Lesen Sie die Anzeige, und markieren Sie dann Ihre Antworten.

Richtig oder falsch?

		RICHTIG	FALSCH
1.	Max bleibt beim gelben Nesquick.	☐	☐
2.	Moritz hat früher das gelbe Nesquick getrunken.	☐	☐
3.	Max ist auf das blaue Nesquick umgestiegen (*switched*).	☐	☐
4.	Max trinkt jetzt nur das blaue Nesquick.	☐	☐
5.	Nestlé hat den Zucker im blauen Nesquick reduziert.	☐	☐

KULTURTIPP

Heinrich Nestle, a German who later took the name Henri Nestlé, founded the Nestlé company in Switzerland in 1866. Max and Moritz are German storybook characters created by Wilhelm Busch (1832–1908). Most German children are familiar with these characters. In the story, Max and Moritz get into all kinds of mischief and are consequently punished for their acts. Thus, the names Max and Moritz are often used to refer to mischievous children.

B. Schreiben Sie zu jeder Frage eine vollständige Antwort.

1. Haben Sie als Kind Schokoladenmilch getrunken?

   _____

   _____

2. Welche Getränke haben Sie als Kind im Supermarkt oder in Schnellimbissen gekauft?

   _____

   _____

3. Sind Sie jetzt auf Getränke mit keinem oder wenig Zucker umgestiegen? Wenn ja: auf welche? Wenn nein: warum nicht?

   _____

   _____

4. Welche Getränke haben Sie als Kind für Ihre Freunde oder Familie gemacht?

   _____

   _____

Expressing Comparisons: The Comparative

Übung 7   Wie ist es gewöhnlich?

BEISPIEL: Briefmarke / klein / Postkarte →
Eine Briefmarke ist kleiner als eine Postkarte.

1. Wiese / groß / Stadtpark

   _____

2. Gewitter / stark / Regenschauer

   _____

3. Pullover / warm / Hemd

   _____

4. Fluß / lang / Straße

   _____

5. Eisstadion / kühl / Turnhalle

   _____

6. Wintertage / kurz / Sommertage

   _____

Expressing Equality

Übung 8 So oder so

Schreiben Sie eine negative Antwort auf jede Frage wie im Beispiel. Verwenden Sie **nicht so ... wie** und den Komparativ in Ihrer Antwort wie im Beispiel.

> BEISPIEL: Ist es im Ausland <u>so schön wie</u> zu Hause? →
> Nein, im Ausland ist es <u>nicht so schön wie</u> zu Hause. Zu Hause ist es <u>schöner</u>.

1. Ist Fußball so interessant wie Tennis?

   _____

   _____

2. Ist der Film so gut wie das Buch?

   _____

   _____

3. Ist es am Nordpol so kalt wie in der Antarktis?

   _____

   _____

4. Isst er Gemüse so gern wie Schokolade?

   _____

   _____

5. Gefällt ihm das Hotel so gut wie das Restaurant?

   _____

   _____

6. Macht ihm Wandern so viel Spaß wie Schwimmen?

   _____

   _____

Sprache im Kontext

Lesen

Auf den ersten Blick

Schauen Sie sich das Fest-Kalendarium an. Welches Fest in Sulzbach-Rosenberg interessiert Sie besonders? Warum? Schreiben Sie einen Satz mit **denn**.

_____

_____

_____

Zum Text

A. Was kann man in Sulzbach-Rosenberg für den Körper, für den Geist (*mind*) und für das Gemüt (*soul, pleasure*) machen? Lesen Sie die Broschüre und füllen Sie die Tabelle aus.

WILLKOMMEN IM

Brauereigasthof
Hotel

Sperber BRÄU

"Unsere Heimat:"

Vielfältig wertvoll[1]

Ab vom hektischen *Trubel* der Zentren und dennoch[2] pulsierend im Leben..., so könnte man am besten unsere Heimat[3] beschreiben.[4]
Bei uns finden Sie:

... für den *Körper* die Sportanlage mit Tennis, Squash und Fitnesscenter, das Waldbad, golfen (auf 7 verschiedenen Plätzen), entspanntes[5] Wandern in der Umgebung oder Radeln[6] on Tour;

... für den *Geist* das 1. Bayerische Schulmuseum, das Literaturarchiv und im Stadtmuseum die Geschichte[7] der über 1000-jährigen Altstadt;

... für's *Gemüt* vielfältige Aktivitäten der örtlichen[8] Vereine und Institutionen.

Nah gelegene Ziele[9] wie Bayreuth, Regensburg, Nürnberg, München, Prag, Weiden oder Amberg sind einen Tagesausflug wert.[10]

Übrigens ist die *Nürnberg Messe* sehr schnell und günstig über die Nahverkehrsanbindung in ca. 45 Min. mit der Bahn zu erreichen.

Wenn Sie möchten arrangieren wir gerne für Sie alles weitere.

Sulzbach-Rosenberger
Stadtwappen

[1]Vielfältig ... *valuable in many ways*
[2]*nonetheless*
[3]*home town*
[4]*describe*
[5]*relaxed*
[6]*Rad fahren*
[7]*history*
[8]*local*
[9]*destinations*
[10]Tagesausflug ... *worth a day trip*

Was gibt's in Sulzbach-Rosenberg?

FÜR DEN KÖRPER	FÜR DEN GEIST	FÜR DAS GEMÜT

B. Welche Städte liegen in der Nähe von Sulzbach-Rosenberg?

a. _____   e. _____

b. _____   f. _____

c. _____   g. _____

d. _____

C. Wie weit ist Nürnberg von Sulzbach-Rosenberg mit der Bahn?

_____

KULTURTIPP

With 150,000 square meters of exhibition space and an outdoor area of 76,000 square meters, the exhibition venue in Nuremberg hosts many international trade fairs and congresses throughout every year. A particularly well-known **Nürnberger Messe** is the annual international **Spielwarenmesse** (*toy fair*), which draws exhibitors, industry leaders, and visitors from all over the world.

D. Lesen Sie die folgende Beschreibung von einem Wochenende in Sulzbach-Rosenberg. Schreiben Sie sie im Perfekt neu.

Max, Sonja und ich finden das Leben im Stadtzentrum sehr hektisch und kompliziert. Am Wochenende fahren wir aus der Stadt, denn wir suchen Ruhe. Max und Sonja spielen Tennis, und ich gehe ins Fitnesscenter. Dann fährt Max mit der Bahn nach Nürnberg, aber Sonja und ich bleiben in Sulzbach-Rosenberg. Max besucht die Nürnberg Messe (*fair*), aber Sonja und ich verbringen zwei Stunden im Stadtmuseum. Wir sehen dort viel, und wir hören auch die Geschichte von der Altstadt. Das Hotel arrangiert alles für uns.

Na klar!

Stellen Sie sich vor (*imagine*): Diese zwei Personen haben mit Ihnen in der Schweiz gesprochen, und sie haben Ihnen dieses Foto gegeben. Schreiben Sie einen kurzen Bericht.

- Wer sind sie?
- Woher kommen sie?
- Warum sind sie in die Schweiz gefahren?
- Wie lange sind sie dort geblieben?

- Welche Städte oder Länder haben sie besucht?
- Wo sind sie noch gewandert?
- Wie war das Wetter dort?
- Wie haben sie ihre Zeit verbracht?

Journal

Was haben Sie letztes Wochenende gemacht? Schreiben Sie darüber. Die folgenden Fragen geben Ihnen vielleicht einige (*some*) Ideen.

- Sind Sie zu Hause geblieben?

    Wenn ja: Waren Sie krank (*sick*)?

    War jemand (*someone*) bei Ihnen zu Gast?

    Hatten Sie viel Arbeit?

    Haben Sie für Ihre Kurse gearbeitet? lange geschlafen? ferngesehen? Videos gesehen? gekocht? Briefe geschrieben? Freunde angerufen? E-Mails geschickt? Bücher oder Zeitung gelesen? __?__

- Sind Sie ausgegangen?

  Wenn ja: Wohin sind Sie gegangen? ins Kino? ins Restaurant? ins Rockkonzert? in die Oper? ins Theater? __?__

  Wie war der Film? das Essen? das Konzert? die Oper? das Schauspiel (*play*)?

- Sind Sie vielleicht auf eine Party gegangen?

  Wenn ja: Wer war dabei?

  Was haben Sie gegessen und getrunken?

  Haben Sie Musik gehört? getanzt?

- Sind Sie irgendwohin (*somewhere*) mit dem Auto, mit dem Bus oder mit dem Flugzeug gefahren?

  Wenn ja: Ist jemand mitgefahren oder sind Sie allein gefahren?

  Haben Sie Freunde oder Familie besucht?

  Was haben Sie mit ihnen unternommen?

- Haben Sie eingekauft?

  Wenn ja: Wohin sind Sie einkaufen gegangen?

  Was haben Sie gekauft?

  Haben Sie jemandem etwas geschenkt?

Wie man fit und gesund bleibt

Alles klar?

Identifizieren Sie die Körperteile.

1. *elbow*: _der Ellbogen_

2. *chest*: _____

3. *face*: _____

4. *head*: _____

5. *ear*: _____

6. *throat, neck*: _____

7. *shoulder*: _____

8. *eye*: _____

9. *nose*: _____

10. *mouth*: _____

11. *chin*: _____

12. *hand*: _____

13. *stomach*: _____

14. *knee*: _____

15. *leg*: _____

16. *foot*: _____

17. *back*: _____

18. *finger*: _____

19. *arm*: _____

20. *hair*: _____

Wörter im Kontext

Thema 1

Fit und gesund

Aktivität 1   Die Gesundheit

1. Machen Sie in jeder Reihe einen Kreis um das Wort, das nicht passt.

    a. Gesundheit   Grippe   Erkältung
    b. Fieber   Rat   Kopfschmerzen
    c. Termin   Luft   Sprechstunde
    d. Arbeit   Bioladen   Biolebensmittel
    e. Arzt   Schnupfen   Husten

2. Ergänzen Sie jetzt die Sätze mit den passenden Wörtern.

    a. Wenn man krank ist, ruft man einen _____ an.

    b. Wenn man die Grippe hat, hat man oft _____ und

        _____.

    c. Im Bioladen kann man _____ kaufen.

    d. Man soll einen _____ haben, bevor man zum Arzt oder
        zur Ärztin geht.

Aktivität 2   Gute Ratschläge für ein gesundes Leben

Ergänzen Sie die Sätze. Nicht alle Verben passen. Mehr als ein Verb kann manchmal richtig sein.

klingen   versuchen   verschreiben   gehen

    meditieren   reduzieren   verbringen

machen   rauchen   schlucken   achten   essen

1. _____ Sie auf das Gewicht.

2. _____ Sie, das Fett im Essen zu reduzieren.

3. _____ Sie Stress im Alltagsleben.

4. _____ Sie öfter vegetarisch.

5. _____ Sie oft zu Fuß.

6. _____ Sie mindestens einmal im Jahr Urlaub.

7. _____ Sie regelmäßig.

8. _____ Sie mindestens eine Stunde am Tag draußen an der
   frischen Luft.

9. _____ Sie nicht.

Thema 2
Der menschliche Körper

Aktivität 3   Körperteile

Schreiben Sie die Paare auf Deutsch.

1. *head and hair* _____

2. *eyes and ears* _____

3. *nose and mouth* _____

4. *face and chin* _____

5. *neck and shoulders* _____

6. *stomach and back* _____

7. *arms and legs* _____

8. *hands and feet* _____

9. *elbows and knees* _____

10. *fingers and toes* _____

Thema 3

Morgenroutine

Aktivität 4 Aktivitäten aus dem Alltag

Was machen diese Menschen?

Hans Christian

Herr Otto   Hanna   Matthias

Frau Schubert
Herr Steckel
Frau Röttger

Gabriele   Frau Henze

1. Hans Christian _____.

2. Herr Otto _____.

3. Hanna und Matthias _____.

4. Frau Schubert, Herr Steckel und Frau Röttger _____.

5. Gabriele _____.

6. Frau Henze _____.

Aktivität 5 Und Sie?

Beantworten Sie jede Frage. (*Notice that the pronoun* sich [*yourself*] *becomes* mich [*myself*] *in the answer.*)

> BEISPIEL: Duschen Sie sich jeden Tag?
> Ja, ich dusche mich jeden Tag.
> *oder* Nein, ich dusche mich nicht jeden Tag.

1. Kämmen Sie sich jeden Morgen?

   _____

2. Strecken Sie sich oft?

   _____

3. Verletzen Sie sich manchmal?

   _____

4. Müssen Sie sich immer beeilen?

   _____

5. Können Sie sich am Abend entspannen?

   _____

6. Möchten Sie sich fit halten?

   _____

7. Fühlen Sie sich immer gesund?

   _____

8. Erkälten Sie sich leicht?

   _____

Aktivität 6 Wie sagt man das auf Deutsch?

Schreiben Sie den Dialog auf Deutsch.

STEFAN: *You sound depressed.*
BETTINA: *I feel sick as a dog.*
STEFAN: *What's the matter with you?*
BETTINA: *I have the flu. My throat hurts, and I can hardly swallow.*
STEFAN: *Do you have (a) fever?*
BETTINA: *Yes, also (a) cough and a runny nose.*
STEFAN: *What a shame. Have you called your doctor?*
BETTINA: *I'm going to do that today.*
STEFAN: *Well, get well.*
BETTINA: *Thanks.*

STEFAN: _____

BETTINA: _____

STEFAN: _____

BETTINA: _____

_____

STEFAN: _____

BETTINA: _____

STEFAN: _____

BETTINA: _____

STEFAN: _____

BETTINA: _____

Wortraum

A. Zeichnen Sie einen Menschen und gebrauchen Sie die entsprechenden Wörter für die Körperteile. Ihr Mensch kann stehen, sitzen oder liegen.

B. Beschreiben Sie die Figur in **A** in vollständigen Sätzen.

_____

_____

_____

_____

Grammatik im Kontext

Connecting Sentences: Subordinating Conjunctions

Übung 1 Alles für die Gesundheit

Schreiben Sie Sätze mit den Konjunktionen.

BEISPIEL: Vitamine sind gut für die Gesundheit. (Du weißt, dass …) →
Du weißt, dass Vitamine gut für die Gesundheit sind.

1. Der Arzt hat montags bis freitags Sprechstunde. (Ich weiß, dass …)

   _____

   _____

2. Die Ärztin will uns morgen sehen. (Ich weiß, dass …)

   _____

   _____

3. Sind Biolebensmittel wirklich besser für die Gesundheit? (Ich möchte wissen, ob …)

   _____

   _____

4. Sollen wir diese Vitamine täglich einnehmen? (Wir möchten wissen, ob …)

   _____

   _____

5. Er braucht dringend Freizeit. (Peter macht jetzt Urlaub, weil …)

   _____

   _____

6. Sie muss sich entspannen. (Effi macht jetzt Urlaub, weil …)

   _____

   _____

7. Wir haben Zeit und Geld. (Wir fahren nach Baden-Baden, wenn …)

   _____

   _____

8. Ich will eine Kur machen. (Ich fahre nach Baden-Baden, wenn …)

   _____

   _____

Übung 2 Karl und Rosa wissen nicht, was sie wollen.

SPRACHTIPP

The German words **die Ferien** (*pl.*) and **der Urlaub** both correspond to the English word *vacation*. **Ferien** refers to all holidays and school vacations, whereas **Urlaub** refers to the vacation time that one earns from a job.

„Jetzt sind schon drei Urlaubstage um, und wir wissen immer noch nicht, wo wir eigentlich hinwollen"

1. Edit the following paragraph to combine sentences with the conjunctions in parentheses. The first portion is done for you to indicate the types of changes you will need to make and how to mark those changes.

   ℘ = delete: Sie wissen ~~das~~,

   ∧ = insert: Sie wissen, dass sie ... verbringen *wollen.*

   ℘ = lowercase the letter: dass $ie ...

   Karl und Rosa haben Urlaub, (aber) Sie haben noch keine Pläne. Sie wissen das. (dass) Sie wollen den ganzen Urlaub nicht im Hotelzimmer verbringen, *wollen.* Karl liest laut aus

   Reisebroschüren vor. Rosa spricht nicht. (sondern) Sie hört zu. Die beiden können nicht in

   die Oper gehen. (denn) Sie haben nicht genug Geld dafür. Sie können nicht schwimmen

   gehen. (weil) Das Hotel hat weder Hallenbad noch Freibad. Karl weiß das. (dass) Rosa möchte

   durchs Einkaufszentrum bummeln. (aber) Er will nicht mitgehen. Rosa weiß das. (dass) Karl

   möchte gern ein Fußballspiel im Stadion sehen. (aber) Sie interessiert sich nicht dafür. Rosa

   sagt: (wenn) „Du gehst ins Stadion. Ich gehe einkaufen." (aber) Karl sagt: (wenn) „Wir sind

   in Urlaub. Wir sollten (*should*) die Zeit zusammen verbringen."

2. Now rewrite the paragraph, making all the changes you indicated.

Übung 3 Was darf das Kind (nicht) machen, wenn ...?

Wenn du schön brav bist und alles aufißt, darfst du mit Papi noch „*Kinder Ruck Zuck*" anschauen.

Ein Spaß für die ganze Familie: „Kinder Ruck Zuck". Die beliebteste Spielshow von Tele 5 gibt's jetzt auch mit Kindern und Désirée Nosbusch. Jeden Samstag, 19.45 Uhr.

Gute Unterhaltung.

KULTURTIPP

Based on a short-lived American game show called "Hot Streak," the popular **"Ruck Zuck"** aired on German television from 1988 to 2000. Its popularity led to the 1992 launch of a children's version—**"Kinder Ruck Zuck"**—hosted by Désirée Nosbusch. Whereas adults played for a cash prize, children played for a trip to Euro Disneyland.

Schreiben Sie Sätze mit „wenn" und Modalverben.

> BEISPIEL: (wenn) Ich bin schön brav und esse alles auf. / (dürfen) Ich schaue mit Papi „Kinder Ruck Zuck" an. →
> Wenn ich schön brav bin und alles aufesse, darf ich mit Papi „Kinder Ruck Zuck" anschauen.

1. (wenn) Ich räume mein Zimmer auf. / (dürfen) Ich sehe fern.

   _____

   _____

2. (wenn) Ich mache meine Hausaufgaben. / (können) Ich spiele draußen.

   _____

   _____

3. (wenn) Ich stehe samstags früh auf. / (können) Wir fahren aufs Land.

   _____

   _____

4. (wenn) Ich esse mein Gemüse. / (dürfen) Ich habe Schokolade.

   _____

   _____

5. (wenn) Ich wasche mir die Hände nicht. / (dürfen) Ich esse nicht am Tisch.

   _____

   _____

Indirect Questions

Übung 4   Das weiß ich nicht.

Beantworten Sie die Fragen wie im Beispiel.

> BEISPIEL: Warum bin ich krank? →
> Ich weiß nicht, warum du krank bist.

1. Warum habe ich keine Energie?

   _____

   _____

2. Was fehlt mir?

   _____

3. Wen soll ich anrufen?

   _____

4. Wie kann ich wieder fit und gesund werden?

   _____

   _____

5. Wann fühle ich mich wieder wohl?

   _____

   _____

Reflexive Pronouns and Verbs

Verbs with Accusative Reflexive Pronouns

Übung 5   Fit und Gesund

Schreiben Sie Sätze wie im Beispiel.

> BEISPIEL: sie (sg.) / sich erholen müssen →
>   Sie muss sich erholen.

1. ich / sich regelmäßig strecken sollen

   _____

2. du / sich nicht beeilen sollen

   _____

3. wir / sich nicht erkälten dürfen

   _____

4. ihr / sich hier hinsetzen dürfen

   _____

5. Sie / sich über Vitamine informieren müssen

   _____

6. er / sich nicht entspannen können

   _____

Übung 6   Ein Rezept für ein langes, gesundes Leben

Herr Kahn ist ein Gesundheitsfanatiker. Vor dreißig Jahren hat er zu seinem Enkel gesagt:

Ich halte mich fit. Ich esse gesund und trinke viel Wasser. Ich treibe regelmäßig Sport. Zweimal pro Woche spiele ich Tennis. Ich gehe jeden Morgen schwimmen, und jedes Wochenende laufe ich. Ich rauche nie und nehme nur selten Medikamente. Manchmal erkälte ich mich. Dann nehme ich Vitamintabletten ein und trinke viel Orangensaft. Ich bleibe zu Hause und erhole mich. Bald werde ich wieder gesund. Einmal pro Jahr gehe ich zum Arzt. Ich halte die Gesundheit für wichtig.

 Heute ist Herr Kahn fast neunzig Jahre alt. Er erklärt seinen Urenkelkindern jetzt, was er früher gemacht hat, um (*in order*) ein langes, gesundes Leben zu haben. Schreiben Sie den vorhergehenden Absatz im Perfekt.

_____

_____

_____

_____

_____

_____

_____

_____

_____

_____

_____

_____

Verbs with Reflexive Pronouns in the Accusative or Dative

Übung 7   Minidialoge

Setzen Sie die fehlenden Reflexivpronomen ein.

A: Was wünschst du _____ zum Geburtstag?

B: Ich wünsche _____ ein Fahrrad.

C: Wo hast du _____ erkältet?

D: Ich habe _____ letzte Woche beim Schwimmen erkältet.

E: Bevor ich _____ morgens dusche, putze ich _____ die Zähne.

   Danach ziehe ich _____ an.

F: Interessiert ihr _____ für Tennis?

G: Nein, wir interessieren _____ nur für Fußball.

H: Wo hast du _____ den Trainingsanzug gekauft?

I: Den habe ich _____ nicht gekauft, sondern als Geschenk bekommen.

Übung 8   Freundlicher Rat?

Schreiben Sie die Sätze auf Deutsch.

> BEISPIEL: *Why don't you put on a sweater?* →
> Zieh dir doch einen Pullover an.

1. *Why don't you comb your hair?*

   _____

2. *Why don't you wash your hands?*

   _____

3. *Why don't you brush your teeth?*

   _____

4. *Why don't you relax more often?*

   _____

5. *Why don't you put your coat on?*

   _____

6. *Why don't you get dressed?*

_____

7. *Why don't you make yourself some tea?*

_____

8. *Why don't you lie down on the sofa?*

_____

9. *Why don't you shave?*

_____

10. *Why don't you hurry?*

_____

11. *Why don't you put your shoes on?*

_____

Expressing Reciprocity

Übung 9   Die Liebe

Sofies Großmutter stellt ihr Fragen über sie und ihren Freund Lukas. Schreiben Sie die Fragen auf Deutsch. Benutzen Sie die **ihr**-Form.

1. *How often do you see each other?*

_____

2. *Do you often call each other?*

_____

3. *Where do you like to meet?*

_____

4. *Do you love each other?*

_____

5. *How long have you known each other?*

_____

Sprache im Kontext

Lesen

Auf den ersten Blick

10 Fragen an Christian Wolff

„Stress lasse ich nicht an mich ran"[1]

1. **Wann hatten Sie zuletzt richtig Spaß am Leben?**
Vorhin beim Spaziergang mit meiner Frau und unseren Hunden.

2. **Welchem Genuss[2] können Sie nicht widerstehen[3]?**
Einem guten Rotwein.

3. **Wie reagieren Sie auf Stress?**
Ich lasse ihn gar nicht erst an mich ran.

4. **Welche Erfahrungen[4] haben Sie mit Diäten?**
Ich muss mich cholesterinbewusst ernähren[5]: keine Eier, keine Butter – wenig tierische Fette. Und daran halte ich mich auch konsequent.[6]

5. **Was ist Ihr dominierender Charakterzug[7]?**
Mein Gerechtigkeitssinn[8]

6. **Welche Dinge machen Sie „krank"?**
Unprofessionalität und Unordnung.[9]

7. **Was ist Ihr schönstes Urlaubsziel und warum?**
Italien – wegen seiner Landschaft, der Menschen, der Küche und der Nähe.

8. **Was ist Ihr größtes Versäumnis[10]?**
Dass ich nie ein Musikinstrument erlernt habe.

9. **Mein schönster Grund morgens aufzustehen ...[11]**
Der Blick[12] durchs Schlafzimmerfenster in die Natur.

10. **Ihr Lebensmotto?**
Wer in die Vergangenheit blickt, verdient keine Zukunft.[13]

Parade-Rolle: Christian Wolff als Förster in der TV-Serie „Forsthaus Falkenau"

[1]Stress ... I don't let stress get to me.   [2]pleasure   [3]resist   [4]experiences   [5]nourish   [6]Und ... And I do that consistently   [7]character trait   [8]sense of justice   [9]untidiness, disorder   [10]regret (having neglected to do something)   [11]Mein ... My main reason for getting up in the morning   [12]view   [13]Wer ... He who looks to the past deserves no future.

Schauen Sie sich das Bild an und lesen Sie die Bildunterschrift (*caption*) und die Überschriften (*headings*). Vervollständigen Sie dann die Sätze.

1. _____ ist Schauspieler (Fernsehstar).

2. Er spielt die Rolle von einem _____ (*forest ranger*).

3. Sein Charakter hat einen _____. Christian Wolff hat auch selbst Hunde.

4. Die Fernsehserie heißt _____.

5. Hier stellt man zehn _____ an Christian Wolff.

6. Für Christian Wolff ist _____ kein Problem.

Zum Text

A. Lesen Sie nur die zehn Fragen im Artikel. Lesen Sie dann jede Frage mit Antwort mindestens zweimal. Lesen Sie dann den ganzen Artikel noch einmal durch, und füllen Sie die Tabelle aus.

	Christian Wolff	ich
1. Was bringt Ihnen Spaß am Leben?		
2. Welchem Genuss können Sie nicht widerstehen?		
3. Wie reagieren Sie auf Stress?		
4. Welche Probleme haben Sie mit Diäten?		
5. Welche Eigenschaft beschreibt Sie besonders gut?	Gerechtigkeitssinn; ich will immer fair sein.	
6. Was macht Sie „krank"?		
7. Wo möchten Sie Urlaub machen? Warum?		
8. Was haben Sie noch nicht gemacht?		
9. Was ist Ihr schönster Grund, morgens aufzustehen?		
10. Was ist Ihr Lebensmotto?	Ich sehe nicht in die Vergangenheit, sondern in die Zukunft.	

B. Wie haben Sie die Fragen beantwortet? Benutzen Sie Ihre Notizen vom Lesetext auf Seite 151 und schreiben Sie eine vollständige Antwort auf jede Frage.

Na klar!

Was machen diese Frauen im Fitnessstudio? Spekulieren Sie!

A. Die Frau auf der linken Seite bekommt guten Rat. Was sagt ihr der Trainer vielleicht?

Sie müssen ...

1. _____

2. _____

3. _____

4. _____

5. _____

B. Warum ist die Frau auf der rechten Seite ins Fitnesscenter gekommen?

Sie verbringt jeden Tag eine Stunde im Fitnesscenter, weil sie ...

1. _____

2. _____

3. _____

4. _____

5. _____

Journal

 Schauen Sie sich den Cartoon an. Was sagt das erwachsene Mondwesen (*moon creature*) zu den Kleinen? Wie verhält sich (*behaves*) der Mensch auf dem Mond? Verhält er sich total anders (*differently*) auf der Erde? Wählen Sie ein Thema, und schreiben Sie darüber.

Thema 1: Sie als Mensch. Schreiben Sie über einige oder alle der folgenden Aspekte Ihres Lebens auf der Erde.

- Aussehen: wie Sie als Mensch aussehen
- Orte: woher Sie kommen, wo Sie wohnen, wohin Sie reisen
- tägliche Routine: was Sie jeden Tag machen müssen
- Freizeitaktivitäten: was Sie gern machen
- soziales Leben: Familie und Freunde
- Berufspläne: was Sie von Beruf sind oder sein möchten und warum
- Träume: was Sie wollen, was für Sie im Leben wichtig ist

Thema 2: Der Mensch. Beschreiben Sie so ausführlich wie möglich (so ... *as fully, in as much detail as possible*) das menschliche Leben.

- wie ein Mensch aussieht
- wie ein Mensch sich verhält
- was ein Mensch im Leben macht oder will
- die Beziehungen (*relationships*) zwischen Menschen
- ?

MIT PAPAN

"NEIN, NEIN, KINDER !! IN SEINEM NATÜRLICHEN LEBENSRAUM VERHÄLT SICH DER MENSCH NATÜRLICH TOTAL ANDERS !"

In der Stadt

Alles klar?

A. Schauen Sie sich das Foto von Wien an. Hier sehen Sie den Kohlmarkt mit Blick auf die Hofburg (*imperial palace*). Was sehen Sie sonst auf diesem Foto? Kreuzen Sie an.

	JA	NEIN	VIELLEICHT
1. eine Füßgängerzone	☐	☐	☐
2. Autos und Busse	☐	☐	☐
3. eine Bank	☐	☐	☐
4. die Innenstadt	☐	☐	☐
5. viele Passanten	☐	☐	☐
6. einen Parkplatz	☐	☐	☐
7. Geschäfte	☐	☐	☐
8. Hotels und Restaurants	☐	☐	☐
9. einen Bahnhof	☐	☐	☐
10. einen Hafen	☐	☐	☐
11. Schnee auf der Straße	☐	☐	☐
12. Lichterketten (*chains of lights*)	☐	☐	☐

B. Beantworten Sie die folgenden Fragen.

1. Welche Jahreszeit zeigt das Foto? _____

2. In welchem Monat hat man diese Szene wahrscheinlich fotografiert? _____

3. Welche Feiertage hat man wahrscheinlich gefeiert, als man dieses Foto gemacht hat?

   _____

4. Hat man das Foto am frühen Morgen oder am frühen Abend gemacht? _____

Wörter im Kontext

Thema 1

Unterkunft online buchen

Aktivität 1   Was für Unterkunft sucht man?

Was sehen Sie? Identifizieren Sie jedes Ding und schreiben Sie die Wörter mit Pluralform in die Liste auf der nächsten Seite.

1. _das Einzelzimmer, -_   10. _____
2. _____   11. _____
3. _die Wäsche_   12. _____
4. _____   13. _____
5. _das Handtuch, ¨er_   14. _die Heizung_
6. _____   15. _die Klimaanlage, -n_
7. _____   16. _____
8. _____   17. _die Toilette, -n_
9. _____   18. _____

Welche Wörter und Ausdrücke beschreiben das Zimmer? Kreuzen Sie an.

☐ Einzelzimmer ohne Bad
☐ Fernseher
☐ Dusche und WC
☐ Einzelzimmer mit Bad
☐ Klimaanlage und Heizung
☐ Mehrbettzimmer mit WC

Aktivität 2 Unterkunft in der Stadt

Ergänzen Sie die Sätze.

1. Die Stadtmitte heißt auch die _____.

2. Ein Hotel hat eine günstige _____, wenn es in der Nähe von

   Restaurants, Kinos, Museen usw. liegt.

3. Man kann das Auto auf einen _____ stellen.

4. Junge Leute können billige Unterkunft in einer _____ finden.

5. Ein Zimmer mit zwei Betten heißt ein _____.

6. Ein Zimmer mit nur einem Bett heißt ein _____.

Thema 2

Im Hotel

Aktivität 3   Erika besucht Koblenz.

Vervollständigen Sie die Sätze mit den richtigen Wörtern.

> Aufenthalt   Aufzug   Unterschrift   Erdgeschoss
>
> Frühstücksraum   Reisepass   Reiseschecks   Stockwerke
>
> Stock   Einzelzimmer mit Bad   Unterkunft   Anmeldeformular

1. Erika will das Wochenende in Koblenz verbringen. Sie braucht

   _____. Sie ruft ein Hotel an und fragt: Haben Sie ein

   _____?

2. Erika geht an die Rezeption des Hotels in Koblenz und meldet sich an. Die Rezeption

   ist im _____ des Hotels. Das Hotel hat sechs

   _____. Erikas Zimmer liegt im fünften

   _____.

3. Die Frau sagt: Füllen Sie bitte dieses _____ aus.

4. Erika will jetzt aufs Zimmer gehen. Sie fragt: Entschuldigen Sie, wo ist der

   _____?

5. Am Morgen will Erika frühstücken. Sie sagt: Entschuldigung, wo finde ich den

   _____?

Aktivität 4   Was macht man, wenn man reist?

Bringen Sie die folgenden Sätze in die richtige Reihenfolge.

_____ Dann bekommt man einen Schlüssel zum Hotelzimmer.

_____ Am Morgen geht man in den Frühstücksraum.

_____ Man füllt ein Anmeldeformular aus.

_____ Man geht an die Rezeption und bezahlt die Rechnung.

_____ Man reist dann ab und fährt zum nächsten Reiseziel oder zurück nach Hause.

_____ Man sucht ein Hotel in einer günstigen Lage.

———— Ein Gepäckträger / Eine Gepäckträgerin bringt das Gepäck aufs Zimmer.

———— Man kommt in einer Stadt an.

———— Hier bekommt man ein sogenanntes „kontinentales Frühstück".

———— Man geht an die Rezeption und meldet sich an.

Thema 3
Ringsum die Stadt

Aktivität 5   Kleinstadt, Großstadt

Was findet man in oder in der Nähe von einer Stadt? Ergänzen Sie die Sätze.

Eine Kleinstadt oder ein Dorf
(*village*) hat vielleicht

Eine Großstadt wie Berlin hat viele

_____eine_____ Ampel,   _____Ampeln_____,

_____ Kreuzung,   _____,

_____ Bank,   _____,

_____ Jugendherberge,   _____,

_____ Hotel,   _____,

_____ Pension,   _____,

_____ Kirche,   _____,

_____ Museum,   _____,

und _____ Bahnhof.   und _____.

Aktivität 6   Der Weg zum Museum

Sie wollen das Museum besuchen und fragen einen Passanten nach dem Weg. Schreiben Sie alle Sätze auf Deutsch.

1. *Excuse me. Is the museum far from here?*

   _____

2. *No. It's only about ten minutes by foot.*

   _____

3. *What's the best way to get there?*

   _____

4. *Walk here along Schotten Street.*

   _____

5. *Go straight to the street light.*

   _____

6. *Then turn left into Schützen Street.*

_____

7. *Keep on going straight ahead.*

_____

8. *The museum is located across from the Christus Church.*

_____

9. *Many thanks.*

_____

Wortraum

A. Zeichnen Sie einen Stadtplan von Ihrer Stadt. Wo liegt was?

B. Wie kommt man am besten dahin? Beschreiben Sie in vollständigen Sätzen, wie man von … zu … kommt.

_____

_____

_____

_____

Grammatik im Kontext

The Genitive Case

Übung 1   Was für ein Haus ist das?

A. Lesen Sie die Anzeige durch. Lesen Sie sie dann noch einmal und unterstreichen Sie alle fünf Artikel im Genitiv.

NÜTZLICHE WÖRTER

Kultur (*f.*)	*culture*
Welt (*f.*)	*world*
Beziehung (*f.*)	*relationship*
Veranstaltung (*f.*)	*event*
Kunst (*f.*)	*art*

Haus der Kulturen der Welt

An einem „Netzwerk der Beziehungen zwischen den Kulturen" arbeitet das Haus der Kulturen der Welt in Berlin seit 1989. Mit jährlich 780 Veranstaltungen zu Musik, Tanz, Theater, Kunst, Film und Literatur aus Afrika, Asien und Lateinamerika ist daraus inzwischen ein engmaschiges Geflecht geworden.

www.hkw.de

Sabine Wenzel/Ostkreuz

B. Vervollständigen Sie jetzt den folgenden Satz.

Ich möchte die Musik _____ (das Land) hören, die Kunst _____

(die Kinder) ansehen, die Literatur _____ (die Periode) lesen und die Filme

_____ (der Kontinent) sehen.

Übung 2   Das gehört den Zeiten.

A. Schreiben Sie Substantive im Genitiv.

der buchstabe des tages.

k

wie „kasimir und karoline",
bühnenstück von georg büchner,
gestorben mit 24 jahren.

das heft   das montags in der süddeutschen zeitung liegt.

jetzt

BEISPIEL: der Buchstabe / der Tag → der Buchstabe des Tages

1.   die Zeitung / das Moment   _____

2.   das Wort / die Stunde   _____

3.   das Buch / die Woche   _____

4.   der Roman (*novel*) / der Monat   _____

5.   der Film / das Jahr   _____

6.   das Symbol / die Zeiten   _____

B. Schreiben Sie jetzt jede Frage auf Deutsch.

1.   *Have you seen the film of the month?* (**ihr**-Form)

    _____

2.   *Have you read the novel of the year?* (**du**-Form)

    _____

Übung 3   Wem gehört das?

Schreiben Sie jeden Satz neu.

> BEISPIEL: Der Koffer gehört unserem Gast. →
> Das ist der Koffer unseres Gastes.

1. Das Auto gehört meinem Onkel.

_____

2. Der Schlüssel gehört deiner Freundin.

_____

3. Das Gepäck gehört meinen Freunden.

_____

4. Die Kreditkarte gehört eurem Vater.

_____

5. Das Anmeldeformular gehört diesem Herrn.

_____

6. Das Geld gehört Ihrem Mann.

_____

7. Die Fotos gehören diesen Männern. (Das sind …)

_____

8. Die DVDs gehören einem Studenten aus Kanada. (Das sind …)

_____

Übung 4   Was fragt man im Hotel?

Ergänzen Sie die Fragen mit den Interrogativpronomen **wer, wen, wem** oder **wessen.**

1. _____ will meinen Reisepass sehen?

2. _____ Koffer ist das vor der Rezeption?

3. _____ sehen Sie an der Rezeption?

4. _____ soll das Anmeldeformular ausfüllen?

5. _____ Name steht auf dem Formular?

6. _____ gibt man das Formular?

7. Für _____ ist dieser Schlüssel?

8. _____ bringt das Gepäck aufs Zimmer?

9. Mit _____ sollen die Touristen sprechen?

10. _____ kann die Klimaanlage reparieren?

11. _____ Fernseher funktioniert nicht?

12. _____ empfehlen Sie dieses Hotel?

Proper Names in the Genitive

Übung 5 Beethoven in Bonn und in Wien

Ergänzen Sie die Sätze über Beethoven und die Stadt Bonn mit den passenden Genitivformen.

Das Haus _____ (die Familie

Beethoven) steht in Bonn. Hier wurde Ludwig van Beethoven

1770 geboren. Dieses Haus ist für viele Besucher ein wichtiges Symbol

_____ (die Stadt) Bonn. Die zweite Heimat

_____ (der Komponist [-en masc.]) war Wien

und im „Wiener Zimmer" _____ (das

Beethoven-Haus) kann man Dokumente über sein Leben und seine

Werke in Wien sehen.

   Die moderne Beethovenhalle dient seit 1959 als Konzerthalle, und

sie ist eigentlich die dritte _____ (dieser

Name) in Bonn. Das Orchester _____

(die Beethovenhalle) spielt eine große Rolle im kulturellen Leben

_____ (diese Musikstadt) am Rhein. Es hat auch wichtige

Funktionen im Rahmen (im … as part of) _____ (die Beethovenfeste)

in Bonn.

   Das erste Beethovenfest fand an _____ (Beethoven) 75.

Geburtstag statt (fand … statt took place). Der Komponist Franz Liszt war ein Mitglied (member)

_____ (das Festkomitee). Man hat zu diesem Fest eine Bronzfigur

von Beethoven, das Beethoven-Denkmal, errichtet.

   Ein neues Symbol _____ (die Beethovenstadt)

Bonn ist „Beethon", eine Skulptur aus Beton (Zement). „Beethon" ist das Werk

_____ (ein Künstler [artist]) aus Düsseldorf, Professor Klaus

Kammerichs.

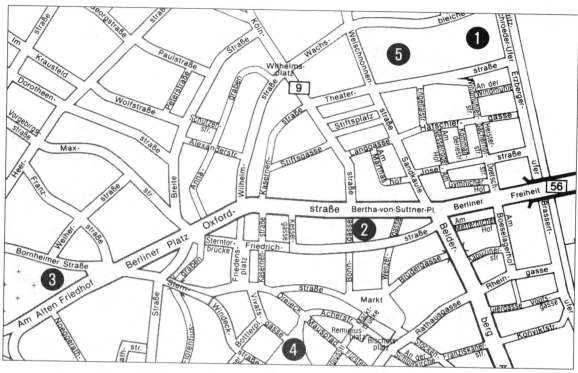

BONN

1 Die Beethovenhalle

2 Das Beethoven-Haus

3 Das Grab der
Mutter Beethovens

4 Das Beethoven-
Denkmal

5 „Beethon"

Man findet das Grab _____ (die Mutter)

_____ (Beethoven) auf dem Alten Friedhof in Bonn.

Ludwig van _____ (Beethoven) Mutter wurde als

Maria Magdalene Keverich geboren. Sie starb (*died*) am 17. Juli 1787. Auf dem Grabstein

_____ (diese Frau) stehen die Worte: „Sie war mir eine so gute

liebenswürdige Mutter, meine beste Freundin." Das Grab _____

(ihr Sohn) findet man in Wien.

Prepositions with the Genitive

Übung 6 Kaufen statt Mieten?

Bilden Sie Sätze.

KAUFEN STATT[1] MIETEN

Steuern sparen[2]!

POTSDAM

Büro-Teileigentum

Nähe Stadtzentrum & Regierungssitz[3]
Kauf direkt vom Bauherrn

BC Berlin-Consult GmbH
Telefon: 254 67 - 204

[1]*Instead of*
[2]Steuern ... *Save on taxes!*
[3]*seat of government*

1. wegen / die hohen Mieten / wollen / viele Leute / ein Haus / kaufen

   _____

   _____

2. trotz / die Kosten / können / man / in / diese Stadt / ein Haus / haben

   _____

   _____

3. innerhalb / ein Monat / können / man / in / das Traumhaus / wohnen

   _____

   _____

4. wir / kaufen / Häuser / innerhalb / die Stadt / in / die Nähe / das Stadtzentrum

   _____

   _____

5. wir / verkaufen / keine Häuser / außerhalb / die Stadt

   _____

   _____

6. man / können / wir / während / die Woche / und auch / während / das Wochenende / anrufen

   _____

   _____

Attributive Adjectives

Adjectives after a Definite Article

Übung 7   Wie heißt …?

Lesen Sie die Anzeige, und schreiben Sie dann Fragen in verschiedenen Variationen.

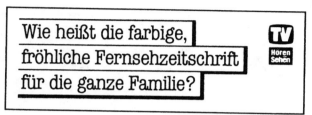

Wie heißt die farbige, fröhliche Fernsehzeitschrift für die ganze Familie?

TV Hören Sehen

BEISPIEL: Auto / Mann →
   Wie heißt das neue, preiswerte Auto für den praktischen Mann?
oder   Wie heißt das schnelle, sportliche Auto für den modernen Mann?
oder   ?

alt	groß	schnell
amerikanisch	interessant	schön
beliebt	jung	sonnig
bequem	klein	sportlich
berühmt	konservativ	vorsichtig
deutsch	modern	warm
fröhlich	praktisch	?
gemütlich	preiswert	
gesund	ruhig	

1. Wagen / Frau:

   _____

   _____

2. Ferieninsel / Familie:

   _____

   _____

3. Fahrrad / Studentin:

   _____

   _____

4. Reisebüro / Tourist:

   _____

   _____

5. Kurort / Leute:

   _____

   _____

6. Mode /Student:

_____

_____

Übung 8   Richards Aufenthalt in der Stadt

Schreiben Sie die richtigen Formen der Adjektive.

1. Ich habe hier in dieser _____ _____ Stadt schon sehr viel

   gemacht. (schön / deutsch)

2. Ich habe den _____ Hafen, die _____ Kirchen und den

   _____ Marktplatz fotografiert. (groß / alt / historisch)

3. Ich habe die _____ Museen besucht. (interessant)

4. Ich habe jeden Morgen in dem _____ Frühstücksraum des Hotels gesessen

   und mit den _____ Gästen gesprochen. (gemütlich / freundlich)

Adjectives after an Indefinite Article

Übung 9   Pause

Ergänzen Sie den Aufsatz mit den richtigen Formen der entsprechenden Adjektive.

1. jung	6. weiß	11. zehnjährig
2. bequem	7. blau	12. rot
3. rund	8. grau	13. gelb
4. gemütlich	9. alt	14. sechsjährig
5. klein	10. groß	15. stressfrei

Ein _____[1] Mann sitzt auf einem _____[2] Stuhl

an einem _____[3] Tisch in einem _____[4] Café.

Nichts als eine _____[5] Tasse Kaffee steht auf dem Tisch. Der Mann trägt

ein _____[6] Hemd, eine _____[7] Krawatte und

eine _____[8] Hose. Neben dem Stuhl stehen seine

_____[9] Brieftasche und eine _____[10]

Einkaufstasche. Er hat seiner _____[11] Nichte einen

_____[12] Pullover zum Geburtstag gekauft. Er hat auch ein

_____[13] T-Shirt für seinen _____[14]

Neffen gekauft. Jetzt entspannt er sich. Dann macht er eine _____[15]

Busfahrt nach Hause.

Stadt statt Streß!

Münster erfahren

SPRACHTIPP

Inviting visitors to experience the city of Münster, the ad offers a play on words with the similarity in sound between **Stadt** and **statt.** Note that the ad uses the old spelling of the word **Stress.**

Übung 10   An der Rezeption im Hotel

Wählen Sie Adjektive aus der Liste, und ergänzen Sie die Sätze. *(Use your imagination.)*

blau	alt	elegant	(un)freundlich
braun	jung	international	gemütlich
gelb	groß	modern	nett
grün	klein	traditionell	(un)sympathisch
rot			?

Eine _____, _____ Frau kommt an die

Rezeption im Hotel Eden. Sie trägt zwei _____,

_____ Koffer. Sie hat _____ Haar und

trägt ein _____ Sommerkleid und _____

Ohrringe. Die _____ Atmosphäre des _____

Hotels gefällt ihr. Sie spricht mit dem _____ Empfangschef (*desk clerk*),

aber er kann ihr nicht helfen, weil das _____ Hotel für heute Abend

leider keine Zimmer frei hat.

Adjectives without a Preceding Article

Übung 11   Kurstädte

Vervollständigen Sie die Sätze mit den richtigen Formen der Adjektive.

1. Es gibt _____ _____ Kurstädte in Deutschland.
    (viel / schön)

2. Hier genießt (*enjoys*) man _____ Sonnenschein und _____
    Luft. (warm / frisch)

3. Eine Kurstadt hat gewöhnlich _____ Gaststätten mit

    _____ Zimmern. (historisch / gemütlich)

4. Man findet auch _____ Hotels mit _____ Zimmern in den

    _____ Kurstädten. (luxuriös / elegant / berühmt [*famous*])

5. Natürlich haben _____ Hotels eine Schwimmhalle und eine Sauna. (groß)

6. Man findet in jeder Stadt _____ Restaurants mit _____

    oder _____ Küche. (gut / deutsch / international)

7. Gäste gehen gern in den _____ Gärten spazieren und wandern gern in den

_____ Wäldern. (schön / ruhig)

8. Leute aus aller Welt verbringen _____ Tage und _____

Nächte in _____ Kurstädten. (fröhlich [*happy*] / zauberhaft [*magical*] / deutsch)

Adjectives Referring to Cities and Regions

Übung 12   Wo? In welcher Stadt?

Schreiben Sie eine positive Antwort auf jede Frage.

BEISPIEL: A: Haben Sie an der Universität in Freiburg studiert?
            B: Ja, ich habe an der Freiburger Universität studiert.

C: Haben Sie den Hafen in Hamburg fotografiert?

D: _____

_____

E: Haben Sie das Theater in Berlin besucht?

F: _____

_____

G: Haben Sie die Philharmoniker in Wien gehört?

H: _____

_____

I: Sind Sie vom neuen Flughafen in München abgeflogen?

J: _____

_____

Sprache im Kontext

Lesen

Auf den ersten Blick

A. Die folgenden Phrasen kommen direkt aus dem Text „Mindelheim – Stadt der Lebensfreude". Wie sagt man das auf Englisch?

1. __*h*__ Mindelheim – Stadt der Lebensfreude

2. _____ Mindelheims Altstadt

3. _____ Rendezvous der Sinne

4. _____ den Zauber geschichtlicher Bedeutung

5. _____ (den Zauber) neuzeitlicher Mittelpunktfunktion der Kreisstadt des Unterallgäus

6. _____ mit breitem Warenangebot nobler Fachgeschäfte

7. _____ (den) handwerklichen Qualitäten lokaler Familienbetriebe

8. _____ herzhaft-schwäbische Küche und kulinarische Köstlichkeiten nahezu aller Provenienzen

a. *with a broad offering of wares from fine specialty shops*
b. *hearty Swabian cuisine and culinary delicacies from almost everywhere*
c. *Mindelheim's old town*
d. *the magic of historical significance*
e. *(the) handcrafted quality goods of local family businesses*
f. *rendezvous of the senses*
g. *(the magic) of a modern administrative hub of the county seat of the Unterallgäu (in southwestern Bavaria)*
h. *Mindelheim—city with zest for life*

B. Unterstreichen Sie jetzt alle Wörter in **A**, die Genitivendungen haben.

> BEISPIEL: 1. Mindelheim – Stadt <u>der</u> Lebensfreude

C. Was wissen Sie schon über Mindelheim? Mehr als eine Antwort kann richtig sein.

1. Mindelheim ist _____.
   a. eine Kreisstadt
   b. eine Landeshauptstadt
   c. eine Kleinstadt

2. Mindelheim liegt _____.
   a. in Norddeutschland
   b. in Bayern
   c. im Unterallgäu

3. Mindelheim bietet (*offers*) _____.
   a. Geschäfte mit lokalem Handwerk
   b. schwäbische Küche
   c. historische Sehenswürdigkeiten (*sights*)

Mindelheim - Stadt der *Lebensfreude*

Mindelheims Altstadt lädt ein zum Rendezvous der Sinne! Flaniert[1] man durch die gute Stube,[2] entlang an historischen Häusern mit farbenfrohen Fassaden, spürt[3] man den Zauber geschichtlicher Bedeutung und neuzeitlicher Mittelpunktfunktion der Kreisstadt des Unterallgäus.[4]

Die Gassen[5] zwischen alten Stadtmauerresten und Toren locken[6] zur Entdeckungsreise,[7] belohnen[8] mit romantischen Winkeln, künstlerischen Details und überraschen[9] mit unerwarteten Ein- und Ausblicken. Dass dieses Ambiente zu zahlreichen Festen verleitet,[10] versteht sich: ob nun das große historische Frundsbergfest, das Weinfest auf der Mindelburg, Stadtgrabenfest oder Vollmond-Party, Töpfer-[11] oder Christkindles-Markt – Gastlichkeit hat reiche Tradition.

Die freundliche Einkaufsstadt verführt[12] mit breitem Warenangebot nobler Fachgeschäfte und den handwerklichen Qualitäten lokaler Familienbetriebe.

Eine wahrhaft bemerkenswerte Gastronomie serviert herzhaft-schwäbische Küche und kulinarische Köstlichkeiten nahezu aller Provenienzen. Hotels und Privatvermieter bieten allen Gästen niveauvolle und gemütliche Unterkunft in gepflegter und heimeliger Atmosphäre.

Blick vom Einlasstor in die Fußgängerzone

[1]*strolls* [2]*gute ... front room* (figurative) [3]*feels* [4]a county in southwestern Bavaria [5]*alleys* [6]*lure*
[7]*journey of discovery* [8]*reward* [9]*surprise* [10]*leads* [11]*pottery* [12]*tempts*

Zum Text

A. Lesen Sie jetzt den Text. Schreiben Sie dann die Adjektive (ohne Endungen), die die Attraktionen der Stadt beschreiben.

   BEISPIEL: Häuser: *historisch*

1. Fassaden: _____

2. Bedeutung.(*significance*): _____ (*historical*)

3. Mittelpunktfunktion: _____

4. Stadtmauerresten (*remains of city walls*) und Toren (*gates*): _____

5. Winkeln (*nooks*): _____

6. Details: _____

7. Ein- und Ausblicken (*insights and views*): _____ (*unexpected*)

8. Festen: _____ (*numerous*)

9. Frundsbergfest: _____, _____

10. Tradition: _____

11. Einkaufsstadt: _____

12. Warenangebot: _____

13. Fachgeschäfte: _____

14. Qualitäten: _____

15. Familienbetriebe: _____

16. Gastronomie: _____

17. Küche: _____

18. Köstlichkeiten: _____

19. Unterkunft: _____ (*full of quality*) und _____

20. Atmosphäre: _____ (*cultured*) und _____ (*cozy*)

 B. Sie haben jetzt ein bisschen über Mindelheim gelesen. Was möchten Sie noch wissen, bevor Sie diese Stadt eines Tages besuchen? Vielleicht haben Sie Fragen über Hotels, Lokale, Feste, Sport- und Freizeitaktivitäten, Geschäfte, Kultur, Wetter oder sonst noch was. Schreiben Sie mindestens sechs Fragen, die Sie den Mindelheimern stellen möchten.

Na klar!

Vergleichen Sie die Stadt Wien mit Ihrer Heimatstadt.

1. Wien ist _____. Meine Heimatstadt ist _____.
   a. eine Universitätsstadt
   b. die Hauptstadt von Österreich
   c. eine Großstadt
   d. eine moderne Weltstadt
   e. eine alte, romantische Stadt

   ___?___

2. Wien ist für _____ berühmt. Meine Heimatstadt ist für _____ berühmt.
   a. klassische Musik, Kunst und Kultur
   b. viele interessante Museen
   c. Architektur aus dem Barockzeitalter
   d. kulinarische Spezialitäten wie Wiener Schnitzel und Wiener Würstchen
   e. elegante Kaffeehäuser mit starkem Kaffee und schönen Kuchen

   ___?___

3. Der Winter in Wien ist _____. Es _____. Die Wiener müssen _____ tragen. In meiner Heimatstadt

   ist der Winter _____. Es _____. Wir tragen _____.

Journal

Mindelheim ist eine Stadt der Lebensfreude. Ist Ihre Heimatstadt auch eine Stadt der Lebensfreude? eine Stadt der Musik und Kultur? eine Stadt der Feste? eine Stadt der Möglichkeiten? eine Stadt des Familienlebens? eine Stadt der Sport- und Freizeitaktivitäten? eine Stadt der Gastronomie? Wieso? Welche Adjektive beschreiben Ihre Stadt? Welche Feste feiert man? Welche Attraktionen finden Touristen und Touristinnen aus deutschsprachigen Ländern besonders interessant? Wie sind die Hotels und Restaurants? Schreiben Sie über Ihre Heimatstadt.

> SCHREIBTIPP
>
> Check any of the following items that apply to your city, modifying them as necessary to make them accurate. Use the extra space next to the items to jot down names, adjectives, phrases, or other facts that you might want to mention.
>
> Think about which ideas you want to include and how you want to organize your journal entry. Finally, write! Advertise your city!

Was für Attraktionen hat Ihre Stadt? Hat sie …?

- ☐ viele interessante, historische Gebäude (*buildings*)
- ☐ einen Hafen
- ☐ einen Bahnhof
- ☐ einen Flughafen
- ☐ ein Rathaus
- ☐ Kirchen aller Glaubensrichtungen (*faiths*)
- ☐ viele Hotels
- ☐ eine alte Innenstadt
- ☐ große Schwimmhallen
- ☐ Sportstadien, Sporthallen und Sportplätze
- ☐ Tennisplätze
- ☐ Golfplätze

- ☐ internationale Restaurants
- ☐ Kinos
- ☐ Theater
- ☐ ein Opernhaus
- ☐ Bars und Kneipen
- ☐ Geschäfte
- ☐ Bäckereien und Konditoreien
- ☐ eine Fußgängerzone
- ☐ Einkaufszentren
- ☐ Supermärkte
- ☐ Parks und Gärten
- ☐ Schulen und Universitäten

☐ _____

Kann man dort überallhin (*everywhere*) …?

- ☐ mit dem Bus fahren
- ☐ mit dem Taxi fahren
- ☐ mit der Straßenbahn fahren

- ☐ mit der U-Bahn fahren
- ☐ mit dem Fahrrad fahren
- ☐ zu Fuß gehen

☐ _____

Wo liegt Ihre Stadt?

- ☐ In den Bergen.
- ☐ In der Mitte des Landes.
- ☐ An der Küste (*coast*).
- ☐ Im Süden (im Norden, im Westen, im Osten) des Landes.
- ☐ Südlich von _____.
- ☐ Nördlich von _____.
- ☐ Westlich von _____.
- ☐ Östlich von _____.
- ☐ In der Nähe von _____.

☐ _____

Ist Ihre Stadt …?

- ☐ die Hauptstadt des Staates
- ☐ die Hauptstadt des Landes
- ☐ eine Großstadt

- ☐ eine Kleinstadt
- ☐ eine Universitätsstadt
- ☐ ein Ferienort

☐ _____

Wie ist das Wetter in Ihrer Stadt?

- ☐ Schneit es im Winter?
- ☐ Regnet es im Herbst?
- ☐ Ist es kalt und windig im Frühling?

- ☐ Ist es heiß und schwül im Sommer?
- ☐ Ist es kühl und neblig?
- ☐ Ist es meistens heiter und sonnig?

☐ _____

Auf Reisen

Alles klar?

Alles falsch! Schauen Sie sich das Foto an. Lesen Sie dann die Sätze. Die Sätze enthalten falsche Informationen. Schreiben Sie sie mit den richtigen Informationen.

BEISPIEL: Das ist ein kleiner Bahnhof in Frankfurt am Main, einer Kleinstadt in Deutschland. →
Das ist der Hauptbahnhof in Frankfurt am Main, einer Großstadt in Deutschland.

1. Der Zug ist schon von Frankfurt am Main abgefahren.

_____

2. Die jungen Leute warten auf dem Gleis.

_____

3. Sie steigen jetzt aus.

_____

4. Sie tragen kein Gepäck: keine Koffer, keine Kameras, keine Rucksäcke.

_____

_____

5. Sie verbringen vielleicht nur ein Wochenende auf Reise, weil sie so wenig Gepäck mitnehmen.

_____

_____

6. Sie tragen Winterkleidung, weil sie Winterferien haben.

_____

_____

Wörter im Kontext

Theme 1
Ich möchte verreisen

Aktivität 1 Auf Reisen

A. Welches Wort passt nicht? Machen Sie einen Kreis um dieses Wort.

BEISPIEL:

_____ Schiff _____ Bahn _____ (Reiseprospekt) _____ Fahrrad

1. _____ Wagen _____ Angebot _____ Zug _____ Flugzeug
2. _____ Gepäckaufbewahrung _____ Fahrkarte _____ Platzkarte _____ Personalausweis
3. _____ Reise _____ Fahrt _____ Busreise _____ Reiseführer
4. _____ Anschluss _____ Abfahrt _____ Auskunft _____ Ankunft
5. _____ Gleis _____ Bahnhof _____ Bahnsteig _____ Bargeld
6. _____ Taxi _____ Bahnhof _____ Bus _____ Zug

B. Schreiben Sie jetzt den bestimmten Artikel für jedes Wort.

BEISPIEL:

das Schiff   _die_ Bahn   _der_ (Reiseprospekt)   _das_ Fahrrad

C. Schreiben Sie eine vollständige Antwort auf jede Frage.

BEISPIEL: Sind Sie einmal mit dem Schiff gereist? Wenn ja: Wann? →
Ja, ich bin vor drei Jahren mit dem Schiff gereist.
oder Nein, ich bin noch nie mit dem Schiff gereist.
oder ?

1. Sind Sie einmal mit dem Zug gefahren? Wenn ja: Wohin? Wenn nein: Wohin möchten Sie mit dem Zug fahren?
2. Fahren Sie mit dem Bus? Wenn ja: Wie oft und wohin? Wenn nein: Warum nicht?
3. Haben Sie einen Segelkurs gemacht? Wenn ja: Segeln Sie gern? Wenn nein: Warum nicht?
4. Wann haben Sie zum letzten Mal einen Flugschein oder eine Fahrkarte gekauft? Wohin sind Sie gereist?
5. Fliegen Sie gern mit dem Flugzeug? Warum (nicht)?

Aktivität 2   Antonyme und Synonyme

A. Schreiben Sie die Antonyme.

1. bequem: _____

2. langsam: _____

3. sicher: _____

4. teuer: _____

5. alt: _____

B. Schreiben Sie die Synonyme.

1. die Bahn: _____

2. die Ferien: _____

3. der Fotoapparat: _____

4. die Information: _____

5. der Kondukteur: _____

6. die Kondukteurin: _____

7. die Reise: _____

8. das Ticket: _____

C. Ergänzen Sie die Fragen mit einigen Wörtern, die (*which*) Sie in Teil B geschrieben haben.

1. Wohin fährst du in _____?

2. Wie lange dauert _____?

3. Hast du schon _____ gekauft?

4. Fährst du gern mit _____?

5. Findest du _____ oder _____ gewöhnlich

   freundlich, wenn du mit der Bahn reist?

6. Nimmst du _____ mit, um alles zu fotografieren?

Thema 2

Eine Wandertour

Aktivität 3   Eine Bustour

Lesen Sie die folgende Anzeige für Thüringen.

Trutzig thront die Wartburg über Eisenach

Thüringen Bustour zu historischen Stätten

Deutsche Geschichte, wohin man kommt: uraltes Glasbläser-Handwerk, Goethe-Gedenkstätten, Schillers Wohnhaus, Martin Luthers Studierstube – Thüringen lockt als historisches Kulturzentrum. Stadtjuwel Weimar, Eisenach mit Wartburg, Erfurt und Gotha zählen u. a. zu den Stationen einer Bustour vom 18. bis 21. 8., die für 260 Euro mit Halbpension und Busfahrt ab München zu buchen ist. Näheres bei: Schmetterling Reisen, Maxstr. 26, 83278 Traunstein.

A. Markieren Sie jetzt alle passenden Antworten. Mehr als eine Antwort kann richtig sein.

1. Thüringen ist
   a. ein deutsches Bundesland.   b. eine Stadt in Deutschland.   c. ein Bundesland in Österreich.

2. Diese Anzeige ist für
   a. eine Bahnreise durch Thüringen.   b. eine Bustour durch Thüringen.   c. eine Reise mit dem Flugzeug nach Thüringen.

3. Goethe und Schiller waren
   a. deutsche Komponisten der klassischen Periode.   b. deutsche Architekten der Barockzeit.
   c. deutsche Autoren der Klassik und Romantik.

4. Weimar, Eisenach, Erfurt und Gotha sind alle
   a. Städte in Thüringen.   b. Bundesländer in Deutschland.   c. historische Stätten (*places*)
   in Thüringen.

5. Die Wartburg ist
   a. eine Stadt in der Nähe von Weimar.   b. eine Burg (*castle, fortress*) in der Nähe von
   Eisenach.   c. eine große Attraktion in Thüringen.

6. Das Angebot ist für
   a. eine zweitägige Tour.   b. eine viertägige Tour.   c. eine sechstägige Tour.

7. Auf dieser Tour braucht man bestimmt
   a. kein Zelt.   b. kein Sonnenschutzmittel.   c. keinen Flugschein.

B. Was fragen oder sagen Ihre Freunde? Schreiben Sie alles auf Deutsch. Benutzen Sie die *du*-Form.

1. *Do you have the travel brochure?*

   _____

2. *Have you already booked the tour?*

   _____

3. *Have you already bought your ticket?*

   _____

4. *Don't forget your camera.*

   _____

Aktivität 4   Urlaub in Gifhorn

A. Schauen Sie sich die Anzeige an, und lesen Sie den Text.

113

Gifhorn in der Heide
Wälder – Wasser – Windmühlen

Idyllische Landschaft, historische Altstadt, Intern. Mühlenpark,
attraktive Sport- und Freizeiteinrichtungen, 80 km markierte
Wanderwege, behagliche Gastlichkeit, Pauschalangebote.
Auskünfte und Prospekte: **Stadt Gifhorn, Tourist-Information**
Postfach 1450 T, 38516 Gifhorn
Tel. (05371), ☎ 881 75 + 880

B. Kreuzen Sie die richtigen Antworten an. Benutzen Sie dabei das Bild und den Werbetext als Hilfe. Mehr als eine Antwort kann richtig sein.

1. Gifhorn liegt
   - ☐ an der Aller (*a river in northern Germany*).
   - ☐ in der Heide (*heath*) in Norddeutschland.
   - ☐ in den bayrischen Alpen.

2. In oder in der Nähe von Gifhorn kann man
   - ☐ segeln.
   - ☐ wandern.
   - ☐ Golf spielen.

3. Hier findet man
   - ☐ eine idyllische Landschaft.
   - ☐ einen internationalen Mühlenpark.
   - ☐ 80 Kilometer markierte Wanderwege.

4. Hier könnte man vielleicht
   - ☐ einen Segelkurs machen.
   - ☐ im Fluss schwimmen.
   - ☐ tagelang wandern.

5. Die Stadt Gifhorn bietet (*offers*) Besuchern/Besucherinnen
   - ☐ große Museen.
   - ☐ eine historische Altstadt.
   - ☐ behagliche (*comfortable*) Gastlichkeit (*hospitality*).

6. In dieser Region findet man Attraktionen wie
   - ☐ Wälder.
   - ☐ Wasser.
   - ☐ Windmühlen.

7. Man kann an die Stadt Gifhorn schreiben und
   - ☐ Auskünfte bekommen.
   - ☐ Reiseprospekte bekommen.
   - ☐ Fahrpläne bekommen.

8. Man sollte auch nach
   - ☐ Pauschalangeboten (*package deals*) fragen.
   - ☐ Skikursen fragen.
   - ☐ Unterkunft fragen.

C. Ergänzen Sie den Dialog. Schreiben Sie Joachims Antworten mit Hilfe der Anzeige und den Sätzen in Teil B.

MICHAELA: Dieses Jahr möchte ich einen schönen, entspannenden Urlaub machen. Was schlägst du vor?

JOACHIM: Hast du diese Anzeige für Gifhorn gesehen? Vielleicht möchtest du dort einen Aktivurlaub im Freien (*outdoors*) machen.

MICHAELA: Wo liegt Gifhorn?

JOACHIM: _____

_____

MICHAELA: Was kann man in Gifhorn machen?

JOACHIM: _____

_____

_____

MICHAELA: Was für Attraktionen und Sehenswürdigkeiten (*sights*) gibt es in Gifhorn?

JOACHIM: _____

_____

_____

Aktivität 5   Reisefragen

Welche Satzteile passen zusammen?

1. _____ Sind wir alle damit einverstanden,
2. _____ Fahren Sie manchmal mit dem Bus,
3. _____ Ist die Platzkarte so teuer
4. _____ Wie komme ich möglichst schnell
5. _____ Möchten Sie mit Stil reisen
6. _____ —Möchtest du eine Woche
7. _____ —Willst du per Autostop reisen?

    —Vielleicht,
8. _____ Wann fährt der nächste Zug

a. und in Luxushotels übernachten?
b. auf dem Land verbringen?
   —Ja, das klingt gut.
c. aber ist das nicht gefährlich?
d. nach Basel ab?
e. oder gehen Sie immer zu Fuß?
f. zum Flughafen?
g. wie die Fahrkarte?
h. dass wir dieses Jahr unseren Urlaub in Italien verbringen?

Thema 3

Eine Fahrkarte, bitte!

Aktivität 6 Eine Reise mit der Bahn

A. Identifizieren Sie alles auf dem Bild.

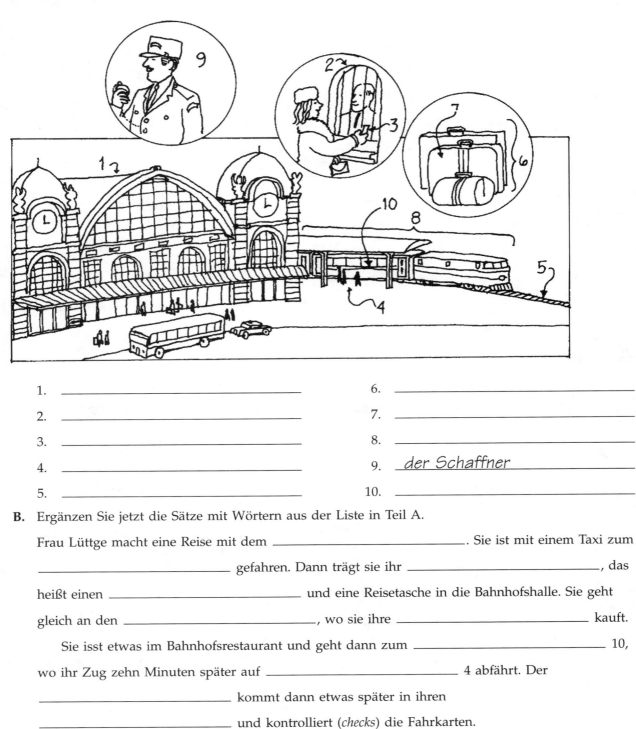

1. _____
2. _____
3. _____
4. _____
5. _____

6. _____
7. _____
8. _____
9. *der Schaffner* _____
10. _____

B. Ergänzen Sie jetzt die Sätze mit Wörtern aus der Liste in Teil A.

Frau Lüttge macht eine Reise mit dem _____. Sie ist mit einem Taxi zum

_____ gefahren. Dann trägt sie ihr _____, das

heißt einen _____ und eine Reisetasche in die Bahnhofshalle. Sie geht

gleich an den _____, wo sie ihre _____ kauft.

Sie isst etwas im Bahnhofsrestaurant und geht dann zum _____ 10,

wo ihr Zug zehn Minuten später auf _____ 4 abfährt. Der

_____ kommt dann etwas später in ihren

_____ und kontrolliert (*checks*) die Fahrkarten.

Aktivität 7 Was sagt man am Fahrkartenschalter?

Schreiben Sie die Sätze auf Deutsch.

A: *Three tickets to Wiesbaden, please.*

_____

B: *Are you traveling together?*

_____

A: *Yes, we're traveling as a threesome.*

_____

B: *One-way or round-trip?*

_____

A: *Round-trip. Second class.*

_____

B: *The next train leaves in forty minutes.*

_____

_____

A: *Do we have to change trains?*

_____

B: *Yes, you have a connection in Frankfurt.*

_____

Aktivität 8 Eine Zugreise von Berlin nach Westerland

Stellen Sie sich vor (*imagine*), Sie fahren mit dem Zug von Berlin nach Westerland an die Nordseeküste.
Bringen Sie die folgenden Aktivitäten in die richtige Reihenfolge.

_____ in Hamburg umsteigen

_____ an den Fahrkartenschalter gehen

___1___ Broschüren über die Nordseeküste besorgen

_____ von Berlin abfahren

_____ in den Zug einsteigen

_____ in den Broschüren über Westerland lesen

_____ einen Spaziergang am Strand machen

_____ Touristen-Information am Bahnhof in Westerland suchen

_____ eine Fahrkarte kaufen

_____ Ankunft in Westerland

_____ an den Bahnsteig gehen

_____ zum Bahnhof gehen

_____ mit dem Taxi zum Hotel fahren

Wortraum

A. Wohin möchten Sie reisen? Wie? Was möchten Sie sehen? Was müssen Sie mitnehmen? Schreiben Sie Stichworte (*keywords*) als Notizen.

B. Beantworten Sie die Fragen in **A**. Schreiben Sie vollständige Sätze.

_____

_____

_____

_____

Grammatik im Kontext

Expressing Comparisons: The Superlative

Übung 1   Wer unter uns ... ?

Schreiben Sie die Sätze auf Deutsch.

1. *Who drives the fastest?*

   _____

2. *Who is the friendliest?*

   _____

3. *Who travels the most?*

   _____

4. *Who is the most interesting?*

   _____

5. *Who speaks the loudest?*

   _____

Attribute Adjectives in the Comparative

Übung 2   Was haben Sie?

Ergänzen Sie die Fragen.

Haben Sie ... 1. _____ ? (*a faster bus*)

2. _____ ? (*cheaper tickets*)

3. _____ ? (*a better camera*)

4. _____ ? (*a smaller tent*)

5. _____ ? (*a bigger cabin*)

6. _____ ? (*a more beautiful room*)

Attributive Adjectives in the Superlative

Übung 3 Faktum oder Meinung?

Ergänzen Sie die Fragen und Antworten.

BEISPIEL: a. Wo findet man den _besten_ Wein? (gut)

b. Der Wein im Rheinland ist _am besten_.

1. a. Wo ist der _____ Messeturm? (hoch)

    b. Der Frankfurter Messeturm ist _____.

2. a. Wo sind die _____ Ruinen? (alt)

    b. Die Ruinen in Trier sind _____.

3. a. Wo findet man die _____ Architektur? (interessant)

    b. Die Architektur der Kirchen ist _____.

4. a. Wie heißt der _____ See? (groß)

    b. Der Bodensee ist _____.

5. a. Wie heißen die _____ Züge? (schnell)

    b. Die ICE-Züge sind _____.

6. a. Wie heißt der _____ Fluss? (lang)

    b. Der Rhein ist _____.

Übung 4 Unterkunft

Ergänzen Sie die Sätze mit den angegebenen Adjektiven.

1. Können Sie mir ein _____ Hotel empfehlen? (*good*)

2. Die _____ Hotels liegen in der Innenstadt. (*better*)

3. Das _____ Hotel ist vielleicht „Die Krone". (*best*)

4. Ich finde diese _____ Hütte ganz gemütlich. (*little*)

5. Ja, aber nächstes Jahr möchtest du nicht eine _____ Hütte mieten, vielleicht

    die _____ Hütte im Naturpark? (*bigger / biggest*)

6. Darf man in einem _____ Schloss übernachten? (*old*)

7. Ja, meine _____ Übernachtung war in dem _____ Schloss

    dieses Bundeslandes. (*most beautiful / oldest*)

8. Was hat dieser Urlaubsort für die _____ Gäste? (*youngest*)

9. _____ Kinder verbringen viel Zeit im Schwimmbad. (*younger*)

10. _____ Kinder spielen gern Tennis, wandern oder reiten. (*older*)

Übung 5   Vergleiche

Bilden Sie Sätze mit den Adjektiven im Positiv, im Komparativ und im Superlativ.

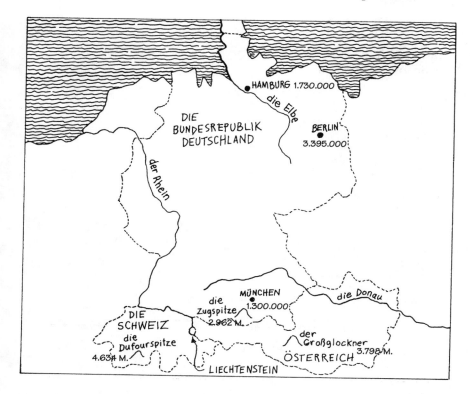

BEISPIEL: lange Flüsse: die Elbe, der Rhein, die Donau →
            Die Elbe ist ein langer Fluss, der Rhein ist ein längerer Fluss, aber die Donau ist der längste Fluss.

1. kleine Länder: Österreich, die Schweiz, Liechtenstein

    _____

    _____

2. hohe Berge: die Zugspitze, der Großglockner, die Dufourspitze

    _____

    _____

3. große Städte: München, Hamburg, Berlin

    _____

    _____

Adjectival Nouns

Übung 6   Was willst du?

Schreiben Sie Antworten mit substantivierten Adjektiven.

> BEISPIEL: Was für einen Film möchtest du heute Abend sehen? (etwas / spannend) →
> Ich möchte etwas Spannendes sehen.

1. Was für ein Theaterstück möchtest du sehen? (etwas / modern)

   _____

2. Was für ein Poster willst du kaufen? (etwas / interessant)

   _____

3. Was für Musik möchtest du hören? (etwas / romantisch)

   _____

4. Was für ein Buch willst du im Urlaub lesen? (nichts / technisch)

   _____

5. Was willst du dieses Wochenende machen? (nichts/ sportlich)

   _____

6. Was für einen Urlaub möchtest du dieses Jahr planen? (nichts / teuer)

   _____

7. Was willst du fotografieren? (viel / ungewöhnlich)

   _____

Narrating Events in the Past: The Simple Past Tense

Weak Verbs

Übung 7   Eine Autofahrt

Schreiben Sie die Sätze im Imperfekt.

1. Ich plane eine Autofahrt.

   _____

2. Ich mache einen Fahrplan.

   _____

3. Ich brauche eine Unterkunft in der Stadt.

   _____

4. Ich buche ein Zimmer in einer Pension.

   _____

5. Die Autofahrt dauert sechs Stunden.

   _____

6. Ich kann den Stadtplan nicht verstehen.

   _____

7. Ich muss Passanten nach dem Weg fragen.

   _____

8. Ich danke ihnen für die Hilfe.

   _____

9. An der Rezeption der Pension fülle ich das Anmeldeformular aus.

   _____

   _____

10. Ich übernachte in einem kleinen Zimmer im ersten Stock.

   _____

   _____

11. Das Zimmer hat Zentralheizung.

   _____

12. Um sechs Uhr wache ich auf.

   _____

13. Ich dusche mich und frühstücke.

   _____

14. Ich bezahle die Rechnung.

   _____

15. Dann bin ich wieder unterwegs.

   _____

Strong Verbs / Mixed Verbs

Übung 8   Ein Urlaub für wenig Geld

Lesen Sie den Cartoontext. Ergänzen Sie dann die Geschichte (*story*). Schreiben Sie jedes Verb im Imperfekt.

„Nun ja, wenn Sie nicht mehr Geld für Ihren Urlaub ausgeben wollen – haben Sie eigentlich schon einmal eine Führung durch unsere schöne Stadt mitgemacht?"

Herr Kleist _____ (wollen) für seinen Urlaub sehr wenig Geld ausgeben. Er _____ (gehen) ins Reisebüro und _____ (sprechen) mit Herrn Vogt über Preise für Fahrkarten und Pensionen. Er _____ (finden) alles viel zu teuer.

Herr Vogt _____ (fragen) ihn darauf: „Haben Sie schon einmal eine Tour durch unsere Stadt gemacht?"

Herr Kleist _____ (antworten): „Nein, das habe ich noch nicht gemacht."

Herr Vogt _____ (vorschlagen): „Bleiben Sie doch zu Hause, und lernen Sie unsere Stadt besser kennen." Herr Kleist _____ (sein) damit einverstanden.

Er _____ (verbringen) also seinen Urlaub zu Hause. Es gibt viel in der Stadt zu tun und sich anzuschauen, und jeden Tag _____ (unternehmen) er etwas Interessantes. Er _____ (machen) drei Stadtrundfahrten, _____ (gehen) durch die Parks spazieren, und so _____ (lernen) er seine eigene Stadt kennen. Sonntags _____ (besuchen) er Museen, und danach _____ er Freunde zu sich _____ (einladen). Nachmittags _____ (arbeiten) er im Garten, und abends _____ (sitzen) er stundenlang im Wohnzimmer und _____ (fernsehen). Sein Urlaub zu Hause _____ (sein) schöner als alle Reisen.

The Conjunction als

Übung 9   Was machten sie?

Machen Sie aus den zwei Sätzen einen Satz. Beginnen Sie mit der Konjunktion „als". Benutzen Sie das Imperfekt.

> BEISPIEL: Erich ist im Flughafen. Er kauft einen Flugschein. →
> Als Erich im Flughafen war, kaufte er einen Flugschein.

1. Michael ist im Reisebüro. Er spricht mit einem Reiseleiter.

   _____

   _____

2. Anna sieht das Angebot. Sie will sofort eine Fahrkarte kaufen.

   _____

   _____

3. Konrad fährt mit dem Taxi. Die Fahrt zum Bahnhof dauert nur zehn Minuten.

   _____

   _____

4. Corinna ist in Mainz. Sie übernachtet in einer Jugendherberge.

   _____

   _____

5. Monika kommt am Bahnhof an. Der Zug fährt ab.

   _____

   _____

6. Paul verbringt den Tag am Strand. Er bringt kein Sonnenschutzmittel mit.

   _____

   _____

   _____

7. Sofie liest den Fahrplan. Sie macht Reisepläne.

   _____

   _____

8. Stefan geht aus dem Hotelzimmer. Er vergisst den Schlüssel.

   _____

   _____

The Past Perfect Tense

Übung 10   Das erste Märchenfest

Lesen Sie den Artikel über das Fest am Märchenbrunnen (*fairy tale fountain*) mit Hexen (*witches*), Zauberern (*magicians*) und auch Schneewittchen (*Snow White*).

FRIEDRICHSHAIN

Hexen feierten am Märchenbrunnen

■ Das Kulturamt hatte zum 1. Märchenfest am Märchenbrunnen eingeladen. Alle waren da: Prinzessinnen, Hexen, Zauberer. Sie feierten am Sonnabend mit Musik und Spielen im Volkspark Friedrichshain. Viele Gäste waren trotz des schlechten Wetters gekommen.

Höhepunkt: Schneewittchens Hochzeit. Manfred zeigte Straßenzauberstücke, die Tanzteenys und Gruppen tanzten den Hochzeitsreigen. Michaelle Spitczack begeistert: „Das Puppentheater war gut."

Bodo Pfeiffer (35) aus Prenzlauer Berg: „Für die vielen Kinder war das Fest erlebnisreich." Antje Rettig wohnt gleich in der Nähe des Volksparkes: „So schöne Veranstaltungen müßte es öfter am Märchenbrunnen geben."   *Fux*

Beantworten Sie die zwei Fragen, und füllen Sie dann die Tabelle aus.

1. Was hatte das Kulturamt gemacht?

    _____

    _____

2. Was hatten die Gäste trotz des Wetters gemacht?

    _____

    _____

wer da war:	
an welchem Tag:	
wo:	
wie sie feierten:	
wie das Wetter war:	

Sprache im Kontext

Lesen

Auf den ersten Blick

Die folgende Broschüre beschreibt eine Radreise. Lesen Sie den Titel und schauen Sie sich die Karte an. Überfliegen Sie (*skim*) kurz den Text. Ergänzen Sie dann die Sätze.

1. Die vier Länder sind _____, _____, _____ und _____. Eines dieser Länder ist ein Fürstentum (*principality*). Es heißt _____.

2. Die drei Seen sind der_____, der _____ und der _____.Welcher ist der größte See? _____ Welcher ist der kleinste See? _____

3. Die Weltstadt ist _____.

4. Wie viele Kilometer fährt man auf dieser Radreise? _____

Vier Länder, drei Seen, eine Weltstadt

GESAMTLÄNGE: ca. 355 Radkilometer

Schweizer Impressionen

1. Tag: Konstanz

Nach Ihrer Anreise[1] haben Sie genügend Zeit, Konstanz zu entdecken. Am Hafen und in den Altstadtgassen können Sie das Flair dieser Stadt genießen. Die Übernachtung erfolgt in Konstanz.

2. Tag: Konstanz – Schaffhausen, ca. 55 km

Sie passieren die Schweizer Grenze und radeln[2] durch kleine romantische Dörfer nach Stein am Rhein, eine der schönsten und besterhaltenen[3] mittelalterlichen[4] Kleinstädte im deutschsprachigen Raum.[5] Ihr Tagesziel ist Schaffhausen, das durch den Rheinfall, den größten Wasserfall Europas, weltberühmt geworden ist.

3. Tag: Schaffhausen – Zürich, ca. 66 km

Am Morgen folgen Sie dem Rhein, der Sie an der Rheinschlinge[6] bei Rheinau vorbeiführt. Kurz hinter Eglisau mit seiner malerischen Häuserzeile verlassen Sie den Rhein und folgen dem Weg entlang des Flusses Glatt. Sie passieren Bülach und radeln weiter in Richtung Zürich. Von hier können Sie die startenden und landenden[7] Flugzeuge des Flughafens Zürich-Kloten aus nächster Nähe beobachten. Die Übernachtung erfolgt in Zürich.

4. Tag: Zürich – Rapperswil, ca. 39 km

Heute haben Sie genügend Zeit für einen Bummel[8] durch die Weltstadt Zürich. Flanieren Sie entlang der Promenade, besuchen Sie die schöne Altstadt oder eines der Museen. Anschließend folgen Sie dem südlichen Ufer[9] des Zürichsees und erreichen Rapperswil über den Seedamm. Hier ist auch der bekannte Knie's Kinderzoo beheimatet.[10] Schon von weitem sehen Sie das mächtige[11] Schloss und die prächtigen[12] Häuser an der Promenade. Sie übernachten in Rapperswil.

5. Tag: Rapperswil – Sargans, ca. 61 km

Von Rapperswil aus folgen Sie dem Ufer des Zürichsees und später dem Linthkanal. Bei Weesen erreichen Sie den Walensee. Sie radeln entlang des tiefblauen Sees, der eingebettet zwischen der mächtigen Bergwelt liegt, bis Walenstadt. Die Route führt Sie im Tal vorbei an den Sieben Churfirsten zu Ihrem Übernachtungsort Sargans, dessen Stadtbild von der mächtigen Burg geprägt wird.[13]

6. Tag: Sargans – Feldkirch, ca. 35 km

Kurz hinter Sargans treffen Sie wieder auf den Rhein, folgen diesem und gelangen in das Fürstentum Liechtenstein. Über der Landeshauptstadt Vaduz thront das Schloss der fürstlichen Familie. Anschließend passieren Sie die Landesgrenze nach Österreich und erreichen Ihren Übernachtungsort Feldkirch mit seinem mittelalterlichen Stadtkern.[14]

7. Tag: Feldkirch – Rorschach/ Arbon/Egnach, ca. 62–75 km

Heute folgen Sie dem Rhein bis Höchst, passieren das größte Süßwasserdelta Europas, das Naturschutzgebiet[15] Rheindelta, und erreichen wieder den Bodensee. Sie folgen dem Bodenseeradrundweg vorbei an Rorschach nach Arbon, einer der ältesten Siedlungsstätten[16] im Bodenseeraum. Ihr Übernachtungsort ist Rorschach, Arbon oder Egnach.

8. Tag: Rorschach/Arbon/Egnach – Konstanz, ca. 25–40 km

Die letzte Etappe[17] führt Sie am Ufer des Bodensees entlang durch Streuobstwiesen[18] und kleine Fachwerkdörfer[19] bis nach Kreuzlingen. Dort passieren Sie ein letztes Mal die Grenze und erreichen Ihren Ausgangspunkt[20] Konstanz. Individuelle Rückreise.

---

[1]Ankunft [2]Rad fahren [3]*best preserved* [4]*medieval* [5]*area* [6]*winding Rhine* [7]startenden ... *taking off and landing* [8]*stroll* [9]*shore* [10]*at home* [11]*massive* [12]*magnificent* [13]geprägt ... *is molded* [14]*city center* [15]*nature reserve* [16]*places of settlement* [17]*stage* [18]*orchards* [19]*villages with half-timbered houses* [20]*starting point*

Zum Text

A. Schreiben Sie eine kurze Antwort auf jede Frage.

1. Am welchen Tag radelt man am weitesten? _____

2. Am welchen Tag radelt man die kürzeste Distanz? _____

3. Am zweiten Tag fährt man durch romantische Dörfer. Wie beschreibt man Stein am

   Rhein?_____

   _____

4. Was ist der Rheinfall? _____

5. Welche Stadt ist wegen des Rheinfalls weltberühmt geworden? _____

6. Was sieht man in Richtung Zürich? _____

   _____

7. Wie kann man den Tag in Zürich verbringen? _____

   _____

   _____

8. Am welchen Tag radelt man entlang zwei Seen? _____

9. Wohin gelangt (arrives) man am sechsten Tag? _____

10. Wie heißt die Landeshauptstadt des Fürstentums? _____

11. Was passiert man am siebten Tag, bevor man wieder den Bodensee erreicht?

    _____

12. Was für Landschaften sehen die Radfahrer am achten Tag?

    _____

B. Stellen Sie sich vor: Letztes Jahr nahmen Sie an dieser Radreise teil. Schreiben Sie im Imperfekt einen Bericht darüber. Wie viele Kilometer radelten Sie? Wo übernachteten Sie? Was sahen Sie? Was erlebten Sie? Welchen Tag fanden Sie am interessantesten? Warum? Welcher Tag war für Sie der schönste? Warum?

Na klar!

Schauen Sie sich das Foto an. Was ist die Geschichte dieser jungen Leute? Finden Sie den folgenden Bericht glaubhaft (*believable*)? Schreiben Sie ihn auf Deutsch.

Last summer ten American students traveled to Europe. The young people departed from Boston on the first of July. They took along suitcases, backpacks, cameras, traveler's checks, travel guides, cash, and personal IDs. They had already made all their plans. They had gone to the travel agency, read the travel brochures, bought the tickets, and booked the accommodations. They arrived at the airport in Frankfurt and stayed overnight in this city. The next morning they traveled by bus to the train station. They boarded a train and began their tour of the German-speaking countries. They came back to Boston after they had traveled through Germany, Switzerland, and Austria.

Journal

Sie haben sicherlich schon einmal eine Reise mit dem Flugzeug, mit dem Auto, mit dem Bus oder mit dem Zug unternommen. Schreiben Sie darüber im Imperfekt. Erzählen Sie unter anderem,

wohin Sie reisten.

was Sie gemacht hatten, bevor Sie verreisten.

was Sie mitnahmen.

wer mitkam. / wer mitfuhr.

wann Sie abfuhren. / wann Sie abflogen.

ob Sie irgendwo (*somewhere*) Aufenthalt hatten. / ob Sie umsteigen mussten, und wenn ja: wo Sie umstiegen.

wann Sie ankamen.

wo Sie übernachteten.

was Sie machten, nachdem Sie im Hotel (in der Pension, in der Jugendherberge, bei Freunden, zu Hause) angekommen waren.

ob Sie ins Konzert (ins Theater, ins Kino, ins Hallenbad, ins Freibad) gingen.

ob Sie schwimmen gingen.

ob Sie wandern gingen.

ob Sie einen Einkaufsbummel machten.

ob Sie segelten, ritten, angelten oder Tennis (Golf, Volleyball, __?__) spielten.

ob Sie ein Auto oder ein Rad mieteten.

ob Sie Postkarten schrieben.

ob Sie ein Buch lasen.

ob Sie nach Hause telefonierten.

was Sie aßen und tranken.

was Sie kauften.

was Sie sahen.

ob Sie interessante Leute kennen lernten, und wenn ja: wen?

ob Sie sich amüsierten.

ob es irgendwelche Probleme gab.

?

Der Start in die Zukunft

Alles klar?

Was machen diese jungen Leute? Schauen Sie sich das Foto an und wählen Sie die möglichen Antworten.

1. Womit beschäftigen sie sich in diesem Moment?
   a. mit Bewerbungsformularen
   b. mit Stellenangeboten
   c. mit einer Website
   d. mit einem Zahnmodell

2. Wofür interessieren sie sich?
   a. für Zahntechnik
   b. für Zahngesundheit
   c. für neue zahntechnische Produkte
   d. a, b oder c

3. Worüber denken sie vielleicht nach?
   a. über das Modell
   b. über die Informationen
   c. über ihre zukünftigen Karrieren
   d. a, b oder c

4. Worauf bereiten sie sich vor?
   a. auf Karrieren als Zahntechniker/Zahntechnikerinnen
   b. auf Karrieren als Rechtsanwälte/Rechtsanwältinnen
   c. auf Karrieren als Bibliothekare/Bibliothekarinnen
   d. a, b oder c

Wörter im Kontext

Thema 1
Meine Interessen, Wünsche und Erwartungen

Aktivität 1   Was ist Ihnen am wichtigsten?

A. Lesen Sie die Liste, und nummerieren Sie Ihre Prioritäten: Nummer 1 ist bei einer Arbeitsstelle für Sie am wichtigsten, Nummer 2 am zweitwichtigsten, Nummer 3 am drittwichtigsten usw.

_____ eine wichtige Stelle in einem großen internationalen Unternehmen

_____ ein lebenslanger Beruf

_____ eine kreative oder künstlerische Tätigkeit

_____ eine gute Ausbildung

_____ das beste Einkommen

_____ sympathische Mitarbeiter/Mitarbeiterinnen

_____ soziales Prestige/Ansehen

_____ Gelegenheit zu Weltreisen

_____ ein hohes Gehalt

_____ großer Erfolg im Geschäft und im Leben

_____ täglicher Kontakt mit wichtigen, interessanten Menschen

_____ berufliche Entwicklung

_____ finanzielle Unabhängigkeit

B. Schreiben Sie jetzt einen Absatz über Ihre Prioritäten. Erklären Sie, was für Sie am allerwichtigsten, am zweitwichtigsten und am drittwichtigsten ist. Vergleichen Sie Ihren Absatz mit denen der anderen Studenten und Studentinnen.

_____

_____

_____

_____

Aktivität 2   Auf Arbeitssuche

Was sagen diese Menschen? Ergänzen Sie die Sätze mit den Wörtern und Ausdrücken im Kasten.

wege zum beruf

Stelle	Gehalt	im Ausland	im Freien
Beruf	Büro Firma	Gelegenheit	verdienen
interessiere	Tätigkeiten	selbständig	Klinik Chef

1. FRAU REINECKE: Am liebsten möchte ich einen _____ im kulturellen

   Bereich. Ich will keinen _____ und keine Chefin haben. Ich will

   _____ arbeiten und viel Geld _____.

2. HERR HARTWIG: Ich suche eine Stelle mit _____ zum Reisen. Ich will

   Geschäftsreisen um die Welt machen und vielleicht eines Tages auch bei einer internationalen

   _____ oder _____ arbeiten.

3. HERR BERGER: Ich _____ mich für Tiermedizin, aber ich will in

keiner _____ arbeiten. Vielleicht kann ich Tierarzt auf dem Land

werden und viel Zeit _____ verbringen.

4. HERR OPITZ: Eine feste _____ mit einem guten

_____ ist mir wichtig. Eines Tages will ich ein berühmter Koch in

einem erstklassigen Restaurant in Berlin sein.

Aktivität 3   Stefan hat Fragen.

Stefan spricht mit jemandem in einem Pharmakonzern. Was will er wissen? Ergänzen Sie jeden Satz mit der richtigen Form des passenden Verbs.

sich beschäftigen	herausfordern	verdienen
besitzen	herstellen	sich vorbereiten
sich bewerben	nachdenken	sich vorstellen

STEFAN: Ich möchte wissen,

1. was für pharmazeutische Produkte man hier _____.

2. ob die Firma _____ mit Umweltproblemen (*environmental issues*)

_____.

3. wie ich _____ auf einen Beruf in diesem Bereich

_____ kann.

4. wie man _____ um einen Ausbildungsplatz hier

_____.

5. was für eine Ausbildung man _____ muss.

6. wie viel Geld man im ersten Jahr hier _____.

7. ob ich eine Weile über diese Informationen _____ darf.

Thema 2
Berufe

Aktivität 4   Männer und Frauen

Schreiben Sie die männliche oder weibliche Form des Wortes.

1. Herr Stengel ist Rechtsanwalt, Frau Keller ist _____.

2. Frau Maier ist Geschäftsfrau, Herr Konrad ist _____.

3. Diese Männer arbeiten als Zeichner, diese Frauen arbeiten als _____.

4. Herr Nickel ist Bibliothekar, auch seine Frau ist _____.

5. Diese Frauen sind Dolmetscherinnen, diese Männer sind _____.

6. Ein Kaufmann und eine _____ treffen sich diese Woche auf einer Tagung (*conference*) in Berlin.

7. Unsere Tochter ist Künstlerin, unser Sohn ist _____.

8. Man sollte mindestens einmal im Jahr zum Zahnarzt oder zur _____ gehen.

9. Wir suchen noch eine Informatikerin oder einen _____.

10. Die jungen Frauen wollen Mechanikerinnen werden, die jungen Männer

    _____.

11. Viele Menschen suchen einen Psychologen oder eine _____, wenn sie Probleme haben.

12. Das ist der Mann der Journalistin, und das ist die Frau des _____.

Aktivität 5   Wer macht was?

Schreiben Sie eine kurze Antwort auf jede Frage. Mehr als eine Antwort kann richtig sein.

1. Wer arbeitet jeden Tag mit Computern und weiß sehr viel darüber?

   ein Informatiker / eine Informatikerin

2. Wer kann Bilder oder Graphiken für einen Katalog zeichnen?

   _____

3. Wer kann das Familienauto reparieren?

   _____

4. Wer sucht ein gutes Ladenlokal?

   _____

5. Was ist ein anderes Wort für einen Manager / eine Managerin?

   _____

6. Wer malt Bilder und präsentiert diese Werke in Gaterien und Museen?

   _____

7. Wer repräsentiert eine Firma und verkauft Produkte wie zum Beispiel Küchengeräte an Einzelhändler oder Küchengeschäfte?

   _____

8. Wer arbeitet im Krankenhaus oder in einer Klinik und hilft kranken Menschen?

   _____

9. Ein Transportfahrer hatte einen Unfall (*accident*) auf der Autobahn. Ein Autofahrer verklagt (*is suing*) ihn auf Schadenersatz (*damages*). Mit wem sollte der Transportfahrer sprechen?

   _____

10. Wer untersucht Zähne?

_____

11. Wer spielt Rollen – zum Beispiel die Rolle eines Sekretärs oder einer Sekretärin – auf der Bühne (*stage*) oder in Filmen?

_____

12. Wer beschäftigt sich jeden Tag mit Büchern?

_____

Thema 3
Stellenangebote und Bewerbungen

Aktivität 6   Wortfamilien

A. Lesen Sie die Synonyme oder Definitionen, und schreiben Sie die passenden Substantive.

arbeiten

1. jemand, der arbeitet: _der Arbeiter / die Arbeiterin_ _____

2. Leute, die miteinander arbeiten: _____

3. Leute, die Arbeit geben: _____

4. Platz der Arbeit: _____

5. ein Dienst (ein Service) für Leute, die Arbeit suchen: _____

sich bewerben

6. was man macht, wenn man sich bewirbt: _____

7. ein Formular zur Bewerbung: _____

beraten

8. jemand, der Menschen mit Berufsfragen hilft: _____

9. Hilfe mit Fragen oder Problemen: _____

stellen

10. ein Job: _____

11. ein Angebot für einen Job: _____

B. Was soll ein Bewerber / eine Bewerberin besitzen? Was soll ein Arbeitgeber / eine Arbeitgeberin bieten (*offer*)? Schreiben Sie B für Bewerber/Bewerberin oder A für Arbeitgeber/Arbeitgeberin.

1. _____ Einen Lebenslauf.

2. _____ Ein Vorstellungsgespräch.

3. _____ Eine Stelle.

4. _____ Ein Bewerbungsformular.

5. _____ Ein Zeugnis.

6. _____ Bewerbungsunterlagen.

7. _____ Einen Arbeitsplatz.

8. _____ Ein Gehalt.

9. _____ Kenntnisse.

10. _____ Fähigkeiten.

C. Schauen Sie sich die Anzeige an. Vervollständigen Sie dann den folgenden Aufsatz. Benutzen Sie Wörter aus Teil B.

Wir spielen die Hits...
...und was machen Sie?

- **Chef-Producer / On-air-Promotion**
  Erfahrung Pro Tools, Session 8, Akai DD 1500, o.ä.
- **Musikredakteur**
  Erfahrung bei Musicmaster- oder Selektor-Planung
- **Techniker**
  Erfahrung in Produktion, Sendung und Netzwerk

auf freier und fester Basis gesucht.
Interesse?

Bewerbungen an:
Das Radio: ANTENNE.
Z.H. Valerie Weber
Plieninger Str. 150
70567 Stuttgart
Telefonische Rückfragen
unter: 0711 / 7205 366

Das Radio:

ANTENNE

Hits und **näher ran.**

Josef suchte einen _____[1] beim Rundfunk (*radio*). Letzten Monat sah er

dieses Stellenangebot in der Zeitung. Weil er die Anzeige hochinteressant fand, rief er die Station

sofort an und fragte: „Können Sie mir bitte ein _____[2] schicken?" Dann

bereitete er seinen _____[3] vor. Natürlich hatte er auch sein

_____[4] von der technischen Fachhochschule. Er schickte seine

kompletten _____[5] an Valerie Weber. Sie rief Josef an und lud ihn zum

_____[6] ein. Heute hat Josef eine neue _____[7]

als Techniker mit einem guten _____.[8]

Wortraum

A. Schreiben Sie Wörter, die etwas mit Ihrer zukünftigen Karriere zu tun haben.

B. Was können Sie jetzt schon für Ihre zukünftige Karriere machen? Benutzen Sie einige der obigen Wörter und schreiben Sie vollständige Sätze.

_____

_____

_____

_____

Grammatik im Kontext

Future Tense

Übung 1   Wie wird das Wetter sein?

Sehen Sie sich die Bilder an, und schreiben Sie eine Antwort auf jede Frage. Benutzen Sie das Futur.

Wetterlage:

Der Wetterablauf wird heute sehr unbeständig sein. Wechselnd stark bewölkt, einzelne Schauer, mäßiger bis frischer, zeitweise starker und böiger Wind aus West bis Südwest. Die höchste Temperatur beträgt 17 Grad Celsius. Nachts teils wolkig, teils gering bewölkt, kaum noch Niederschläge, Temperatur bei 10 Grad.

Norddeutschland: Meist stark bewölkt, kurze Gewitter, Tageshöchstwert bei 18°.

Süddeutschland: Föhnig aufgelockert und trocken, im Südosten bis 21 Grad.

Westdeutschland: Stark bewölkt und einzelne Schauer, schwacher Südwestwind.

(Alle Daten: Wetteramt Berlin)

Morgen:

Wolkig bis bedeckt, gelegentlich Regen. Höchste Temperatur bei 18°. Schwacher bis mäßiger Südwestwind.

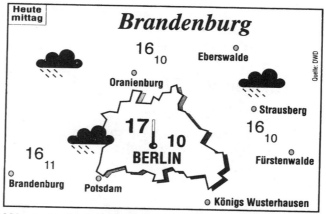

Werte in Berlin (gestern, 15 Uhr):

Der Luftdruck blieb von vorgestern zu gestern bei 1008 hPa. – Tendenz: fallend. – Relative Luftfeuchtigkeit: 81 %. – Lufttemperatur: 15° Celsius.

1. Wie wird das Wetter am Montag, Dienstag und Mittwoch sein?

   _____

2. Was wird am Mittwoch passieren?

   _____

3. Was für Wetter wird es am Freitag geben?

   _____

Lesen Sie jetzt die Wetterlage für Brandenburg für heute und für morgen. Schreiben Sie dann eine Wettervorhersage für die nächsten fünf Tage in Ihrer Gegend (Region). Benutzen Sie das Futur.

_____

_____

_____

_____

_____

_____

Expressing Probability

Übung 2 Was werden sie wohl machen?

Schreiben Sie Sätze mit **wohl** und **werden.**

> BEISPIEL: Helga: eine berühmte Schauspielerin sein. →
> Helga wird wohl eine berühmte Schauspielerin sein.

1. du: Bücher übersetzen

_____

2. Max und Karin: im Ausland wohnen

_____

3. Sie: großen Erfolg haben

_____

4. ich: bei einer Bank arbeiten

_____

5. wir: sich mit Politik beschäftigen

_____

6. ihr: einen Beruf im künstlerischen Bereich ausüben

_____

_____

Describing People or Things: Relative Clauses

The Relative Pronoun

Übung 3 So ist das!

Ergänzen Sie die Sätze mit Relativpronomen.

1. Das ist das beste Stellenangebot, —————— ich heute gesehen habe.

2. AWA ist eine Firma, von —————— ich schon oft gehört habe.

3. Der Chef ist ein Mann, —————— ich nie vergessen werde.

4. Er ist auch ein Mensch, —————— Leben ich besonders interessant finde.

5. Seine Schwester ist eine Künstlerin, —————— Werke mir sehr gefallen.

6. Malen ist eine Tätigkeit, —————— ihr viel Spaß macht.

Übung 4 Unvergesslich

Ergänzen Sie die Sätze mit Relativpronomen.

JEDER MONAT HAT BILDER, DIE MAN NICHT VERGISST.

NÜTZLICHE WÖRTER

die Zeitschrift, -en	*magazine*
unvergesslich	*unforgettable*
der Artikel, -	*article*
der Fotograf (-en *masc.*)**, -en / die Fotografin, -nen**	*photographer*
das Foto, -s	*photograph*

1. Wie heißt die Zeitschrift, in _____ man jeden Monat unvergessliche Bilder sieht?

2. Hat die Zeitschrift auch jeden Monat einen Artikel, _____ man nicht vergisst?

3. Kennen Sie den Fotografen, _____ Bild den ersten Preis gewonnen hat?

4. Wie beschreibt man das Foto, mit _____ eine Fotografin aus Kiel viel Geld verdient hat?

5. Wie viel Geld erwarten Fotografen und Fotografinnen, _____ Bilder in dieser Zeitschrift erscheinen (*appear*)?

6. Wie viele Fotografen und Fotografinnen beschäftigt diese Zeitschrift, _____ den Lesern jeden Monat unvergessliche Bilder bringt?

Übung 5   Was soll ich lesen, wenn ich Karriere machen will?

Schreiben Sie Sätze wie im Beispiel.

> BEISPIEL: Soll ich eine Zeitung lesen? Sie hat Informationen über Berufsmöglichkeiten. →
> Soll ich eine Zeitung lesen, die Informationen über Berufsmöglichkeiten hat?

1. Soll ich ein Buch lesen? Die Autorin des Buches war in der Industrie sehr engagiert.

   _____

   _____

   _____

Lesen Sie,
was Leute lesen,
die Karriere
machen wollen.

2. Soll ich einen Roman (*novel*) lesen? Der Hauptcharakter des Romans ist ein erfolgreicher Geschäftsmann.

   _____

   _____

   _____

3. Soll ich Magazinartikel lesen? Sie beschreiben meine Traumkarriere.

_____

_____

_____

4. Soll ich diesen Artikel lesen? Er gibt viele Statistiken.

_____

_____

_____

5. Soll ich das Stellenangebot lesen? Es interessiert mich am meisten.

_____

_____

_____

Übung 6   Ihre Lieblingsprodukte

Schreiben Sie kurze Anzeigen für vier Produkte, die Sie besonders mögen.

BEISPIEL: (*Brand name*) ist der Käse, der mir am besten schmeckt.
  oder   (*Brand name*) ist der Käse, den ich immer im Haus habe.
  oder   ?

das Eis	die Schokolade
die Hustenbonbons	die Seife
der Käse	das Shampoo
die Kekse	der Tee
das Mineralwasser	der Wein
die Pizza	?
die Rasiercreme	

1. _____

_____

2. _____

_____

3. _____

_____

4. _____

_____

The Interrogative Pronoun was für (ein)

Übung 7   Ein interessantes Stellenangebot

A. Schreiben Sie Fragen mit **was für (ein)**.

> BEISPIEL: eine Anzeige (*subj.*) / sein / das →
> Was für eine Anzeige ist das?

1. ein Mensch / werden / so eine Anzeige (*subj.*) / interessieren

    _____

    _____

    _____

2. Stärken / müssen / ein Bewerber (*subj.*) / haben

    _____

    _____

3. Menschen (*subj.*) / werden / bei so einer Firma / sich bewerben

    _____

    _____

    _____

4. mit / ein Gimmick / präsentieren / man (*subj.*) / diese Stelle

    _____

    _____

5. eine Zeitschrift / empfehlen / man (*subj.*) / in / diese Stelle / als Werbeträger (*advertiser*)

    _____

    _____

6. bei / eine Firma / arbeiten / Herr Magister* Bogner (*subj.*)

    _____

    _____

Keine Angst

Sie müssen nicht italienisch sprechen, um unsere italienischen Medien zu verkaufen.

Sie müssen auch nicht holländisch verstehen, um zu erklären, warum für Tourismuswerbung unsere ANWB-Objekte besonders erfolgreich sind.

Sie sollten aber Klartext deutsch sprechen, nicht nur um der Welt größte Automobilzeitschrift als Werbeträger zu empfehlen.

Sie können damit sicher mehr als anderswo verdienen – wenn Sie's können.

Sie sind neugierig geworden?

Rufen Sie doch einfach unseren Herrn Mag. Bogner an.

Telefon 06 62/54 9 02

---

*Herr Magister / Frau Magister** is the title for someone holding a master's degree.

B. Lesen Sie jetzt die ganze Anzeige, und markieren Sie dann alle richtigen Antworten auf jede Frage.

1. Welche Sprache müssen die Bewerber im Klartext (*straightforward language*) sprechen?
   a. Italienisch
   b. Holländisch
   c. Deutsch
   d. Englisch

2. Welche Sprachen brauchen die Bewerber nicht?
   a. Deutsch
   b. Holländisch
   c. Japanisch
   d. Italienisch

3. Was sollte man bei dieser Firma tun?
   a. Man sollte Deutsch sprechenden Leuten überall in der Welt die Automobilzeitschrift empfehlen.
   b. Man sollte die italienischen Medien verkaufen.
   c. Man sollte erklären, warum diese Zeitschrift besonders erfolgreich für die Tourismuswerbung (*advertising for tourism*) ist.
   d. Man sollte bei dieser Firma mehr als bei anderen verdienen.

C. Schreiben Sie jetzt eine Antwort auf die folgende Frage.

Sind Sie neugierig geworden, nachdem (*after*) Sie diese Anzeige gelesen haben? Warum (nicht)?

_____

_____

_____

_____

Negating Sentences

Summary: The Position of **nicht**

Übung 8   Herr Königs Krone

Schreiben Sie jeden Satz mit „nicht".

SIE WERDEN DAS AUGENBLICKLICH ENTFERNEN, HERR KÖNIG!

Cartoon: Erik Liebermann

1. Das ist Herr Königs Krone.

   _____

2. Der Hauswirt hat die Krone auf den Briefkasten gestellt.

   _____

3. Herr Königs Frau hat ihm diese Krone gekauft.

   _____

4. Die Krone gefällt dem Hauswirt.

   _____

5. Der Mann, der spricht, ist der Hauswirt.

   _____

6. Herr König muss aus seiner Wohnung kommen.

   _____

7. Er muss die Krone entfernen (*remove*).

   _____

8. Herr König trägt die Krone gern.

   _____

Negation: **noch nicht, noch kein(e);**
nicht mehr / kein(e) ... mehr

Übung 9   So ist das nicht.

Sonja und Erich bewerben sich um eine Stelle. Beantworten Sie jede Frage mit **nicht, noch nicht** oder **noch kein(e).**

BEISPIEL: Hat Erich die Anzeige in der Zeitung schon gelesen? →
            Nein, er hat sie noch nicht gelesen.

1. Glaubt Erich, dass er für die Stelle als Fotograf qualifiziert ist?

   _____

   _____

2. Will Sonja sich um die Stelle bei der Telefonzentrale bewerben?

   _____

   _____

3. Kennt Sonja Frau Monien und Herrn Hansen?

   _____

   _____

4. Hat Sonja Frau Monien angerufen?

   _____

   _____

5. Hat Sonja schon einen Termin bei Frau Monien?

   _____

   _____

6. Wohnt Erich in der Nähe von der Firma Wüstefeld?

   _____

   _____

7. Kann Erich sich an die Adresse der Firma erinnern?

   _____

   _____

8. Haben Sonja und Erich sich schon bei der Firma beworben?

   _____

   _____

9. Hat Sonja ihren Lebenslauf schon abgeschickt?

   _____

   _____

Übung 10 Damals und jetzt

Vor ein paar Jahren war eine junge Frau Kommunikationselektronikerin. Und jetzt? Schreiben Sie auf jede Frage eine negative Antwort mit **nicht mehr** oder **kein(e) mehr.**

Ich bin bei der Post
(Kommunikationselektronikerin)

Telefone installieren. Breitbandkabel verlegen. Mikrocomputer programmieren. Das ist solides Handwerk, kombiniert mit hochentwickelter Technik. Ein Job für Frauen, die auf die Zukunft setzen

1. Ist sie noch Kommunikationselektronikerin?

   _____

   _____

2. Arbeitet sie noch immer bei der Post?

   _____

   _____

3. Bekommt sie noch ein Gehalt von der Post?

   _____

   _____

4. Installiert sie noch Telefone?

   _____

   _____

5. Verlegt sie noch Breitbandkabel?

   _____

   _____

6. Programmiert sie noch Mikrocomputer?

   _____

   _____

7. Ist das noch ein Job für sie?

   _____

   _____

Sprache im Kontext

Lesen

Auf den ersten Blick

A. Die folgenden Wörter kommen direkt aus dem Text „Ein Minimal-Check vorab". Wie heißt das auf Englisch?

_____ 1. sich verständigen

_____ 2. klarkommen

_____ 3. Einkünfte

_____ 4. veranschlagen

_____ 5. beachten

_____ 6. erfahren

a. *to estimate, plan for*
b. *to make oneself understood*
c. *to discover, find out*
d. *to make ends meet* (coll.)
e. *to heed, observe*
f. *income*

B. Überfliegen Sie den Text. Wer sollte so eine Checkliste machen?

ein Deutscher / eine Deutsche, der/die …

1. eine Fremdsprache lernen will
2. den Urlaub in Nordamerika verbringen möchte
3. im Ausland arbeiten will
4. sich um eine Stelle bei einem Unternehmen in Deutschland bewerben will
5. sich für Fitness und Gesundheit interessiert

EIN MINIMAL-CHECK VORAB:[1]

- Kennen Sie Land und Leute wirklich gut genug – auch außerhalb der Ferienorte?
- Sind Sie gesund und körperlich fit?
- Reichen Ihre Sprachkenntnisse aus,[2] um sich z. B. auch in Behörden[3] verständigen zu können?
- Wissen Sie, ob Sie mit Ihren regelmäßigen Einkünften in Ihrem Wunschland[4] klarkommen? In Dänemark, in der Schweiz und in Schweden beispielsweise sind die Lebenshaltungskosten höher als in Deutschland!
- Haben Sie genügend Zeit für die Vorbereitung eingeplant? Mindestens ein Jahr – besser mehr – sollten Sie veranschlagen, bevor Sie Deutschland verlassen.
- Waren Sie schon mal bei einer Beratungsstelle für Auswanderer?[5] Dort bekommen Sie wertvolle Tipps. Welche Formalitäten Sie unbedingt beachten müssen, erfahren Sie bei der jeweiligen Botschaft[6] Ihres Wunschlandes (siehe dazu auch Kontaktadressen und Info-Tipps).

[1]*in advance*
[2]*reichen aus suffice*
[3]*in … with authorities*
[4]*desired country*
[5]*emigrants*
[6]*embassy*

Zum Text

A. Worüber muss man nachdenken, wenn man im Ausland arbeiten will? Lesen Sie den Text und machen Sie sich einige Notizen dabei.

BEISPIEL: Land und Leute: *wirklich gut kennen*

1. Körper: _____

2. Sprachkenntnisse: _____

3. Einkommen/Gehalt: _____

4. Vorbereitungszeit: _____

5. Beratungsstelle für Auswanderer: _____

6. Botschaft des Wunschlandes: _____

B. In welchem Land möchten Sie eines Tages wohnen und arbeiten? Warum? Wie müssen Sie sich vorbereiten, bevor Sie in diesem Land ankommen? Was müssen Sie lernen? lesen? machen? herausfinden? Welche Informationen müssen Sie bekommen? Worüber müssen Sie nachdenken? Wohin müssen Sie reisen? Was müssen Sie dort machen? Mit wem müssen Sie sprechen? Schreiben Sie eine Checkliste.

BEISPIEL : ✓ Chinesisch lernen

_____ ?

Na klar!

Schauen Sie sich das Foto an und spekulieren Sie: Was werden diese jungen Leute in der Zukunft machen? (Benutzen Sie das Futur.)

1. _____

_____

2. _____

_____

3. _____

_____

4. _____

_____

5. _____

_____

6. _____

_____

Journal

Wählen Sie eines der folgenden Themen.

Thema 1: Das Leben in der Zukunft. Stellen Sie sich das Jahr 2030 vor und beschreiben Sie Ihr Leben.

- Wo werden Sie leben? Warum?
- In was für einem Haus oder einer Wohnung werden Sie wohnen?
- Werden Sie noch Student/Studentin sein?
- Werden Sie Erfolg haben? Was werden Sie von Beruf sein?
- Werden Sie viel Geld verdienen?
- Werden Sie vielleicht mehr Zeit für sich selbst haben?
- Was für Sportarten werden Sie treiben? Wie werden Sie sich fit halten?
- Wohin werden Sie reisen, wenn Sie Urlaub haben?
- Werden Sie ledig oder verheiratet sein?
- Werden Sie Kinder oder vielleicht schon Enkelkinder haben?

Thema 2: Das vierte Millennium. Beschreiben Sie die Welt und das Leben im Jahr 3000, so wie Sie sich alles vorstellen. Könnten wir so eine Welt noch erkennen (*recognize*)? Warum (nicht)?

Haus und Haushalt

Alles klar?

Identifizieren Sie alles auf dem Foto. Schreiben Sie die Nummern und die bestimmten Artikel.

_____4. der_____ Balkon

_____ Dach

_____ Dachgeschoss

_____ Einfamilienhaus

_____ Erdgeschoss

_____ Fenster

_____ Frau

_____ Himmel

_____ Hund

_____ Mann

_____ Pflanze

_____ Sonnenschirm

_____ Terrasse

_____ Wand

Wörter im Kontext

Thema 1
Finanzen der Studenten

Aktivität 1 Kein Geld übrig

A. Der Mann im Cartoon hat einen Job mit einem guten Gehalt. Die Frau studiert noch ein Jahr und arbeitet abends. Der Mann rechnet (*calculates*) immer wieder, aber jedesmal kommt er zu diesem Resultat: Wenn er den Pool bauen lässt, ist kein Geld für die folgenden Dinge übrig. Schreiben Sie die Liste auf Deutsch.

_____ (*food*)

_____ (*rent*)

_____ (*electricity*)

_____ (*water*)

_____ (*garbage*)

_____ (*insurance*)

_____ (*gas*)

_____ (*repairs*)

_____ (*telephone*)

_____ (*tuition*)

_____ (*notebooks*)

_____ (*pencils*)

_____ (*pens*)

_____ (*paper*)

_____ (*CDs*)

_____ (*other things*)

B. Welche monatlichen Ausgaben haben Sie? Welche haben Sie nicht? Schreiben Sie einen kurzen Aufsatz über Ihre Ausgaben für den letzten Monat. Wofür mussten Sie zum Beispiel das meiste Geld ausgeben? das wenigste? Welche spezifischen Ausgaben hatten Sie unter der Kategorie „Sonstiges"? Vergleichen Sie Ihren Aufsatz mit dem der anderen Studenten und Studentinnen.

Aktivität 2 Wortfamilien

A. Schreiben Sie die Verben, die mit diesen Substantiven verwandt sind.

1. der Bau: _____

2. die Miete: _____

3. die Vermietung: _____

4. die Ausgabe: _____

5. der Vergleich: _____

6. die Sparkasse: _____

7. der Job: _____

8. die Einrichtung: _____

9. die Bitte: _____

B. Ergänzen Sie jetzt die folgenden Fragen mit Verben aus Teil A.

1. Wie viel Geld müssen Sie monatlich _____?

2. Möchten Sie eines Tages Ihr eigenes Haus _____? _____ Sie

    Geld jetzt schon für Ihr eigenes Haus? Müssen Sie es dann auch _____?

3. Müssen Sie _____, um Ihre monatlichen Ausgaben zu zahlen?

4. _____ Sie eine Wohnung, oder haben Sie ein Haus oder eine Wohnung,

    wo Sie Zimmer an andere Studenten und Studentinnen _____?

5. Müssen Sie Ihre Eltern oft um Geld _____? Wie würden Sie Ihre

    finanzielle Situation mit der der anderen Studenten und Studentinnen

    _____?

Thema 2
Unsere eigenen vier Wände

Aktivität 3   Ein Haus auf dem Land

Sehen Sie sich den Cartoon auf der nächsten Seite an. Was fragt der eine Maulwurf den anderen?

ERSTER MAULWURF: Hat das Haus …

1. *einen Keller* _____ ? (*a basement*)

2. _____ ? (*stairs*)

3. _____ ? (*an entrance*)

4. _____ ? (*a front hall*)

5. _____ ? (*a hallway*)

6. _____ ? (*a garage*)

7. _____ ? (*balconies*)

8. _____ ? (*two floors*)

9. _____ ? (*an attic*)

10. _____ ? (*a roof*)

11. _____ ? (*guest rooms*)

ZWEITER MAULWURF:	Dieses Haus hat fast alles. Schau es dir nur an!
ERSTER MAULWURF:	In welchem Raum kocht man denn?
ZWEITER MAULWURF:	Man kocht in der ——————————————.
ERSTER MAULWURF:	Wie heißt das Zimmer, in dem man isst?
ZWEITER MAULWURF:	Das heißt das ——————————————.
ERSTER MAULWURF:	Und wie heißen die Zimmer, in denen man schläft?
ZWEITER MAULWURF:	Sie heißen die ——————————————.
ERSTER MAULWURF:	Wo sieht man gewöhnlich fern?
ZWEITER MAULWURF:	Im ——————————————.
ERSTER MAULWURF:	Und in welchem Raum badet man?
ZWEITER MAULWURF:	Im ——————————————.

Aktivität 4 Wie beschreibt man das neue Haus?

Beschreiben Sie das Haus auf dem Bild in Aktivität 3 so vollständig wie möglich. Wo liegt es? Wie sieht es aus? Spekulieren Sie auch: Was für Räume hat es? Was für Geräte sind im Haus? Wer wird dieses Haus kaufen? Warum? Wer wird hier wohnen? Was wird dieser Mensch (Was werden diese Menschen) von Beruf sein? Wird dieser Mensch (Werden diese Menschen) hier glücklich sein? Warum (nicht)?

Thema 3
Unser Zuhause

Aktivität 5   Eine Wohnung zu vermieten

Stellen Sie sich vor: Der Freund von Fräulein Pöske will seine Wohnung vermieten. Deshalb zeigt Fräulein Pöske sie Herrn Werner. Herr Werner stellt Fräulein Pöske einige Fragen. Welche Antwort passt zu jeder Frage?

WOHNSINNIGES VON PETER BUTSCHKOW

JA WENN DAS SO IST...

1. ungeheuer ...
   immensely tasteful
2. *notices*
3. *sensitive*
4. *junk*

1. Wann hat man dieses Mietshaus gebaut? _____

2. Wie weit ist dieses Mietshaus von der Innenstadt? _____

3. Wie viel Quadratmeter hat diese Wohnung? _____

4. Wie viel kostet die Wohnung im Monat? _____

5. Die Küche und Waschküche sind eingerichtet, nicht? _____

6. Und ist die Heizung in den Nebenkosten mit eingeschlossen? _____

7. Erlauben Sie Haustiere? Ich habe nämlich einen kleinen Hund. _____

8. Ich brauche eine Wohnung möglichst bald. Wann kann ich einziehen? _____

a. Ja, Tiere sind erlaubt. Wie Sie sehen können, hat mein Freund eine Katze.

b. Ja, es gibt einen Mikrowellenherd, eine Spülmaschine, eine Waschmaschine und einen Wäschetrockner.

c. Es wurde 1980 gebaut.

d. Ab dem 1. September.

e. Ungefähr 15 Minuten zu Fuß.

f. Monatlich beträgt die Miete 955 Euro plus 110 Euro Nebenkosten.

g. 50 Quadratmeter.

h. Ja, natürlich.

Wortraum

A. Schreiben Sie Wörter, die etwas mit Ihren monatlichen Einnahmen und Ausgaben zu tun haben.

B. Wie wichtig ist Geld in Ihrem Leben? Warum? Schreiben Sie mindestens zwei vollständige Sätze.

_____

_____

_____

_____

Grammatik im Kontext

Verbs with Fixed Prepositions

Prepositional Objects: **da**-Compounds

Übung 1   Gestern und heute

Schreiben Sie eine vollständige Antwort auf jede Frage. Antworten Sie mit **ja** oder **nein** und einem Adverbialpronomen (**da**-*compound*).

[1](*colloquial for*) tue

1. Haben Sie sich als Kind über Geburtstagsgeschenke gefreut?

   _____ *Ja, ich habe mich darüber gefreut.*

   oder Nein, ich habe mich darüber nicht gefreut.

2. Haben Sie sich als Kind auf die Sommerferien gefreut?

   _____

3. Mussten Sie als Kind immer lange auf die Sommerferien warten?

_____

4. Interessieren Sie sich für den sozialen Dienst (*community service*)?

_____

5. Interessieren Sie sich für die politische Lage (*situation*) anderer Länder?

_____

6. Haben Sie Angst vor Krankheiten?

_____

7. Denken Sie oft über Probleme wie Armut (*poverty*) und Hunger nach?

_____

8. Ärgern Sie sich manchmal über die Politik?

_____

9. Glauben Sie, dass der Staat (*government*) mit der Sozialhilfe aufhören sollte?

_____

10. Haben Sie je (*ever*) etwas für wohltätige Zwecke (*charitable purposes*) gespendet (*donated*)?

_____

11. Gehen Sie oft zur Bank?

_____

12. Tun Sie etwas für Ihre Karriere?

_____

13. Studieren Sie neben dem Beruf?

_____

KULTURTIPP

ADAK is Germany's largest private system of colleges (**Hochschulen**) offering distance learning for working adults. In the United States, University of Phoenix is the largest accredited private university system with online degree and distance learning programs for working adults.

Asking Questions: **wo**-Compounds

Übung 2   Wie sagt man das auf Deutsch?

Schreiben Sie die folgenden Fragen auf Deutsch. Benutzen Sie die **du**-Form.

1. *What are you afraid of?*

_____

2. *What are you thinking about?*

_____

3. *What are you waiting for?*

_____

4. *What are you looking forward to?*

_____

5. *What are you busy with?*

_____

6. *What are you happy about?*

_____

7. *What are you asking for?*

_____

8. *What are you annoyed about?*

_____

The Subjunctive

Expressing Requests Politely / Forms of Present Subjunctive II

Übung 3   Höfliche Ausdrücke im Café

Schreiben Sie einen Dialog. Benutzen Sie den Konjunktiv II des Verbs sowie (*as well as*) die richtigen Formen der anderen Wörter in jedem Satz.

A: was / haben / Sie / gern?

Was hätten Sie gern? _____

B: ich / haben / gern / eine Tasse Tee.

_____

C: ich / mögen / gern / eine Tasse Kaffee.

_____

A: dürfen / ich / Sie / auch / ein Stück Kuchen / bringen?

_____

C: werden / Sie / ich / bitte / den Marmorkuchen / beschreiben?

_____

A: ich / können / Sie / ein Stück Marmorkuchen / zeigen.

_____

C: das / sein / sehr / nett.

_____

The Use of **würde** with an Infinitive

Übung 4 Fragen Sie höflich.

Schreiben Sie jeden Imperativsatz neu als eine höfliche Frage mit **würde**.

> BEISPIEL: Öffne mir die Tür. →
> Würdest du mir bitte die Tür öffnen?

1. Hilf mir.

   _____

2. Ruf mich morgen an.

   _____

3. Kommt am Samstagmorgen vorbei.

   _____

4. Bringt eure Fotos mit.

   _____

5. Beschreiben Sie mir die Wohnung.

   _____

6. Hören Sie damit auf.

   _____

Übung 5 Was sagen Sie zu Ihren Freunden/Freundinnen?

Schreiben Sie noch je zwei Sätze.

> BEISPIEL: Du trinkst zu viel. →
> Du solltest nicht so viel trinken.
> Ich würde nicht so viel trinken.

1. Du fährst zu schnell.

   _____

   _____

2. Du gibst zu viel Geld aus.

   _____

   _____

3. Ihr verbringt zu viel Zeit am Strand.

   _____

   _____

4. Ihr geht auf zu viele Partys.

   _____

   _____

Expressing Wishes and Hypothetical Situations / Talking About Contrary-to-Fact Conditions

Übung 6   Zeit und Geld: Tatsachen und Wünsche

Hier sind die Tatsachen! Machen Sie einen Wunsch für jede Tatsache.

WAS IST ZEIT OHNE GELD

**Private Vorsorge
beginnt bei der Sparkasse**

BEISPIEL: Wir haben zu wenig Zeit für uns. →
Wenn wir nur mehr Zeit für uns hätten!

1. Die Ferien sind zu kurz.

   _____

2. Wir müssen Tag und Nacht arbeiten.

   _____

3. Ich habe zu wenig Geld.

   _____

4. Die Mieten in dieser Stadt sind zu hoch.

   _____

5. Häuser kosten zu viel Geld.

   _____

6. Ich kann mir kein neues Auto kaufen.

   _____

Übung 7 Was wäre Ihnen lieber?

Möchte der Mann im Bild lieber einen Kuss von einem Bären bekommen, oder hätte er lieber einen Kuss von jemand anderem? Was hätten Sie lieber? Bilden Sie Sätze mit den folgenden Ausdrücken:

Ich möchte lieber …
Ich hätte lieber …
… wäre mir lieber.

Benutzen Sie jeden Ausdruck mindestens einmal.

Ein Kuß von einem Star wäre mir lieber!

Schlagersänger Rainhard Fendrich

BEISPIELE: Möchten Sie lieber einen Kuss von einem Bären oder von einem berühmten Star? →
Ich möchte lieber einen Kuss von …
oder Ich hätte lieber einen Kuss von …
oder Ein Kuss von … wäre mir lieber.

1. Möchten Sie lieber mehr Zeit zum Arbeiten oder mehr Freizeit haben?

2. Möchten Sie lieber mehr Geld oder mehr Zeit haben?

3. Möchten Sie lieber zwei Karten für ein Rapkonzert oder für eine Oper haben?

4. Möchten Sie lieber ein Haus am Strand oder im Wald haben?

_____

_____

5. Möchten Sie lieber einen neuen Sportwagen oder ein neues Segelboot haben?

_____

_____

6. Möchten Sie lieber eine Reise nach Afrika oder nach Australien machen?

_____

_____

Übung 8   Eine Einladung

1. Lesen Sie die folgende Einladung, und unterstreichen Sie jedes Verb. Machen Sie dann einen Kreis um jede Konjunktivform.

Liebe Susan!

Am Freitagabend fahre ich zum Wochenende nach Bridgeport zu meinen Eltern. Ich würde mich sehr freuen, wenn du mitkommen könntest. Ich habe meinen Eltern schon viel von dir erzählt, und sie möchten dich endlich kennen lernen.

Ich könnte am Freitag gleich nach deiner letzten Vorlesung bei dir vorbeikommen. Die Fahrt dauert ungefähr drei Stunden mit dem Wagen. Wir könnten unterwegs in einem Restaurant essen und wären dann gegen acht Uhr bei mir zu Hause.

Wir hätten bestimmt viel Spaß zusammen. Könntest du mich Donnerstagabend anrufen und mir deine Antwort geben? Bis dann

deine Kristin

2. Schreiben Sie jetzt eine Einladung an einen Studenten oder eine Studentin. Wählen Sie eine der folgenden Möglichkeiten.

> ins Restaurant (Kino, Theater, Museum, __?__) gehen
> eine Stadtrundfahrt (*tour of the city*) machen
> zum Abendessen einladen
> ins Café gehen
> einen Einkaufsbummel machen
> im Park spazieren gehen
> ein Picknick machen
> ?

The Past Subjunctive II

Übung 9   Es ist einfach nicht passiert.

A. Schauen Sie sich das Bild an. Was denkt die Frau?

ES IST ALLES NICHT SO GELAUFEN, WIE ES HÄTTE LAUFEN KÖNNEN

EINEN KURZEN MOMENT LANG *schien alles möglich zu sein, damals, in den Achtundsechzigern. „Traue keinem über 30" heißt der Comic-* Band des Carlsen Verlags, in dem sich 21 Zeichner gefragt haben, was nach 30 Jahren übrig geblieben ist.   Abbildung: Alfred von Meysenbug

1. Machen Sie einen Kreis um die Verbform im Konjunktiv.

2. Unterstreichen Sie die Verbform im Perfekt.

3. Wie könnte man diese Idee auf Englisch ausdrücken (*express*)?

   _____

   _____

B. Wenn nur … ! Schreiben Sie jetzt jeden Satz auf Deutsch.

BEISPIEL: *If only we had known that then.* →
          Wenn wir das damals nur gewusst hätten.

1. *If only I had saved more money.*

   _____

2. *If only we had been more thrifty.*

   _____

3. *If only I had done without a new car.*

   _____

4. *If only our friends had not spent so much money.*

   _____

5. *If only they had supported us.*

   _____

6. *If only I had worked (at a temporary job) the entire year.*

   _____

7. *If only that hadn't been necessary.*

   _____

Sprache im Kontext

Lesen

Auf den ersten Blick

Auf den folgenden Seiten sehen Sie zwei Texte. Der erste Text (A) geht um ein Theaterstück. Es heißt „Ein Traum von Hochzeit". Der zweite Text (B) ist eine kurze Geschichte.

A. Was erwarten Sie von diesem Titel? Kreuzen Sie an.

_____ ein Mysterienspiel?   _____ eine Komödie?   _____ ein Musical?

_____ eine Liebesgeschichte?   _____ eine Tragödie?

Zum Inhalt des Stück

Ein Traum[1] von Hochzeit

22. August – 27. Oktober

Komödie von Robin Hawdon
Regie Folke Braband

Am Morgen seiner Hochzeit wird Bill wach. Neben ihm: eine fremde[2] Frau! Vor ihm: Eine Katastrophe!

Es bleiben nur noch wenige Minuten bis Rachel, seine Braut, eintreffen[3] wird, und Bill steht da – fremdgegangen[4]... und ach – es ist ein Unglück. Bill muss seinen besten Freund und Trauzeugen[5] Tom als Casanova hinstellen.[6] Der aber weigert sich,[7] da er zur Hochzeit seine eigene Freundin erwartet. Die aber ist schon längst da, in Bills Hochzeitsbett. Glücklicher Zufall,[8] dass gerade das Zimmermädchen[9] zur Stelle ist, um als falscher One-Night-Stand einzuspringen, wäre da nur nicht ihre ganz spezielle Einstellung[10] zu untreuen Männern. Kann sich Bill aus dieser Zwickmühle[11] noch in den Ehehafen retten?[12] Die Katastrophe könnte noch abgewendet[13] werden, wäre da nicht die misstrauische Schwiegermutter, und dann ist da auch noch ein hysterischer Hoteldirektor. Und die Hochzeitsglocken[14] läuten schon...

Robin Hawdon beweist[15] mit „Ein Traum von Hochzeit" einmal mehr sein Können: Er vermischt Farce, Slapstick und Kritik an moralinsauren Besserwissern mit Spott[16] über den untreuen Bräutigam.[17] Diese Mischung präsentiert er temporeich, zielsicher und pointiert.

[1]_dream_
[2]_unfamiliar_
[3]_walk in_
[4]_untreu_
[5]_best man_
[6]_represent_
[7]weigert … _refuses_
[8]Chance
[9]_maid_
[10]attitude
[11]Dilemma
[12]_save_
[13]_turned around_
[14]_wedding bells_
[15]_proves_
[16]_sarcasm_
[17]_groom_

B. Lesen Sie den Titel des zweiten Textes. Was finden Sie am wichtigsten, wenn Sie an „Hochzeit"
denken? Ordnen Sie die folgenden Ideen: Nummer 1 ist am wichtigsten, Nummer 2 am zweitwichtigsten, Nummer 3 am drittwichtigsten und so weiter.

——— Essen und Getränke   ——— Braut und Bräutigam

——— Musik   ——— Liebe

——— Zeremonie   ——— Respekt

——— Gäste: Freunde und Familie   ——— Tanzen

——— Geld und Finanzen   ——— Blumen

——— Ringe   ——— das Leben als Ehepaar

——— ———————————

Die Hochzeit ist wichtig

Dies geschah[1] in einem jugoslawischen Dorf:

Die Hochzeit war vorbereitet,
achtzig geladene Gäste waren
versammelt,[2] und wer nicht gekommen war, war die Braut.[3] Sie
verschwand,[4] niemand wusste,
wann und wohin. Der junge
Bräutigam überlegte[5] nicht
lange, sondern bat[6] eine junge
Nachbarin[7] um ihre Hand;
auch sie zögerte[8] nicht lange
und gab sie ihm, samt[9] Herz,
Unschuld[10] und Mitgift[11] oder was
man sonst Schönes in so einem
wojwodinischen Dorf in die
Ehe mitbringt. Die Hochzeit
fand statt,[12] mit Schmaus und
Braus,[13] und alle waren zufrieden.[14]

Gabriel Laub

[1]passierte
[2]gathered
[3]bride
[4]disappeared
[5]pondered
[6]requested
[7]neighbor
[8]hesitated
[9]along with
[10]innocence
[11]dowry
[12]fand ... took place
[13]Schmaus ... Essen und Getränke
[14]content, happy

Zum Text

A. Lesen Sie den ersten Text (A). Bringen Sie dann die folgenden Sätze in die richtige Reihenfolge.

_____ Seine Braut Rachel kommt bald zur Hochzeit.

_____ Ein Zimmermädchen ist gerade zur Stelle, um als falscher One-Night-Stand einzuspringen.

_____ Neben ihm findet er eine fremde Frau.

_____ Er stellt seinen besten Freund Tom als Casanova hin.

_____ Die Sache wird kompliziert: Das Zimmermädchen hat ihre eigene Ideen über untreue Männer.

_____ Tom will nicht Casanova spielen, weil er seine eigene Freundin zur Hochzeit erwartet.

_____ Bill steht da fremdgegangen. Was kann er tun?

_____ Bill wacht am Morgen seiner Hochzeit auf.

_____ Toms Freundin ist aber schon längst in Bills Hochzeitsbett.

B. Lesen Sie jetzt den zweiten Text (B) und beantworten Sie jede Frage.

1. Wo fand diese Geschichte statt?

   _____

2. Wie viele Gäste waren schon angekommen?

   _____

3. Wer war nicht zur Hochzeit gekommen?

   _____

4. Wer wusste, wann und wohin sie verschwand?

   _____

5. Was machte der junge Bräutigam?

   _____

6. Gab die Nachbarin ihm die Hand?

   _____

7. Wie endete die Geschichte?

   _____

   _____

C. Lesen Sie noch einmal Text A, und schreiben Sie einen Aufsatz darüber.

Wie wäre es, wenn …

- Könnte Bill leicht das Problem abwenden, wenn die misstrauische Schwiegermutter und der hysterische Hoteldirektor nicht da wären?

- Wäre es so ein Problem für Bill, wenn das Zimmermädchen einfach nach dem Plan mitspielte?

- Würde Tom sich weigern, wenn er selbst keine Freundin hätte?

- Würde Rachel mit Tom in die Ehe gehen, wenn sie die Wahrheit wüsste?

- Würden Tom und Bill Freunde bleiben, wenn Tom die Wahrheit wüsste?

- Hätte Bill ein Problem, wenn er nur treu gewesen wäre?

- Wie würden Sie diese Geschichte zu Ende bringen?

Na klar!

Schauen Sie sich das Foto an und stellen Sie sich vor: Wie wäre Ihr Leben in diesem Haus? Schreiben Sie vollständige Sätze.

1. Würden Sie Mitbewohner/Mitbewohnerinnen haben? Warum (nicht)?

   _____

   _____

2. Würden Sie jemandem ein Zimmer vermieten? Warum (nicht)?

   _____

   _____

3. Würden Sie ein Haustier haben? vielleicht einen Hund, eine Katze, einen Fisch oder einen Kanarienvogel? Warum (nicht)?

_____

_____

4. Wofür würden Sie Ihr Geld sparen?

_____

_____

Journal

 Wählen Sie eins der folgenden Themen.

Thema 1: Sind Sie ein guter Mensch? Schreiben Sie über sich selbst. Benutzen Sie einige oder alle der folgenden Ideen.

- Würden Sie von sich sagen, dass Sie ein guter Mensch sind? Warum (nicht)?

- Wie wichtig ist Geld für Sie? Hat Geld Ihren Charakter beeinflusst?

- Helfen Sie anderen Menschen oder Organisationen durch Spenden oder Tätigkeiten (*deeds*)? Wenn ja: Welche? Wieso? Wenn nein: Warum nicht?

- Was haben Sie einmal getan, was Sie jetzt bereuen (*regret*)? Was würden Sie anders machen, wenn Sie alles noch einmal erleben könnten?

- Woran glauben Sie? Warum?

- Was für ein Verhältnis haben Sie mit Ihrer Familie und Ihren Freunden?

- Welche Rolle spielen Tiere in Ihrem Leben?

- Was wäre die absolute Katastrophe für Sie? das absolute Glück?

Thema 2: Wer ist Ihnen ein gutes Vorbild? Warum? Warum möchten Sie wie dieser Mensch sein? Welche Eigenschaften hat er/sie? Was ist diesem Menschen wichtig? unwichtig? Wie würden Sie seinen/ihren Lebensstil beschreiben? seine/ihre Lebensphilosophie? Schreiben Sie über diesen Menschen.

Medien und Technik

KAPITEL
13

Alles klar?

Schauen Sie sich das Foto an und wählen Sie mögliche Antworten. Manchmal kann mehr als eine Antwort richtig sein.

1. Was möchte diese Frau lesen?
   a. eine Zeitschrift
   b. eine Glückwunschkarte
   c. eine Reisebroschüre
   d. eine Zeitung
   e. einen Bestseller

2. Was kann man hier kaufen?
   a. Camcorder und Digitalkameras
   b. Computer und Drucker
   c. Anrufbeantworter und Faxgeräte
   d. Handys
   e. Zeitungen und Zeitschriften

3. Wo sind dieser Mann und diese Frau?
   a. auf einem Kiosk in der Altstadt
   b. am Bahnhof
   c. im Supermarkt
   d. am Flughafen
   e. in einer Buchhandlung im Stadtzzentrum

4. Warum glauben Sie das? (Was tragen sie? Was sehen Sie im Hintergrund des Fotos?)

_____

_____

_____

Wörter im Kontext

Thema 1

Medien

Aktivität 1   Zeitungen

Goslar ist eine Kleinstadt im Harz (*Harz mountain area*). Lesen Sie die Anzeige über die „Goslarsche Zeitung", und beantworten Sie jede Frage mit einem kurzen aber vollständigen Satz.

Goslar entdecken . . .

Die „Goslarsche" ist das Beste am Frühstück. Sie ist weit mehr als die Butter auf dem Brot. Die GZ informiert ihre Leser schon am frühen Morgen über das Geschehen in aller Welt, aus Politik, Wirtschaft und Kultur. Über 105 000 Leser wollen täglich wissen, was sich so alles in und um Goslar tut.

Goslarfche Zeitung

Das Beste für den Gast:
Die größte Harzer Zeitung

mit der „Goslarschen"

Seit 1783 schafft sie Verbindung zwischen Bürger und Rat, zwischen Verwaltung, Wirtschaft und Verbraucher.

1. Ist die „Goslarsche" eine Morgen- oder eine Abendzeitung?

_____

2. Ist sie eine Tages- oder eine Wochenzeitung?

_____

3. Worüber informiert die „Goslarsche"?

_____

_____

4. Wie viele Leser hat diese Zeitung?

_____

5. Seit wann existiert diese Zeitung?

_____

Aktivität 2   Lesen Sie Zeitung?

Schreiben Sie die fehlenden Wörter, und markieren Sie Ihre Antworten. Wenn Sie Zeitung lesen, lesen Sie

		JA	NEIN
1. _____? (*the headlines*)		☐	☐
2. _____? (*the news*)		☐	☐
3. _____? (*the local news*)		☐	☐
4. über _____? (*the economy*)		☐	☐
5. über _____? (*politics*)		☐	☐
6. über _____? (*the stock market*)		☐	☐
7. _____? (*the horoscope*)		☐	☐

Aktivität 3   Fernsehen

Schauen Sie sich das Bild an.

Beantworten Sie die Fragen.

1. Was fragt das Kind die Eltern?

   _____

2. Warum kann er sich die Kindersendungen nicht ansehen?

   _____

   _____

3. Was sieht der Junge im Fernsehen? Er sieht sich _____ an.
   a. einen Dokumentarfilm über die Wirtschaft
   b. die Tagesschau
   c. einen Spielfilm aus den USA, heute Abend nämlich ein Musical
   d. eine Detektivsendung / einen Krimi
   e. eine Werbesendung für Bier
   f. einen politischen Bericht

4. Wie heißt die Sendung, die der Junge sich ansieht? Sie heißt _____

   (*Scene of the Crime*) und ist seit Jahren eine populäre Fernsehserie in Deutschland.

5. Es ist schon nach Mitternacht, und Sie können nicht einschlafen. Was machen Sie?
   ☐ Ich überfliege eine Mode- oder Sportzeitschrift.
   ☐ Ich sehe mir einen alten Spielfilm im Fernsehen an.
   ☐ Ich lese mein Horoskop in der Zeitung.
   ☐ Ich sehe mir einen Dokumentarfilm im Fernsehen an.
   ☐ Ich lese einen Kriminalroman.
   ☐ Ich surfe im Internet.

Thema 2
Leben mit Technik

Aktivität 4   Alles ist schon veraltet.

Max besucht seinen Großvater und sieht allerlei veraltete (*outdated*) Geräte bei ihm. Schauen Sie sich das Bild an und ergänzen Sie.

MAX: Opa, du solltest dir unbedingt einen neuen _____[1] anschaffen. Deiner ist doch mindestens 15 Jahre alt und total veraltet.

GROSSVATER: Veraltet? Der tut es noch sehr gut! Ich brauche keinen neuen.

MAX: Hast du schon mal die neuen Computer gesehen? Einen mit Flachbildschirm (*flat-panel monitor*) vielleicht, oder ein Notebook? Und dann kauf dir gleich einen neuen

_____[2]. Die neuen Farblaser sind Klasse.

GROSSVATER: Der alte funktioniert noch sehr gut.

MAX: Und du brauchst bestimmt das alte _____[3] und den

_____[4] nicht mehr. Kauf dir einfach ein Handy. Und das alte

_____[5] ist wirklich nicht notwendig. Mit Internetanschluss und einem Scanner brauchst du es gar nicht.

GROSSVATER: He he he. Ich habe aber keinen Scanner und keinen Internetanschluss …

Aktivität 5 Spaß mit Wörtern

Schreiben Sie die fehlenden Wörter.

Definitionen

1. Was man erfindet, ist eine _____.

2. Ein _____ ist ein Gerät, mit dem man Videos aufnehmen kann.

3. Das Gegenteil (*opposite*) von Inland ist _____.

4. Wenn man eine Zeitung oder eine Zeitschrift abonniert, hat man ein

_____.

5. Wenn man mit den Augen schnell über einen Text hinweggeht,

_____ man ihn.

Sinnverwandte Wörter

6. Ein anderes Wort für **das Automobil** ist _____.

7. Ein anderes Wort für **intelligent** ist _____.

8. Ein anderes Wort für **dumm** ist _____.

9. Ein anderes Wort für **das Magazin** ist _____.

10. Ein anderes Wort für **ansehen** ist _____.

Aktivität 6   Sonjas Aufgaben

A. Diesen Sommer macht Sonja ein Praktikum bei einer großen Firma. Sie macht eine Liste ihrer Aufgaben. Schreiben Sie jeden Ausdruck auf Deutsch.

BEISPIEL: *leave phone messages:* <u>telefonische Nachrichten hinterlassen</u>

1.   *print documents:* _____

2.   *send and receive e-mails:* _____

3.   *subscribe to periodicals:* _____

4.   *skim the headlines daily:* _____

5.   *record the news:* _____

6.   *do research on the Internet:* _____

B. Welche Aufgaben machen Sie regelmäßig? manchmal? nie? Schreiben Sie vollständige Sätze. Benutzen Sie jeden Ausdruck in Teil A.

Wortraum

A. Wir werden täglich mit Informationen bombardiert. Woher kommen diese Informationen? Zeichnen Sie ein Bild mit Wörtern.

B. Erklären Sie, wie Sie informiert bleiben. Benutzen Sie einige der obigen Wörter in vollständigen Sätzen.

_____

_____

_____

_____

Grammatik im Kontext

Infinitive Clauses with zu

Übung 1   Wie kann man das Leben mehr genießen?

Erwin und Petra Berger haben entdeckt, dass ihr Leben nur noch aus Arbeit und Stress besteht (*consists*). Deshalb haben sie sich entschlossen (*decided*), von jetzt ab alles anders zu machen.

GEZIELT ZU MEHR ZEIT.

GENIESSEN SIE DEN VORTEIL,
GEZIELT MEHR ZEIT ZU HABEN:

■
MEGAtimer®
GEZIELT ZU MEHR ZEIT.

A. Was sind ihre Vorsätze (*resolutions*)? Bilden Sie vier Sätze mit Ausdrücken aus beiden Spalten.

sie haben sich entschlossen   einen Computer kaufen
sie versprechen (*promise*) sich selbst   im Sommer Urlaub machen
sie dürfen nicht mehr vergessen   mehr Bücher lesen
es ist wichtig   jeden Tag spazieren gehen
                               mehr Zeit zusammen verbringen
                               mehr mit den Kindern unternehmen
                               öfter ins Kino gehen
                               am Wochenende lange schlafen
                               ?

BEISPIEL: Sie haben sich entschlossen, mehr Zeit zusammen zu verbringen.

1. _____

_____

2. _____

_____

3. _____

_____

4. _____

_____

B. Besteht Ihr Leben nur noch aus Arbeit und Stress? Wie könnten Sie es verbessern? Ergänzen Sie die Sätze.

1. Ich habe mich entschlossen, _____

_____

2. Ich verspreche mir selbst, _____

_____

3. Ich darf nicht mehr vergessen, _____

_____

4. Es ist wichtig, _____

The Verbs brauchen and scheinen

Übung 2   Was für ein Haus scheint das zu sein?

Schauen Sie sich die Anzeige für ein Haus in Zell am Moos an. Was für ein Haus ist das? Antworten Sie auf die Fragen mit **scheinen.**

BEISPIEL: Ist das Haus auf dem Land? →
                       Das Haus scheint auf dem Land zu sein.

1. Ist es ein Bauernhaus?

   _____

2. Ist das Haus in der Nähe des Mondsees?

   _____

   _____

3. Ist es total renoviert?

   _____

4. Ist es in einer sonnigen Lage?

   _____

5. Ist der Preis des Hauses höher als 500 000 Euro?

   _____

   _____

Übung 3   Ein neues Haus, ein neues Leben

Familie Werner ist in ein neues Haus eingezogen. Herr Werner macht Pläne, aber Frau Werner sagt, dass das alles gar nicht nötig ist. Schreiben Sie ihre Antworten auf die Vorschläge (*suggestions*) ihres Mannes. Benutzen Sie **brauchen + zu.**

HERR WERNER: Wir müssen viel Geld ausgeben.

FRAU WERNER: *Wir brauchen nicht viel Geld auszugeben.*

HERR WERNER: Wir müssen Haushaltsgeräte kaufen.

FRAU WERNER: _____

   _____

HERR WERNER: Wir müssen uns einen Computer und einen Drucker anschaffen.

FRAU WERNER: _____

   _____

HERR WERNER: Wir müssen uns einen größeren Fernseher kaufen.

FRAU WERNER: _____

   _____

HERR WERNER: Wir müssen Zeitungen und Zeitschriften abonnieren.

FRAU WERNER: _____

   _____

HERR WERNER: Wir müssen unsere ganzen Freunde zu uns einladen.

FRAU WERNER: _____

   _____

Infinitive Clauses with **um ... zu** and **ohne ... zu**

Übung 4   Warum Helmstedt?

HELMSTEDT – Erholung fast vor Ihrer Tür!
Wandern in ausgedehnten Wäldern und abwechslungsreicher Landschaft; Bummeln in historischer Altstadt-Atmosphäre; Schwimmen im Hallenbad oder im beheizten Waldbad (Mai bis August), Radfahren, Angeln, Reiten, Tennis und interessante kulturelle Angebote. Ruhe und Entspannung   im staatlich anerkannten Erholungsort Bad Helmstedt.

Information: Stadt Helmstedt
Amt für Information und Fremden-
verkehr, Markt 1, 3330 Helmstedt
Telefon 05351 / 1 73 33

Lesen Sie die Annonce für Helmstedt, und schreiben Sie zu jeder Frage eine kurze Antwort mit **um ... zu.**

> BEISPIEL: Warum würde man gern in der Umgebung der Wälder wohnen? (wandern) →
> Man würde da gern wohnen, um zu wandern.

1. Warum würde man in einem Dorf wohnen wollen? (eine abwechslungsreiche Landschaft genießen)

   _____

   _____

   _____

2. Warum sollte man Helmstedt besuchen? (durch die historische Altstadt bummeln)

   _____

   _____

   _____

3. Warum sollte man Helmstedt wählen (*choose*)? (Rad fahren, angeln, reiten und Tennis spielen) (*Hint: Place* **zu** *before each infinitive in the* **um***-clause.*)

   _____

   _____

   _____

4. Warum sollte man die Ferien in Helmstedt verbringen? (sich entspannen und sich erholen)

   _____

   _____

   _____

5. Warum sollte man an das Fremdenverkehrsamt schreiben? (Informationen bekommen)

_____

_____

_____

Übung 5   Sie sollten das nicht machen.

Schreiben Sie jeden Satz neu mit **ohne ... zu.**

> BEISPIEL: ins Bett gehen / die Zähne putzen →
> Sie sollten nicht ins Bett gehen, ohne die Zähne zu putzen.

1. einen Marathon laufen / fit sein

_____

_____

2. ein Tier im heißen Auto lassen / ein Fenster öffnen

_____

_____

3. in die Wüste (*desert*) fahren / Wasser mitnehmen

_____

_____

4. das Haus verlassen / alle elektrischen Geräte abschalten

_____

_____

5. bei minus 15 Grad Celsius aus dem Haus gehen / einen Mantel anziehen

_____

_____

Indirect Discourse

Subjunctive I: Present Tense

Übung 6   Ein Interview mit einem Lehrer

Der folgende Auszug aus einem Interview mit einem Lehrer an einem deutschen Gymnasium erschien (*appeared*) in der Schülerzeitung „Profil".

1. Lesen Sie zuerst die Fragen und Antworten im Interview.

WIR STELLEN VOR:

Bert Carl

Profil: Was haben Sie für Hobbys?
Carl: Ich bin ein sportlicher Mensch. Ich spiele Volleyball. Außerdem surfe ich gern und mache jetzt wieder mehr Langlauf. Und wandern kann man in dieser Landschaft auch sehr schön.
Profil: Welche Fernsehprogramme sehen Sie sich zum Beispiel an, vielleicht „Baywatch"?
Carl: Na, wie man so sagt: Gott sieht alles, nur nicht „Baywatch". So mache ich es auch. Ich sehe mal einen Krimi, aber sonst nur Sportsendungen und Magazine wie „Monitor" oder „Report".

2. Ergänzen Sie jetzt die folgende Zusammenfassung des Interviews mit Verben im Konjunktiv 1.

Herr Carl sagte, er _____ (sein) ein sportlicher Mensch. Er

_____ (spielen) Volleyball. Außerdem _____

(surfen), _____ (laufen) und _____ (wandern)

er gern.

    Als die Schüler ihn fragten, ob er sich „Baywatch" _____ (ansehen),

antwortete er, dass Gott alles, nur nicht „Baywatch" _____ (sehen).

Daran _____ (halten) er sich auch. Er _____

(sehen) mal einen Krimi, aber sonst nur Sportsendungen und Magazine wie „Monitor" oder

„Report".

Subjunctive I: Past Tense

Übung 7   Wer hat was gesagt?

Schreiben Sie jeden Satz als Zitat (*quote*).

> BEISPIEL: Der Polizist fragte den Zeugen (*witness*), was er gesehen habe. →
> Der Polizist fragte den Zeugen: „Was haben Sie gesehen?"

1. Der Zeuge antwortete, dass der Dieb (*thief*) um halb elf aus der Bank gelaufen sei.

   _____

   _____

2. Eine Bankangestellte sagte, sie habe den Dieb so genau wie möglich beschrieben.

   _____

   _____

3. Sie erklärte, der Dieb habe eine Maske getragen.

   _____

   _____

4. Der Polizist fragte, ob der Dieb allein gewesen sei.

   _____

   _____

5. Der Zeuge behauptete, der Dieb sei in einem schwarzen Mercedes weggefahren.

   _____

   _____

6. Er sagte auch, dass er eine Frau am Steuer (*wheel*) gesehen habe.

   _____

   _____

Übung 8 Interview

Sie sind Zeitungsreporter(in). Interviewen Sie einen Studenten oder eine Studentin. Machen Sie sich Notizen. (*Present the results of your interview in one of the following formats.*)

1. Interview format: Write the questions and answers exactly as spoken.

   ICH: Wo bist du geboren?
   SAM: Ich bin in Minneapolis geboren.

2. Report format: Write the results in a third-person report.

   Sam Maxwell ist in Minneapolis geboren. Er …

Fragen Sie Ihren Gesprächspartner oder Ihre Gesprächspartnerin,

- wo er/sie geboren ist.
- was für ein Auto er/sie fährt.
- was er/sie studiert und warum.
- ob er/sie immer gern in die Schule gegangen ist.
- was ihm/ihr an der Universität gefällt, und was ihm/ihr daran nicht gefällt.
- was er/sie gern in der Freizeit macht (welche Hobbys er/sie hat, und welche Sportarten er/sie treibt).
- was er/sie gern im Fernsehen sieht, und was er/sie nicht gern sieht.
- was er/sie gern liest.

Sprache im Kontext

Lesen

Auf den ersten Blick

Was kann man sich im Schweizer Fernsehen ansehen? Lesen Sie zuerst die Schlagzeilen und dann die letzte Zeile von jedem Aufsatz.

1. *Doppelleben*

Er hat zwei Wohnungen und zwei Ehefrauen:[1] der Taxifahrer Hugo Meier **(Jörg Schneider, r.).** Das Leben zwischen den beiden Wohnorten ist perfekt geplant, und das muss so sein – denn die beiden Frauen wissen nichts voneinander. Alles läuft wie am Schnürchen,[2] bis Hugo eines Morgens einen Unfall[3] hat... Herrliche Komödie mit **Paul Bühlmann (l.)**, Birgit Steinegger und Peter W. Staub. *Liebe macht erfinderisch, SA 20.10 SF 1*

2. *Blondine mit Herz*

Die attraktive Friseuse[4] Anna **(Eva Habermann)** ist eigentlich auf der Suche nach[5] einem reichen Mann, als ihr der 11jährige Nick **(Ivo Möller)** über den Weg läuft. Der kleine Ausreisser,[6] eben von Strassenkids ausgeplündert,[7] erweicht[8] ihr Herz. Sie nimmt ihn bei sich auf. Der gerissene[9] Junge hat schon bald seine Pläne mit Anna, obwohl diese gerade den steinreichen Philipp Steinmann kennengelernt hat.

Die Frisöse und der Millionär, SO 20.15 RTL

3. *Heimliche Untermieter*

Ferdinand Schmölling ist Fleischer[10] und kein Freund von Ausländern. Seine Mieterin[11] quartiert jedoch in seiner Villa drei Kurden ein.[12] Schmölling gefällt das Gastfamilienmodell auf Zeit überhaupt nicht. Seine Tochter Desirée hingegen[13] ist von den Neuankömmlingen begeistert[14] und unternimmt einen Ausflug[15] mit dem Sohn der Familie. Nach sechs Wochen sollen die Kurden wieder ausziehen,[16] doch da entdeckt Ferdinand, dass Yilmaz schlachten[17] kann – wenn Ferdinand das gewusst hätte... – Eine Komödie des in Zürich lebenden Filmemachers Samir. *Die Metzger, MO 20.15 ZDF*

4. *Auf Partnersuche*

Als alleinerziehende[18] Mutter von zwei Kindern hat Louisa eine Menge Schwierigkeiten am Hals:[19] kein Geld, keine geeignete Wohnung und – keinen Mann. Von letzterem Problem wird auch ihre Freundin Christa geplagt,[20] daher bewirbt sie sich bei einer Fernsehpartnershow. Louisa begleitet[21] ihre Freundin zur Aufzeichnung[22] ins Studio. Und dort nimmt das Schicksal[23] seinen Lauf.[24] Wegen eines plötzlichen Ausschlages[25] kann Christa nicht antreten,[26] da springt Louisa für sie ein.[27] *Blind Date – Flirt mit Folgen, DI 20.15 PRO 7*

[1]*wives* [2]*wie ... like clockwork* [3]*accident* [4]*hairdresser* [5]*auf ... looking for* [6]*runaway* [7]*robbed* [8]*softens* [9]*crafty* [10]Metzger [11]*tenant* [12]quartiert ein *gives lodging to* [13]*on the other hand* [14]enthusiastisch [15]kleine Reise [16]*move out* [17]*butcher* [18]*single* [19]hat ... hat Louisa viele Probleme [20]*plagued* [21]geht mit [22]*recording* [23]*fate* [24]*course* [25]plötzlichen ... *sudden rash* [26]*go on (the show)* [27]springt ein *steps in*

Welche Informationen stehen am Ende?

_____ Titel _____ Datum _____ Tageszeit

_____ Produzent/Produzentin _____ Hauptidee _____ Rollen

_____ Tag _____ Programm _____ Genre

Zum Text

A. Lesen Sie die vier Texte, und füllen Sie die folgende Tabelle aus. Nicht alle Texte enthalten alle Informationen.

	SENDUNG 1	SENDUNG 2	SENDUNG 3	SENDUNG 4
Titel				
Schauspieler/ Schauspielerin(nen)				
Rolle(n)/ Charakter(e)				
Hauptidee				
Genre				
Tag/Zeit/Programm				

B. Was passiert am Ende der Sendungen? Welche Frage passt zu welchem Charakter?

1. _____ Findet sie einen Partner?

2. _____ Ändert (*Change*) er seine Meinung (*opinion*) über Ausländer?

3. _____ Was machen jetzt seine Frauen?

4. _____ Was macht sie jetzt mit dem Jungen?

    a. der Metzger
    b. der Taxifahrer
    c. die Friseuse
    d. die Mutter

C. Gibt es bald eine Unterhaltungssendung, eine Sportsendung oder sonst was im Fernsehen, das Sie unbedingt sehen wollen? Wie heißt die Sendung? Wann und in welchem Programm kommt sie? Schreiben Sie eine kurze Anzeige für diese Sendung oder diesen Film. Benutzen Sie die vorhergenden Aufsätze als Beispiele. Natürlich können Sie in Ihrer Anzeige auch ein Bild benutzen.

Na klar!

A. Sehen Sie sich das Foto an. Stellen Sie sich vor, dass Sie Reporter/Reporterin bei einer Zeitschrift sind und diese Personen interviewen. Was würden Sie den Mann und die Frau fragen? Wie würden sie vielleicht Ihre Fragen beantworten? Machen Sie zuerst auf diesem Blatt Notizen.

Fragen Sie sie zum Beispiel, …

- wer sie sind.

- ob sie verwandt sind.

- was sie von Beruf sind.

- woher sie kommen.

- warum sie in dieses Land gereist sind.

- wie lange sie in dieser Stadt bleiben.

- was sie hier machen möchten.

- was für eine Zeitung sie jetzt suchen, in welcher Sprache und warum.

- worüber sie lesen wollen.

-   ?

 B. Schreiben Sie jetzt einen kurzen Artikel über den Mann und die Frau. Benutzen Sie die indirekte Rede, wenn Sie sie zitieren (*quote*). Versuchen Sie den Artikel so zu strukturieren, dass er interessant für die Leser ist.

Journal

Wählen Sie eins der folgenden Themen.

Thema 1: Sie und die Massenmedien

- Woher bekommen Sie Ihre Informationen? von E-Mail? vom Internet? von Lehrbüchern? von den Nachrichten im Fernsehen und im Radio? von Zeitungen? von Zeitschriften? von Anzeigen?
- Welche Zeitungen und Zeitschriften lesen Sie und wie oft? Lesen Sie die ganze Zeitung/ Zeitschrift oder nur einige Teile davon? Lesen Sie sie online oder im Druck?
- Was für Sendungen interessieren Sie im Fernsehen? Welche sind Ihre Lieblingssendungen? Warum?
- Hören Sie oft Radio? Wenn ja: Welche Sendungen hören Sie meistens? Nachrichten? Rockmusik? klassische Musik? Countrymusic? Oldies? Jazz? Rap?
- Was denken Sie über die Massenmedien? Wie würden Sie sie verbessern (*improve*)?

Thema 2: Sie und Technik

- Welche Geräte haben Sie selbst im Haushalt? Gibt es Geräte, die Sie regelmäßig benutzen aber nicht besitzen?
- Was für Geräte möchten Sie eines Tages kaufen?
- Was halten Sie von solchen elektrischen und elektronischen Geräten? Könnten Sie leicht auf diese Geräte verzichten? Warum (nicht)?

Die öffentliche Meinung

Alles klar?

A. Schauen Sie sich das Foto an und wählen Sie Antworten auf die Fragen. Mehr als eine Antwort kann richtig sein.

1. Wer demonstriert?
   a. Studenten/Studentinnen
   b. Obdachlose
   c. Ausländer/Ausländerinnen
   d. junge Leute
   e. Bürger/Bürgerinnen
   f. Politiker/Politikerinnen

2. Wogegen protestieren sie?
   a. gegen Arbeitslosigkeit
   b. gegen Armut
   c. gegen Ausländerfeindlichkeit
   d. gegen Armut und Hunger
   e. gegen Umweltverschmutzung
   f. gegen den Preis der Bildung
   g. gegen Obdachlosigkeit
   h. gegen Studiengebühren

B. Beantworten Sie nun die folgenden Fragen.

1. Wie heißt die Organisation, deren Transparent (*banner*) man auf dem Foto sieht?

   _____

2. Was ist der Slogan dieser Organisation?

   _____

KULTURTIPP

The subject of **Studiengebühren** continues to be a hotly debated issue in Germany. The individual federal states—rather than the federal government—decide whether or not to charge tuition, how much to charge, and what additional fees can be applied. In some areas, students who study beyond five or seven years must pay more, as must senior citizens as well as students who come from outside the city or region, or postgraduates who are starting again in a new field. Although universities in most of the states do not charge tuition, more than half of Germany's two million students are enrolled in regions that do. The term **Studiengebühren** refers only to tuition; students everywhere pay other sorts of fees for student union, social events, and other study-related costs.

Wörter im Kontext

Thema 1
Globale Probleme

Aktivität 1 Was könnte man fragen?

Streichen Sie den Infinitiv aus (streichen aus *cross out*), der die Frage **nicht** logisch ergänzt.

1. Sollte man Alkohol _____
   a. verbieten?   b. vermeiden?   c. fördern?   d. erziehen?

2. Sollte man die Umweltverschmutzung _____
   a. vermindern?   b. bedauern?   c. kompostieren?   d. verbannen?

3. Sollte man mehr Fußgängerzonen _____
   a. teilnehmen?   b. schaffen?   c. entwickeln?   d. fördern?

4. Sollte man überall Recycling _____
   a. einführen?   b. erziehen?   c. unterstützen?   d. fördern?

Streichen Sie jetzt das Substantiv aus, das den Satz **nicht** logisch ergänzt.

5. Man demonstriert gegen _____
   a. Arbeitslosigkeit.   b. Korruption.   c. Lösung.   d. Rassismus.

6. Man nimmt an _____ teil.
   a. Recyclingprogrammen   b. Gefängnissen   c. Demonstrationen   d. dem politischen Leben

7. Man hält _____ für ein großes Problem.
   a. Armut   b. Drogensucht   c. Terrorismus   d. Fußgängerzone

8. Man diskutiert heute über Probleme wie _____
   a. Rechtsextremismus.   b. Ausländerfeindlichkeit.   c. Bürger.   d. Gewalttätigkeiten.

Aktivität 2   Eine Demonstration

1. Lesen Sie den folgenden Zeitungsartikel, und füllen Sie dann die Tabelle stichwortartig (*with key words*) aus.

Mit Masken gegen Tierversuche[1] protestiert

■ Frankfurt/Main – Mit Transparenten und phantasievollen Masken haben am Sonnabend mehr als 600 Demonstranten aus Deutschland, Österreich und der Schweiz im Frankfurter Bahnhofsviertel gegen Tierversuche protestiert. Sie forderten das gesetzliche Totalverbot aller Versuche an Tieren. Diese zwei Tierfreunde aus der Schweiz (Foto) „solidarisierten" sich auf besonders ausdrucksstarke Weise mit der gequälten Kreatur.   Foto: dpa

[1]Experimente mit Tieren in Labors

wer:	
wie:	
wann:	
wo:	
wogegen:	
was man forderte:	

2. Was meinen Sie? Sollte man Tierversuche streng verbieten?

☐ Ja, ich bin 100-prozentig gegen Tierversuche.

☐ Ja, im Grunde genommen bin ich gegen Tierversuche.

☐ Es ist mir egal. Ich mache mir keine Sorgen darum.

☐ Nein, ich bin für Tierversuche, wenn solche Versuche Menschen helfen.

☐ Nein, ich bin total für Tierversuche. Tierversuche sind nötig.

Thema 2
Umwelt

Aktivität 3   Umweltfreundlich oder umweltfeindlich?

Schreiben Sie die Substantive, die beschrieben sind, und markieren Sie dann Ihre Meinungen: Das Pluszeichen (+) heißt *gut für die Umwelt*; das Minuszeichen (–) heißt *schlecht für die Umwelt*; das Fragezeichen (?) bedeutet, *man weiß nicht: könnte umweltfreundlich oder umweltfeindlich sein.*

1. Diese Flasche wirft man weg.

   _____   +   –   ?

2. An diese Stelle bringt man leere Flaschen und Dosen.

   _____   +   –   ?

3. Diese Zone ist nur für Fußgänger; alle Motorfahrzeuge (*motor vehicles*) sind hier verboten.

   _____   +   –   ?

4. Dieses Gerät verwendet man im Haushalt.

   _____   +   –   ?

5. Diese Tüte ist aus Plastik.

   _____   +   –   ?

6. Diese Verschmutzung findet man in der Umwelt.

   _____   +   –   ?

7. Das ist eine Dose, die ein Getränk enthält.

   _____   +   –   ?

8. Das ist ein Rad, das Strom aus Wind produziert.

   _____   +   –   ?

9. Das ist Material zum Verpacken und Transportieren.

   _____   +   –   ?

Aktivität 4   Wie können wir die Umwelt schützen?

Vervollständigen Sie die Fragen mit passenden Verben.

unterbrechen	kaufen	vermindern
engagieren	schützen	vorziehen
halten	teilnehmen	wählen

1. Wie kann ich an Recycling _____?

2. Soll ich Dosen oder Wegwerfflaschen _____?

3. _____ Sie Plastiktüten für umweltfreundlich?

4. Welche Politiker und Politikerinnen sollten wir _____, um die

   Umwelt zu _____?

5. Wie können wir alle den alltäglichen Abfall _____?

6. Wie kann ich mich für die Umwelt _____?

Aktivität 5   Ein Leserbrief

Lesen Sie den Leserbrief und die Antwort darauf, und schreiben Sie dann mit eigenen Worten eine vollständige Antwort auf jede Frage.

Liebe BLITZ-Redaktion!
Ich lese sehr gern den BLITZ, würde ihn mir aber in einer umweltfreundlicheren "Verpackung" sprich recycletem Papier wünschen. Ich glaube, die Leser würden das akzeptieren.
V. Wiegleb, Liebertwolkwitz

Leider haben wir noch keine akzeptable Alternative gefunden, aber wir geben die Hoffnung noch nicht auf.

umweltfreundlich
aus 100 % Altpapier

Der Leser schreibt, ...

1. Was liest der Leser gern?

   _____

2. Was für Verpackung wünscht sich der Leser?

   _____

   _____

3. Was glaubt der Leser?

   _____

   _____

... und die Redaktion (*editorial staff*) antwortet auf seinen Brief.

4. Was hat die Redaktion noch nicht gefunden?

   _____

   _____

Aktivität 6   Meinungen

Schreiben Sie jeden Satz oder Ausdruck auf Deutsch.

1. *Public transportation? I'm in favor of it.*

   _____

   _____

2. *Environmental pollution? I'm against it.*

   _____

   _____

3. *Environmentally friendly packaging? How can that be?*

   _____

   _____

4. *Clean trash? Nonsense!*

   _____

   _____

5. *In my opinion we need more recycling centers.*

   _____

   _____

6. *I'm of the opinion that everything is possible.*

   _____

   _____

Wortraum

A. Wählen Sie ein globales Problem und schreiben Sie mindestens zehn Stichworte (*keywords*) dazu.

B. Beschreiben Sie kurz das Problem und schlagen Sie eine Lösung vor. Schreiben Sie vollständige Sätze.

_____

_____

_____

_____

Grammatik im Kontext

The Passive Voice

Formation of the Passive Voice

Übung 1   „Jeopardy"

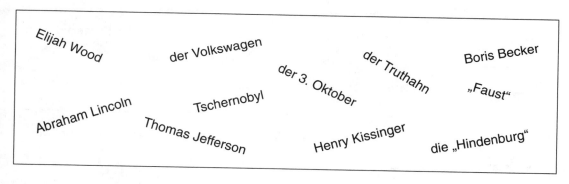

Elijah Wood   der Volkswagen   der Truthahn   Boris Becker

                               der 3. Oktober   „Faust"

Abraham Lincoln   Tschernobyl

        Thomas Jefferson   Henry Kissinger   die „Hindenburg"

Ergänzen Sie die Sätze mit der Passivform des Verbs in Klammern. Bilden Sie dann eine Frage, die durch diesen Satz beantwortet wird.

BEISPIEL: Dieses deutsche Auto __*wurde*__ zuerst in

den 30er Jahren __*hergestellt*__. (herstellen)

Frage: __*Was ist der Volkswagen?*__

1. Die Rolle von Frodo in dem Film „Der Herr der Ringe" _____ von

   diesem Schauspieler _____. (spielen)

   Frage: _____

2. Dieser Präsident _____ als der Vater der amerikanischen

   Freiheitserklärung _____. (ansehen)

   Frage: _____

3. Dieses deutsche Passagierluftschiff _____ durch eine Explosion bei der Landung auf dem Flughafen von Lakehurst _____. (zerstören [*to destroy*])

   Frage: _____

4. An diesem Tag _____ in ganz Deutschland die Vereinigung der zwei deutschen Staaten _____. (feiern)

   Frage: _____

5. Diese Stadt in der Ukraine _____ durch eine Explosion in einem Atomreaktor _____. (kontaminieren)

   Frage: _____

6. Vor einigen Jahren _____ mehr von diesem Tennisspieler _____ als von dem deutschen Bundeskanzler. (verdienen)

   Frage: _____

7. Dieses Drama _____ von Johann Wolfgang von Goethe _____. (schreiben)

   Frage: _____

8. Unter diesem amerikanischen Präsidenten _____ der Bürgerkrieg in Amerika _____. (beenden) In demselben Monat _____ er _____. (ermorden)

   Frage: _____

9. Dieser Vogel _____ von Benjamin Franklin als Nationalsymbol der Vereinigten Staaten _____. (vorschlagen)

   Frage: _____

10. Dieser ehemalige (*former*) amerikanische Außenminister _____ in Deutschland _____. (geboren)

    Frage: _____

Übung 2   „Trivia" Fragen

Formulieren Sie fünf „Trivia" Fragen im Passiv. Die Liste von Verben wird Ihnen Hinweise geben.

BEISPIEL: Von wem wurde die Hauptrolle in dem Film „Lola rennt" gespielt?

bauen	helfen	schreiben
entdecken	kaufen	singen
entwickeln	malen	spielen
gewinnen	reiten	tragen
		?

1. _____
2. _____
3. _____
4. _____
5. _____

Expressing the Agent

Übung 3   Eine Vorschau von „Tatort"

Lesen Sie den Text durch. Schreiben Sie dann jede Frage im Aktiv neu. Schreiben Sie auch eine Antwort in Stichwörtern, wenn es eine Antwort gibt.

> BEISPIEL: Von wem wird die Rolle des Hauptkommissars gespielt? →
> Wer spielt die Rolle des Hauptkommissars?
> Antwort: Robert Atzorn.

Tatort: Undercover
Sonntag, 20.15 Uhr, ARD

Ein Drogenfahnder[1] verliert in den Wirren[2] der Ermittlung[3] mit undercover arbeitenden Polizeispitzeln den Überblick.[4] Wer ist Freund, wer ist Feind?[5] Thomas Bohn (Buch und Regie) erzählt trotz eines komplizierten Plots eine gut verstehbare Geschichte. Erst die Mordkommission des „Tatort"-Teams aus Hamburg mit Hauptkommissar Jan Casstorff (Robert Atzorn) an der Spitze bringt Klarheit in die Machenschaften[6] eines russischen Drogenrings und des verdeckten Fahndungsspiels[7] der zentralen Dienste.[8] Die Regie lässt sowohl Atzorn als auch seinen Mitspielern Tilo Prückner, Nina Petri und Fjodor Olev – er spielt den schwarzgelockten Sohn des Kommissars – genügend Zeit, ihre Eigenarten auszuspielen. Und eine weise Lehre gibt es in dem spannenden Krimi obendrein: Wahre Vaterschaft ist keine Frage der Gene.

Atzorn

THORSTEN JANDER / NDR

[1]*narcotics investigator*
[2]*turmoil*
[3]*investigation*
[4]*overview*
[5]*enemy*
[6]*wheelings and dealings*
[7]*search operations*
[8]*services*

1.   Von wem werden die Fragen „Wer ist Freund?" und „Wer ist Feind?" gestellt?

_____

_____

2.   Von wem wird die Geschichte erzählt?

_____

Antwort: _____

3. Von wem wurde das Buch geschrieben?

_____

Antwort: _____

4. Wie wird Klarheit in die Machenschaften des russischen Drogenrings gebracht? (*Use* man *as the subject.*)

_____

_____

5. Von wem wird die Rolle des schwarzgelockten (schwarzhaarigen) Sohnes des Kommissars gespielt?

_____

_____

Antwort: _____

Expressing a General Activity

Übung 4   Ein großes Sommerfest

Rheinhotel Dreesen · Ringhotel Bonn

Dreesen tanzt.

Samstag, 25. August.

© www.marwin.de

Das große Sommerfest im Kastaniengarten.

Mit dem Tanzorchester „Lex van Wel" in 11köpfiger Besetzung.

Einlass ab 19.00 Uhr. Beginn: 20.00 Uhr.

02. August
07. September
„TANZ im KASTANIENGARTEN"
Eintritt frei.

Rheinhotel Dreesen
Ringhotel Bonn

Rheinhotel Dreesen · Ringhotel Bonn · Rheinstraße 45-49 · Bad Godesberg · D-53179 Bonn
Tel.: 0228/8202 -0 · Fax: 0228/8202 -153 · service@rheinhoteldreesen.de · www.rheinhoteldreesen.de

Was passiert? Schreiben Sie Sätze im Passiv.

BEISPIEL: im Rheinhotel Dreesen / am Samstagabend / tanzen →
Im Rheinhotel Dreesen wird am Samstagabend getanzt.

1. hier / ein großes Sommerfest / feiern

_____

2. Musik zum Tanzen / spielen

_____

3. die Musik vom Tanzorchester „Lex van Wel" / hören

_____

4. hier / singen und lachen

_____

5. hier / Bier und Wein / trinken

_____

The Passive with Modal Verbs

Übung 5   Hier darf nicht mehr geraucht werden.

DER QUALM[1] VERZIEHT SICH[2]

Wo in Europa nicht mehr geraucht werden darf

>**England:** ab Sommer 2007 in Restaurants, Pubs und Klubs

>**Frankreich:** in Zügen und in öffentlichen Verkehrsmitteln (Strafe[3] 45 Euro)

>**Irland:** in Restaurants und Pubs und in öffentlichen Verkehrsmitteln (Strafe bis zu 3000 Euro)

>**Italien:** in Cafés und Restaurants (Strafe bis zu 275 Euro). Ausnahme:[4] Lokale, die gesonderte Räume mit eigener Lüftung[5] haben

>**Lettland:** Ab Juli darf in Restaurants, Bars und Discotheken nur noch in abgetrennten[6] Räumen geraucht werden

>**Malta:** in allen öffentlichen Einrichtungen[7] sowie in Restaurants, Discos und Bars – außer an eigens ausgewiesenen[8] Plätzen

>**Mazedonien:** in allen öffentlichen Gebäuden sowie in Gaststätten (Strafe bis zu 250 Euro), außer in Räumen, in denen weder Speisen noch[9] Getränke angeboten werden

>**Norwegen:** in Restaurants, Bars und öffentlichen Verkehrsmitteln (Strafe nicht für Gäste, sondern für Gastronomen)

>**Österreich:** in öffentlichen Gebäuden und auf Bahnhöfen (keine Strafe). In größeren Stationen gibt es ausgewiesene Raucherbereiche

>**Schottland:** ab April in Restaurants, Pubs und Klubs

>**Schweden:** in geschlossenen Räumen, in denen Getränke und Speisen serviert werden. Wer raucht, wird aufgefordert,[10] das Lokal zu verlassen[11]

>**Schweiz:** in Zügen und auf allen Bahnhöfen (Strafe 16 Euro)

>**Spanien:** In Restaurants, die größer als 100 Quadratmeter sind, darf nur in separaten Zonen geraucht werden. In kleineren Lokalen bestimmt der Besitzer, ob die Gäste rauchen dürfen

>**Ungarn:** in allen öffentlichen Einrichtungen

[1] smoke
[2] verzieht … is clearing
[3] fine
[4] exception
[5] ventilation
[6] separate
[7] establishments
[8] eigens … specially designated
[9] weder … noch neither . . . nor
[10] asked
[11] leave

Lesen Sie den Text und schreiben Sie kurze Antworten auf die Fragen.

> BEISPIEL: Wo darf in Lettland geraucht werden? →
>
> *in Restaurants, Bars und Discotheken nur noch in abgetrennten Räumen*

1. In was für Räumen darf in Mazedonien geraucht werden?

   _____

2. Wo darf in Schweden nicht mehr geraucht werden?

   _____

3. Was passiert, wenn man in Lokalen in Schweden raucht?

   _____

4. Wo darf man in Spanien noch rauchen?

   _____

5. Wer bestimmt (*determines*) in kleineren Lokalen in Spanien, ob die Gäste rauchen dürfen?

   _____

6. Wo darf in Zügen nicht mehr geraucht werden?

   _____

7. Wo muss die höchste Strafe bezahlt werden? Wie hoch ist diese Strafe?

   _____

8. Wo müssen auch Gastronomen (Restaurateure) die Strafe bezahlen, wenn Gäste rauchen?

   _____

9. Wie ist es, wo Sie wohnen? Wo darf nicht geraucht werden?

   _____

Use of **man** as an Alternative to the Passive

Übung 6   Wie feiert man im Rheinhotel Dreesen?

Schreiben Sie die Sätze in Übung 4 im Aktiv.

> BEISPIEL: Im Rheinhotel Dreesen wird am Samstagabend getanzt. →
> Im Rheinhotel Dreesen tanzt man am Samstagabend.

1. _____
2. _____
3. _____
4. _____
5. _____

Übung 7   Küchenabfälle

A. Lesen Sie zuerst den ganzen Artikel.

Die BSR sucht Verwerter für Küchenabfälle

Die Berliner Stadtreinigung[1] (BSR) sucht Verwerter[2] für Küchenabfälle, um den Müll – wie derzeit täglich etwa 30 Tonnen im Ost-Teil – weiterhin getrennt sammeln zu können. Die Abfälle aus Haushalten, Restaurants und Großküchen wurden bisher an Futtermittelaufbereiter[3] gegeben. Eine Untersuchung hat außerdem ergeben, daß Küchenabfälle auch gemeinsam mit Gartenabfällen kompostiert werden können. Bis eine sinnvolle Verwertungsmöglichkeit gefunden worden ist, müssen die Abfälle leider gemeinsam mit Hausmüll auf den Deponien[4] beseitigt werden. *BM*

[1]*city sanitation department*
[2]*users*
[3]*preparers of animal food*
[4]*dumps, landfills*

B. Suchen Sie jetzt die Sätze oder die Satzteile im Passiv und schreiben Sie sie unten als Beispiele.

1. Beispiel eines Satzes im Imperfekt:

   _____

   _____

   _____

2. Beispiel eines Satzteils im Perfekt:

   _____

   _____

3. Beispiel eines Satzteils im Präsens:

   _____

   _____

4. Ein zweites Beispiel eines Satzteils im Präsens:

   _____

   _____

C. Antworten Sie jetzt auf jede Frage in Stichworten (*key words*).

1. Welche Organisation hat die Abkürzung BSR? _____

2. Wen sucht die BSR? Warum? _____

   _____

3. Wem wurden die Küchenabfälle bisher gegeben? _____

   _____

4. Was hat eine Untersuchung (*investigation*) ergeben (*determined*)? _____

_____

_____

5. Was für eine Möglichkeit sucht die BSR? _____

_____

6. Wie müssen die Abfälle beseitigt (*disposed of*) werden? _____

_____

_____

Übung 8   Wie kann man Umweltschutz praktizieren?

Lesen Sie die Anzeige, die Hinweise (Tipps) für Umweltschutz gibt. Schreiben Sie dann jeden Satz neu im Aktiv mit **man** als Subjekt.

KRONE
Praktischer Umweltschutz!

In unseren Anzeigen bringen wir immer wieder Vorschläge, wie Sie durch gezielten Einkauf täglich Umweltschutz praktizieren können. Wir weisen auf umweltfreundlich hergestellte Artikel hin, deren Inhaltstoffe biologisch abbaubar sind, die wenig Abfall produzieren und die die Natur so wenig wie möglich belasten. Achten Sie auf Verpackungen und meiden Sie Waren, die in überflüssigem Plastik verpackt sind. Wir von KRONE versuchen, umweltfreundliche Produkte so günstig wie möglich anzubieten. Lassen Sie sich überzeugen. Also, bis bald in Ihrem KRONE!

1. Vorschläge für Umweltschutz können in Anzeigen gegeben werden.

_____

_____

2. Umweltschutz kann durch gezielten (*well-directed*) Einkauf praktiziert werden.

_____

_____

3. Umweltfreundliche Produkte können hergestellt werden, deren Inhaltstoffe (*contents*) biologisch abbaubar (*degradable*) sind.

_____

_____

_____

4. Produkte können hergestellt werden, die wenig Abfall produzieren und die die Natur so wenig wie möglich belasten (*pollute*).

_____

_____

_____

5. Auf Verpackung kann geachtet werden.

_____

6. Waren, die in überflüssigem Plastik verpackt sind, können vermieden werden.

_____

_____

7. Umweltfreundliche Produkte können günstig angeboten werden.

_____

_____

Extra: Was ist Krone?
   a. Eine Hotelkette.   b. Eine Supermarktkette.   c. Eine Kaufhauskette.

The Present Participle

Übung 9   Achtung, Uhren umstellen!

Ergänzen Sie die Sätze mit dem Partizip Präsens als Adjektiv.

   BEISPIEL: Schauen Sie sich das __*folgende*_____ Bild an. (folgen)

1. In dieser Nacht denken die Menschen nicht an die _____

   Umweltverschmutzung und auch nicht an die sich _____ Korruption in

   der Weltpolitik. (zunehmen, verbreiten)

2. Sie träumen vom _____ Sommer. (kommen)

3. Sie haben schon viel für die _____ Sommerzeit geplant. (beginnen)

4. Der _____ Hund liegt unter dem Bett. (schlafen)

5. Er hört die _____ Katzen nicht. (jaulen)

6. Er träumt vom _____ Tag und von den _____

   Nachbarskindern, mit denen er gern spielt. (folgen, lachen)

Sprache im Kontext

Lesen

Auf den ersten Blick

Schauen Sie sich die Fotos auf der nächsten Seite an, und überfliegen Sie den Titel und die Bildunterschrift. Was für ein Haus ist das? Was wissen Sie schon davon? Unterstreichen Sie die richtigen Antworten.

   BEISPIEL: Ist das Haus <u>von Pflanzen</u> oder von Asphalt umgeben (*surrounded*)?

1. Findet man das Haus in Hamburg oder in Hammelburg?
2. Wohnt eine Familie zu viert oder zu fünft in diesem Haus?
3. Ist das Haus aus Stein oder aus Holz gebaut?
4. Wird das Haus wohl aus ökologischen oder aus ästhetischen Prinzipien gebaut?

Hans Josef Fell mit seiner Frau Annemarie und seinen drei Kindern, vor seinem Haus in Hammelburg

Das Ökohaus

Unser 1985 fertig gestelltes Holzhaus mit Grasdach ist nach ökologischen und baubiologischen Kriterien errichtet. Strom, Wärme und Mobilität werden vollständig durch Erneuerbare Energien bereitgestellt. Die passive Energiegewinnung wird durch die optimale Südausrichtung und einen Wintergarten optimiert. Eine Photovoltaikanlage erzeugt Strom. Die thermische Solaranlage liefert den Wärmebedarf für Warmwasser und geringfügig auch für die Heizung. In der kalten Jahreszeit wird die Wärme von einem Grundofen erzeugt, der auch zum Kochen und Backen genutzt wird. Den über die solaren Strahlungsgewinne hinausgehenden Strom- und Wärmebedarf deckt ein Kleinblockheizkraftwerk, das mit reinem, kaltgepresstem Pflanzenöl aus regionalem, biologischem Anbau betrieben wird. Photovoltaikanlage und Blockheizkraftwerk liefern auch den Strom für das zweisitzige TWIKE-Solarmobil und unser VW-Golf wird mit Pflanzenöl betrieben.

Unser Haus ist bereits mehrfach ausgezeichnet worden, zuletzt mit dem Energy Globe Award 2000.

Zum Text

A. Lesen Sie den Text durch. Sorgen Sie sich nicht, wenn Sie nicht alles verstehen. Füllen Sie dann die Sätze mit den richtigen Wörtern aus. Diese Wörter kommen direkt aus dem Text. Lesen Sie den Text noch einmal. Können Sie alles jetzt besser verstehen?

1985	Holz	Solaranlage
2000	Kochen	Strom
Backen	Mobilität	Südausrichtung
baubiologischen	ökologischen	Wärme
Gras	Pflanzenöl	Wintergarten

1. _____ wird das Haus gebaut.

2. Man hat das Haus aus _____ und das Dach aus _____ gebaut.

3. Das Haus wird nach _____ und _____ Kriterien errichtet (*constructed.*)

4. Erneubare (*renewable*) Energien sind in diesem Haus sehr wichtig.

   _____, _____ und _____ werden

   durch solche Energien bereitgestellt (*provided*).

5. Energie wird durch die _____ des Hauses und den _____ gespart und auch gewonnen.

6. Wärme für Warmwasser und geringfügig (*slightly*) auch für Heizung wird von der

   thermischen _____ geliefert (*delivered*).

7. Im Winter wird die Wärme durch einen Grundofen erzeugt (produziert). Dieser Ofen wird

   auch zum _____ und _____ genutzt.

8. Das Haus benutzt Strahlungsenergie. Ein Kleinblockheizkraftwerk (*small block heating unit*) produziert auch Strom und Wärme. Es funktioniert mit reinem, kaltgepressten

   _____. Dieses Öl kommt aus regionalem, biologischen Pflanzenbau

   (Kultivierung).

9. Das Haus hat schon viel Lob (*praise*) bekommen, zuletzt (*most recently*) mit dem Energy Globe

   Award _____.

B. Beschreiben Sie Ihr Traumhaus.

- Wo würden Sie leben?
  - ☐ im Zentrum einer Großstadt?
  - ☐ in der Vorstadt einer großen Metropole?
  - ☐ in einer Kleinstadt?
  - ☐ in einem europäischen Kurort?
  - ☐ auf dem Land?
  - ☐ in den Bergen?
  - ☐ im Wald?
  - ☐ am Strand?
  - ☐ an einem See?
  - ☐ an einem Fluss?
  - ☐ in der Wüste (*desert*)?
  - ☐ im Dschungel?
  - ☐ auf einer Insel im Südpazifik?
  - ☐ ?

- Was für ein Zuhause hätten Sie gern?
  - ☐ eine Villa?
  - ☐ ein großes Schloss?
  - ☐ eine renovierte Burg?
  - ☐ ein altes Bauernhaus?
  - ☐ ein modernes Einfamilienhaus?
  - ☐ eine Wohnung in einem Stadthaus?
  - ☐ ein Penthaus?
  - ☐ eine Dachwohnung?
  - ☐ ein Hausboot?
  - ☐ eine Kabine auf einem Schiff?
  - ☐ eine Jacht?
  - ☐ ein Zelt?
  - ☐ eine Hütte?
  - ☐ ?

- Woraus wäre das Haus gebaut?
  - ☐ aus Holz?
  - ☐ aus Stein?
  - ☐ aus Stroh?
  - ☐ aus Beton (*concrete*)?
  - ☐ aus Backstein (*brick*)?

- Würden Sie das Haus aus ökologischen oder ästhetischen Prinzipien bauen?

- Was für einen Ausblick würden Sie jeden Tag genießen?

- Wie würden Sie Ihre Tage verbringen?

Na klar!

Bildung (*education*) ist keine Ware (*commodity*)! Was bedeutet Ihrer Meinung nach dieser Slogan? Sind Sie dergleichen Meinung? Warum (nicht)? Sollten Studenten Studiengebühren bezahlen müssen? Warum (nicht)? Wenn ja, wie hoch sollten die Gebühren sein? Wäre die Qualität Ihrer Bildung besser oder schlechter ohne Studiengebühren? Warum meinen Sie das? Was sollten Studenten tun, wenn sie mit dem System unzufrieden (*dissatisfied*) sind? Schreiben Sie Ihre Meinungen darüber.

Journal

Wählen Sie eins der folgenden Themen.

Thema 1: Das größte Weltproblem. Was ist Ihrer Meinung nach das größte Problem der heutigen Welt? Wovor haben Sie die größte Angst, wenn Sie an die Zukunft (*future*) denken? Was könnte/sollte/müsste man machen, um dieses Problem zu vermeiden oder zu vermindern? Was könnte/sollte/müsste die Regierung tun? Was könnte/sollte/müsste jeder Mensch tun? Was können Sie selbst ab heute machen?

Thema 2: Ein persönliches Problem und Ihre persönliche Meinung. Es gibt immer große Probleme in der Welt. Aber jeder Mensch hat auch seine eigenen Probleme, die ihm oft sehr groß erscheinen. Auf Englisch sagt man: ". . . is a pet peeve of mine." Auf Deutsch sagt man: „... ist mir ein Dorn (*thorn*) im Auge." Was ist Ihnen „ein Dorn im Auge"? Beschreiben Sie das Problem, und äußern (*express*) Sie Ihre Meinung darüber.

Thema 3: Viele Fragen, wenige Antworten. An welche Probleme denken Sie am öftesten? Welche Fragen kommen in den Sinn, wenn Sie an jedes Problem denken? Alle Fragen haben Wert. Schreiben Sie alle Fragen auf, an die Sie denken. Wenn Sie eine Antwort oder eine Lösung haben, schreiben Sie sie auch auf.

Answer Key

Answers are included only for activities and exercises that have one expected answer. Sometimes your answers may still differ somewhat from those in this answer key. For example, your answer may contain a noun subject, whereas the printed answer contains a pronoun subject or vice versa; or, at times, your answer might include a synonym for a word or phrase in the printed answer. This does not mean that your answer is wrong but rather that there are different ways of stating it. When variations in expressions can be anticipated, they are included in parentheses within the answer key, or a note regarding the possibilities is provided.

Einführung

Aktivität 1 6.

Aktivität 2 HERR LANG: Hallo! <u>Mein</u> Name ist Peter Lang. <u>Wie</u> ist Ihr Name bitte? FRAU WALL: Guten Tag, Herr Lang. Ich <u>heiße</u> Carolyn Wall. HERR LANG: <u>Freut</u> mich, Frau Wall. Und <u>woher</u> kommen Sie? FRAU WALL: Ich <u>komme</u> aus Chikago. HERR LANG: Ah ja, Chikago … Und Sie? Wie <u>heißen</u> Sie, bitte? HERR GRAY: Ich heiße Jonathan Gray, und ich komme aus Vancouver. HERR LANG: Nun, herzlich <u>willkommen</u> in Deutschland.

Aktivität 3 A: Guten Abend! B: Grüß dich! C: Danke schön! D: Bitte sehr! E: Ich heiße Eva. F: Freut mich! G: Auf Wiedersehen! H: Tschüss!

Aktivität 4 1. Wie geht's? (*oder:* Na, wie geht's? *oder:* Wie geht es dir? *oder:* Wie geht's dir?) 2. Gute Nacht! 3. Grüß Gott! 4. Guten Tag! 5. Guten Morgen! 6. Danke! (*oder:* Danke schön! *oder:* Danke sehr!) 7. Bitte! (*oder:* Bitte schön! *oder:* Bitte sehr!) 8. Hallo!

Aktivität 5 B: Ausgezeichnet! C: Sehr gut! D: Gut! E: So lala! F. Nicht besonders gut. G: Schlecht.

Aktivität 6 FRAU WENDT: Die Nummer ist <u>eins</u>, <u>acht</u>, <u>drei</u>, <u>fünf</u>, <u>neun</u>, <u>vier</u>.

Aktivität 7 1. siebzehn 2. sechzehn 3. neunzehn 4. dreizehn

Aktivität 8 FANS: <u>Zwanzig</u>, neunzehn, <u>achtzehn</u>, siebzehn, sechzehn, <u>fünfzehn</u>, <u>vierzehn</u>, dreizehn, <u>zwölf</u>, <u>elf</u>, <u>zehn</u>, neun, acht, <u>sieben</u>, <u>sechs</u>, fünf, vier, drei, <u>zwei</u> eins, null!

Aktivität 9 1. dreiundzwanzig / zweiunddreißig 2. neunundfünfzig / fünfundneunzig 3. siebenundsechzig / sechsundsiebzig 4. vierundachtzig / achtundvierzig

Aktivität 10 A. 1. 172 2. 385 3. 599 4. 2 706 5. zweihunderteins 6. vierhundertsechsundvierzig 7. sechshundertsiebenundvierzig 8. neuntausendsechshunderteinundsechzig

Aktivität 11 Herrn / Georg Schuster / Poststraße 20 / 69115 Heidelberg

Aktivität 12 *Answers may vary. Possible answers.* STEFAN: Ich habe eine Frage. ANNA: Wie sagt man „interesting" auf Deutsch? BRIGITTE: Ich verstehe das nicht. (*oder:* Das weiß ich nicht.) THOMAS: Haben wir Hausaufgaben? (*oder:* Was bedeutet Hausaufgaben?) PETER: *Answers will vary.* KARIN: Wiederholen Sie, bitte. (*oder:* Noch einmal, bitte. *oder:* Wie bitte? *oder:* Etwas langsamer, bitte.)

Aktivität 13 1. Sommersprachkurse 2. a. Englisch b. Französisch 3. Mathematik 4. Kleinklassen 5. Privatunterricht 6. Tennis *oder* Wasserski fahren *oder* Reiten 7. a. Monika A. Schmid, Patricia Bühler b. Höhenweg 60 c. 9000 d. St. Gallen e. die Schweiz f. +41 71 277 77 77-79 g. +41 71 277 98 27 h. www.instrosenberg.ch.

Aktivität 14 1. Dänemark 2. Deutschland, Österreich, Liechtenstein, die Schweiz, Luxemburg, Belgien 3. Frankreich (die Schweiz, Belgien, …) 4. Polen 5. Tschechien

Aktivität 15 1. Frankreich 2. Deutschland 3. Dänemark 4. Liechtenstein 5. Polen 6. die Schweiz 7. Tschechien 8. Österreich

Kapitel 1

Alles klar? *Answers will vary.*

Wörter im Kontext **Aktivität 1** Hallo! Ich heiße Martin Thomas. Martin ist mein Vorname, und Thomas ist mein Nachname. Ich bin Hochschullehrer von Beruf. Ich arbeite an der Freien Universität. Meine Frau ist Architektin von Beruf. Ich bin in Hamburg geboren, aber meine Frau und ich wohnen jetzt in Berlin. Wir finden alles hier sehr interessant.

Aktivität 2 **Vorname:** Renate **Nachname:** Menzel **Geburtsort:** Linz **Wohnort:** Wien **Alter:** 26 **Beruf:** Studentin **Hobby:** Tanzen

Aktivität 3 Wie heißen Sie, bitte? Woher kommen Sie? Was machen Sie in Berlin? Wie finden Sie die Stadt? Wie lange bleiben Sie in Deutschland? Was sind Sie von Beruf? Was studieren Sie denn an der Uni? Surfen Sie gern im Internet? Lernen Sie Deutsch am Sprachinstitut?

Aktivität 4 1. fleißig 2. praktisch 3. unsympathisch 4. unfreundlich 5. konservativ 6. interessant

Aktivität 5 A. 1. unpraktisch 2. ruhig 3. chaotisch 4. langweilig 5. untreu 6. intolerant 7. uninteressant 8. faul

Aktivität 6 GISELA: Computerspiele spielen macht mir Spaß. MICHAEL: Karten spielen macht mir Spaß. (*oder:* Kartenspiele machen mir Spaß.) CHRISTIAN: Kochen macht mir Spaß. ANDREAS: Reisen macht mir Spaß. HANNA: Wandern macht mir Spaß. ELISABETH: Tanzen macht mir Spaß.

Grammatik im Kontext **Übung 1** 1. die 2. der 3. die 4. der 5. die 6. die 7. das 8. das 9. das 10. die 11. der 12. der

Übung 2 A: die B: sie C: der D: Er / Die E: die F: sie / Der G: der H: Er I: die J: sie

Übung 3 A: das B: es C: die D: sie E: der F: er G: die H: sie I: die J: sie K: der L: er

Übung 4 1. heißt 2. ist 3. arbeitet 4. kommt 5. wohnt 6. findet 7. Schickt 8. Wandert 9. Lernt 10. Reist

Übung 5 SOFIE: Mein Name ist Sofie. Bist du Peter? PETER: Ja, und das sind Alex und Andreas. Alex ist Amerikaner, und Andreas ist Österreicher. SOFIE: Seid ihr alle neu in Freiburg? ANDREAS: Alex und ich sind neu hier. Peter, bist du auch neu hier? PETER: Nein, ich bin schon ein Jahr in Freiburg. SOFIE: Wie findest du Freiburg, Peter? PETER: Das Land und die Stadt sind faszinierend. Die Uni ist auch wirklich interessant. SOFIE: Woher kommst du denn? PETER: Ich komme aus Liverpool. Ich bin Engländer.

Übung 6 B: Morgen fahren wir nach Kiel. D: Heute Abend gehen wir tanzen. F: Nächstes Jahr besuche ich Wien. H: Heute kommt er. J: Jetzt spielen sie Karten.

Übung 7 1. Wie heißt du? 2. Woher kommst du? 3. Wie alt bist du? 4. Bist du Studentin? 5. Was studierst du? 6. Wie heißt du? 7. Wo wohnst du jetzt? 8. Wie findest du die Stadt? 9. Was bist du von Beruf? 10. Reist du oft?

Übung 8 1. Sie heißt Monika. 2. Sie kommt aus Düsseldorf. 3. Sie ist dreiundzwanzig Jahre alt. 4. Ja, sie ist Studentin. 5. Sie studiert Chemie. 6. Er heißt Robert. 7. Er wohnt jetzt in Dresden. 8. Er findet die Stadt echt interessant. 9. Er ist Web-Designer von Beruf. 10. Nein, er reist nicht oft.

Sprache im Kontext **Auf den ersten Blick** A. 1. c 2. b B. 1. Dr. Kim Meyer-Cech 2. Universität für Bodenkultur Wien 3. Yogalehrerin 4. Der Standard

Zum Text D. a. Sie heißt Dr. Kim Meyer-Cech. b. *Answers will vary.* c. Sie ist Yogalehrerin von Beruf. d. *Answers will vary.* e. *Answers will vary.*

Kapitel 2

Alles klar? 1. c 2. d 3. b 4. a, d

Wörter im Kontext **Aktivität 1** möbliert / hell / groß / niedrig / billig / bequem

Aktivität 2 1. das Schlafzimmer 2. die Küche 3. das Esszimmer 4. das Arbeitszimmer 5. das Bad (*oder:* das Badezimmer) 6. die Terrasse 7. der Garten 8. die Garage

Aktivität 3

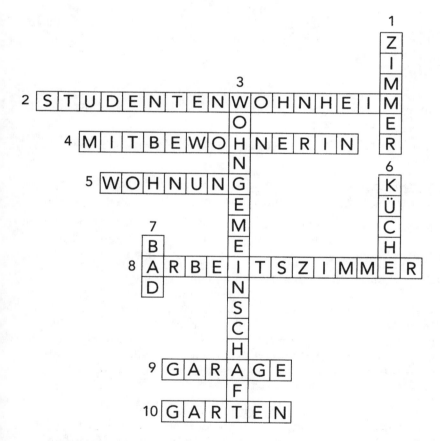

Aktivität 4 1. Der Sessel 2. Der Stuhl 3. Der Fernseher 4. Das Bett 5. Das Bücherregal 6. Die Lampe 7. Der Wecker 8. Das Radio 9. Der Tisch

Aktivität 5 1. das Poster 2. das Bücherregal 3. der Schreibtisch 4. der Computer 5. das Telefon 6. der DVD-Spieler 7. die Stereoanlage 8. der CD-Spieler 9. der Teppich 10. die Zimmerpflanze

Aktivität 6 1. Zeitung <u>lesen</u> 2. Toast mit Butter <u>essen</u> 3. Kaffee <u>trinken</u> 4. Fahrrad <u>fahren</u> 5. im Büro <u>arbeiten</u> 6. Briefe <u>schreiben</u> 7. im Park <u>laufen</u> 8. Spaghetti <u>kochen</u> 9. Radio <u>hören</u> 10. ins Bett <u>gehen</u> 11. <u>schlafen</u>

Grammatik im Kontext Übung 1 A. 1. die Herren 2. die Frauen 3. die Männer 4. die Kunden
5. die Freunde 6. die Mitbewohnerinnen 7. die Studenten 8. die Amerikaner 9. die Kundinnen
10. die Verkäufer 11. die Mütter 12. die Väter 13. die Jungen **B.** *Answers will vary.*

Übung 2 1. Die Studentinnen brauchen Wohnungen. 2. Die Frauen lesen Bücher. 3. Die Verkäufer
suchen Hotelzimmer in Köln. 4. Die Amerikanerinnen suchen Mitbewohnerinnen. 5. Die Kunden
brauchen Häuser. 6. Die Mieten in Deutschland sind hoch.

Übung 3 1. der 2. die 3. das 4. der 5. das / den / die 6. den / die / die 7. den / das /
die 8. die / die

Übung 4 C: Ist Herr Siegfried hier? D: Nein. Ich sehe Herrn Siegfried nicht. E: Der Student heißt
Konrad. F: Wie ist sein Name bitte? G: Im Museum sehen wir einen Menschen aus der Steinzeit.
H: Wie, bitte? Woher kommt der Mensch? I: Besuchst du oft den Studenten aus Tokio? J: Ja. Ich
besuche auch einen Studenten aus Hiroshima.

Übung 5 A: Dieser B: Welchen C: diesen D: Welchen E: Welchen F: diesen G: Dieser
H: diesen I: Dieses, dieser, dieser J: diese K: Welche

Übung 6 1. V: Hier ist ein Kleiderschrank. Brauchen Sie einen Kleiderschrank? K: Nein. Einen
Kleiderschrank habe ich schon. 2. V: Hier ist eine Lampe. Brauchen Sie eine Lampe? K: Nein. Eine
Lampe habe ich schon. 3. V: Hier ist ein Wecker. Brauchen Sie einen Wecker? K: Nein. Einen
Wecker habe ich schon. 4. V: Hier ist ein Nachttisch. Brauchen Sie einen Nachttisch? K: Nein. Einen
Nachttisch habe ich schon. 5. V: Hier ist eine Kommode. Brauchen Sie eine Kommode? K: Nein.
Eine Kommode habe ich schon. 6. V: Hier ist ein Bett. Brauchen Sie ein Bett? K: Nein. Ein Bett
habe ich schon.

Übung 7 1. Was sucht der Student aus Köln? 2. Was braucht die Studentin aus Aachen? 3. Wen
besucht der Amerikaner? 4. Was findet die Amerikanerin zu hoch? 5. Wer hat nur einen Kunden?
6. Wen sehen die Kundinnen?

Übung 8 1. Wir haben Durst. 2. Ihr habt Geld. 3. Claudia hat Uwe gern. 4. Ich habe keine Lust.
5. Du hast Recht. 6. Der Verkäufer hat Zeit.

Übung 9 1. Wir haben <u>kein</u> Bett, <u>keinen</u> Computer, <u>keine</u> Kommode, <u>keinen</u>/<u>keine</u> Sessel und <u>keine</u>
Lampen. Wir brauchen <u>keinen</u> Couchtisch, <u>keinen</u> Teppich, <u>keine</u> Uhr, <u>kein</u> Radio und <u>keine</u> Regale.

Übung 10 1. Nein, sie ist nicht hoch. 2. Nein, es ist nicht groß. 3. Nein, ich brauche keinen Sessel.
4. Nein, ich habe keinen Schreibtisch. 5. Nein, ich habe keine Stühle. 6. Nein, ich finde das Zimmer
nicht schön. 7. Nein, ich suche keine Wohnung.

Übung 11 1. Sie fragt: Nimmst du das Zimmer? Er sagt: Nein, ich nehme das Zimmer nicht. Sie
berichtet: Er nimmt das Zimmer nicht. 2. Sie fragt: Isst du oft in Restaurants? Er sagt: Nein, ich esse
nicht oft in Restaurants. Sie berichtet: Er isst nicht oft in Restaurants. 3. Sie fragt: Läufst du gern im
Park? Er sagt: Nein, ich laufe nicht gern im Park. Sie berichtet: Er läuft nicht gern im Park. 4. Sie
fragt: Fährst du heute Auto? Er sagt: Nein, ich fahre heute nicht Auto. Sie berichtet: Er fährt heute
nicht Auto. 5. Sie fragt: Liest du heute Abend Zeitung? Er sagt: Nein, ich lese heute Abend nicht
Zeitung. Sie berichtet: Er liest heute Abend nicht Zeitung. 6. Sie fragt: Schläfst du jetzt? Er sagt:
Nein, ich schlafe jetzt nicht. Sie berichtet: Er schläft jetzt nicht.

Übung 12 Herr Reiner aus Hannover <u>fährt</u> nach Berlin. Er <u>wohnt</u> in einem eleganten Hotel und
<u>schläft</u> in einem bequemen Bett. Heute <u>trinkt</u> er Kaffee und <u>liest</u> die *Berliner Morgenpost*. Dann <u>findet</u>
er einen Park und <u>läuft</u>. Übrigens <u>hat</u> Herr Reiner manchmal Hunger. Dann <u>geht</u> er ins Restaurant
i-Punkt zum Brunch-Buffet und <u>isst</u> Berliner Spezialitäten. Das Restaurant i-Punkt <u>ist</u> ganz oben in der
20. Etage im Europa-Center.

Übung 13 1. ⟨DER⟩ / ⟨DEN⟩ / ⟨DER⟩ / ⟨DER⟩ / ⟨DER⟩ 2. ⟨Blöd? Dann sieh dir erst mal den hier an.⟩
3. blöd / hässlich 4. He! 5. Ekelhaft 6. Torfkopp / Cretin 7. schlimmer

Übung 14 GNU EINS: Sieh dir erst mal <u>die</u> hier an. GNU ZWEI: Ja, <u>die</u> sind wirklich hässlich.
GNU EINS: Mann, ist <u>die</u> blöd. GNU ZWEI: Ja, wirklich blöd. Aber nicht so dumm wie <u>die</u> da.

GNU EINS: He! Du, Torfkopp!   GNU ZWEI: <u>Die</u> hört das nicht. <u>Die</u> ist zu dumm. Dumm und hässlich!
Ich habe <u>die</u> ungern.   GNU EINS: Schnaken! Iih! Ich finde <u>die</u> ekelhaft.

Sprache im Kontext   Auf den ersten Blick   A.   1. ja, 2 bis 4   2. nein   3. nein   4. nein   5. nein
6. ja, von 13. Juli bis 13. August 2006   7. ja, von 13. Juli bis 13. August (*oder*: 31 Tage *oder*: 1 Monat)
8. ja, DozentInnen und KünstlerInnen (*oder*: Dozenten/Dozentinnen und Künstler/Künstlerinnen)
9. ja, 523 55 58 oder apartment@impulstanz.com (*oder*: Telefon oder E-Mail)   10. ja, 523 55 58   11. ja,
apartment@impulstanz.com   12. nein

Zum Text   A. Die Organisation ImPulsTanz <u>sucht</u> 2- bis 4- Zimmer <u>Wohnungen</u> für ihre Dozenten/
Dozentinnen und Künstler/Künstlerinnen. Sie brauchen die Wohnungen für einen Monat, vom
<u>13. Juli</u> bis 13. August 2006. Die <u>Telefonnummer</u> ist 523 55 58 und die E-Mail-<u>Adresse</u> ist
apartment@impulstanz.com.   B.   1. unwahrscheinlich   2. unwahrscheinlich   3. wahrscheinlich
4. wahrscheinlich   5. unwahrscheinlich   6. wahrscheinlich

Kapitel 3

Alles klar?   *Some answers may vary. Possible answers:*   1. Baby, Bruder, Familie, Freunde, Mutter,
Schwester, Sohn, Tochter, Vater   2. essen, grillen, sprechen, trinken   3. Garten zu Hause, Terrasse
4. Mai, Juni, Juli, August, September   5. Samstag / Sonnabend, Sonntag   6. Familienfest, Geburtstag,
Muttertag

Wörter im Kontext Aktivität 1   1. Vater   2. Töchter   3. Brüder   4. Opa   5. Großvater   6. Neffen
7. Tante

Aktivität 2   Montag / Dienstag / Mittwoch / Donnerstag / Freitag / Samstag / Sonntag

Aktivität 3   1. September/Oktober   2. Januar   3. Mai   4. Juli   5. Februar   6. Dezember   7. August
8. April/März   9. Juni   10. November   11. August/September

Aktivität 4   1. Heute ist der erste März.   2. Heute ist der sechste Mai.   3. Heute ist der siebte Juni.
4. Heute ist der neunzehnte Oktober.   5. Heute ist der zwanzigste Dezember.

Aktivität 5   1. Am vierzehnten Januar hat Thomas Geburtstag.   2. Am zwanzigsten Februar hat Ulli
Geburtstag.   3. Am dritten August hat Monika Geburtstag.   4. Am dreißigsten September hat Olga
Geburtstag.   5. Am fünfzehnten November hat Max Geburtstag.

Aktivität 6   A.   1. Christopher   2. 23.7.2007 (*oder*: 23. Juli 2007)   3. 51 cm   4. 3030 g   5. Sandra
und Rolf Bajorat   6. Felix-Roeloffs-Straße 21, Bedburg-Hau   7. *Answer will vary.*

Aktivität 7   1. Familienfest   2. Geburtstag   3. Hochzeit   4. Muttertag   5. Valentinstag
6. Weihnachten/Ostern   7. Neujahr/Silvester   8. Fasching/Karneval

Aktivität 8   1. Herzlichen Glückwunsch zum Geburtstag!   2. Viel Glück! (*oder*: Alles Gute!)
3. Danke. (*oder*: Danke schön. *oder*: Danke sehr.)   4. Viel Glück!   5. Viel Spaß!   6. Herzlichen
Glückwunsch zum Valentinstag!   7. Wie geht's? (*oder*: Hallo, wie geht es dir? *oder*: Hallo, wie geht's?
oder: Grüß dich. Wie geht es dir? *oder*: Grüß dich. Wie geht's?)   8. Herzlichen Glückwunsch zur
Hochzeit! (*oder*: Alles Gute!)

Grammatik im Kontext   Übung 1   1. A: meinen   B: seine   2. C: Unser/seinen/Unsere   D: meine/
ihren   3. E: deine   F: Meine   E: deine/deine   4. H: unsere   I: unsere   G: eure   H: Ihr

Übung 2   1. Wir kennen euch nicht gut, und ihr kennt uns nicht gut.   2. Ich besuche dich manchmal,
und du besuchst mich manchmal.   3. Er findet Sie interessant, und Sie finden ihn interessant.   4. Wir
verstehen sie schon gut, und sie verstehen uns schon gut.

Übung 3   A: den   B: ihn   C: den/den/die/das   D: sie   E: den   F: ihn   G: das   H: es   I: die
J: sie/sie

Übung 4   CHRISTOPH: Ich verstehe Robert nicht gut, und er versteht <u>mich</u> auch nicht gut. Verstehst
du <u>ihn</u>? BRIGITTE: Ja, kein Problem. Ich verstehe <u>ihn</u> gut.   //   HERR SCHULZ: Hören Sie <u>mich</u>, Herr

Jones? HERR JONES: Ja, ich höre <u>Sie</u> ganz gut, Herr Schulz. // FRAU KLAMM: Laufen Ihre Kinder immer so laut <u>um das Haus</u> herum und <u>durch den Garten</u>, Frau Kleist? // PAUL: Hast du etwas <u>gegen meinen Freund</u>? UTE: Nein, natürlich habe ich nichts <u>gegen ihn</u>. Aber er hat etwas <u>gegen mich</u>. // SUSI: Spielt ihr schon wieder Cowboys <u>ohne mich</u>? ALEX: Nein, Susi, wir spielen nicht <u>ohne dich</u>. // MARGRET: Fährst du im Winter <u>durch die Schweiz</u>? MICHAEL: Ja, und auch <u>durch Österreich</u>. // MÄXCHEN: Opa, hast du eine Cola <u>für uns</u>? OPA: Nein, aber ich habe Milch <u>für euch</u>. <u>Ohne Milch</u> bleibt ihr klein. OPA: Na gut, eine Cola <u>für dich</u> und Barbara.

Übung 5 1. Mein Freund kauft Rosen für mich. 2. Gegen sechs Uhr laufen wir gern durch den Park. 3. Wir laufen selten ohne seinen Neffen. 4. Ich habe gar nichts gegen Martins Schwester oder ihren Sohn. 5. Martins Schwester und ihr Mann kaufen oft CDs für uns.

Übung 6 1. werden 2. werde/wird 3. wirst 4. werdet

Übung 7 1. A: <u>Kennt</u> ihr die Musik von Johann Sebastian Bach? B: Ja, natürlich. Wo ist Bachs Geburtsort? <u>Wisst</u> ihr das? A: Nein, das <u>weiß</u> ich nicht. 2. D. <u>Wissen</u> Sie, wann die Festspielkonzerte beginnen? E: Ich <u>weiß</u> das nicht genau. Ich glaube im Juni. Vielleicht <u>weiß</u> mein Kollege das. Ich frage ihn. 3. F: <u>Kennen</u> Sie Mozarts Oper *Don Giovanni*? G: Nein. Ich <u>kenne</u> Mozarts *Requiem*, aber diese Mozartoper <u>kenne</u> ich nicht. 4. H: Wer <u>weiß</u>, wo wir Karten kaufen? I: Die Adresse ist Nachtigallenstraße 7. Das <u>weiß</u> ich. Aber ich <u>kenne</u> die Straße nicht. Wo ist das? J: Ich <u>weiß</u> genau, wo das ist. 5. K: <u>Weißt</u> du, wie viel die Karten kosten?

Sprache im Kontext   Auf den ersten Blick   Silke, Mann, Tochter, Sohn

Zum Text 1. Am achtzehnten <u>August</u> feiern Bernd und Silke die Taufe von Elias und auch ihre kirchliche Trauung. 2. Sie feiern diesen <u>Tag</u> mit allen Verwandten, Freunden und Bekannten. 3. Der Gottesdienst <u>beginnt</u> um 16.00 Uhr. 4. Ein <u>Gartenfest</u> folgt dem Gottesdienst. 5. Das Fest findet auf der Briener Straße 180 in <u>Kellen</u> statt.

Kapitel 4

Alles klar?   *Answers will vary.*

Wörter im Kontext Aktivität 1 A. 1. Eine Minute 2. Eine Stunde/Minuten 3. Stunden B. 1. halb 2. vor 3. Viertel nach 4. nach 5. Viertel vor C. 3 2 4 1 6 7 5

Aktivität 2 1. heute Mittag 2. heute Abend 3. morgen früh 4. morgen Nachmittag 5. Montagvormittag 6. Montagnachmittag

Aktivität 3 1. morgens 2. vormittags/morgens 3. morgens 4. samstags 5. morgens/nachmittags/abends 6. freitagabends 7. abends/nachts 8. nachts

Aktivität 4 … Ihr Sohn Josef <u>räumt</u> schon sein Zimmer <u>auf</u>, und ihre Tochter Maria <u>steht</u> jetzt <u>auf</u>. Jeden Tag bleibt ihr Mann, Herr Fiedler, bis acht Uhr zu Hause. Heute Morgen <u>ruft</u> er seine Mutter <u>an</u>.
   … Frau Jahn <u>kocht</u>, und Herr Jahn <u>frühstückt</u>. Ihr Kind, das kleine Hänschen, <u>sieht fern</u>. Frau Jahns Vater <u>kommt</u> alle zwei Wochen <u>vorbei</u>.

Aktivität 5 A. 1. ins 2. in die 3. ins 4. ins 5. in die B. 1. Horrorfilm 2. Krimi 3. Komödie 4. Tragödie 5. Oper 6. Ballett

Grammatik im Kontext   Übung 1 1. Um zehn nach sieben frühstückt sie. 2. Um halb acht räumt sie schnell ihr Zimmer auf. 3. Um zwanzig nach acht geht sie zur Universität. 4. Um fünf nach neun fängt ihre Englischstunde an. 5. Um Viertel nach zwei kommt sie nach Hause zurück. 6. Um Viertel vor sechs ruft sie ihre Freundin an. 7. Um halb sieben sieht sie fern. 8. Von acht bis zehn lernt sie Englisch.

Übung 2 1. Ich komme am Freitag zurück. (*oder:* Am Freitag komme ich zurück.) 2. Ich rufe nachmittags Freunde an. (*oder:* Nachmittags rufe ich Freunde an.) 3. Ich trinke gegen vier Uhr eine Tasse Kaffee. (*oder:* Gegen vier Uhr trinke ich eine Tasse Kaffee.) 4. Ich gehe frühmorgens spazieren. (*oder:* Frühmorgens gehe ich spazieren.) 5. Ich sehe abends fern. (*oder:* Abends sehe ich fern.) 6. Ich habe immer Zeit für die Familie. (*oder:* Immer habe ich Zeit für die Familie.)

Übung 3 A. *circle:* wirft; kommt / *underline:* weg; zurück B. 1. Man wirft den Bumerang weg. 2. Der Bumerang kommt von selbst zurück. 3. Der Mann wirft den Bumerang energisch weg. 4. Herr Richter bringt den Bumerang zurück. 5. Ich stehe immer frühmorgens auf. 6. Oft gehe ich hier im Park spazieren. (*oder:* Ich gehe oft hier im Park spazieren.) 7. Heute nehme ich einen Bumerang nach Hause mit. (*oder:* Ich nehme heute einen Bumerang nach Hause mit.) 8. Ihr Bumerang kommt nie wieder zurück!

Übung 4 1. Müssen 2. Musst 3. Muss 4. Müsst 5. Müssen 6. Muss 7. müssen

Übung 5 1. Dürfen / möchtest 2. Darf 3. kann 4. soll 5. mögt 6. mag / können 7. soll 8. können

Übung 6 A. 1. Ihr müsst früher aufstehen. 2. Ich kann so früh nicht aufwachen. 3. Du musst dein Arbeitszimmer aufräumen. 4. Mein Freund soll heute Abend vorbeikommen. B. 1. Kannst du mich gegen sieben anrufen? 2. Könnt ihr uns um halb acht abholen? 3. Warum will dein Freund nicht in die Disko gehen? 4. Warum müsst ihr abends immer ausgehen? 5. Warum magst du diesen Kaffee nicht? 6. Wo soll ich morgen frühstücken?

Übung 7 1. Frühstücken Sie doch morgen früh im Café. 2. Gehen Sie doch morgen Nachmittag einkaufen. 3. Gehen Sie mal durch den Park spazieren. 4. Essen Sie doch morgen Abend im Restaurant. 5. Sehen Sie dann mal einen Horrorfilm. 6. Kommen Sie bitte am Samstag vorbei.

Übung 8 1. Helga, sieh jetzt nicht fern. 2. Helga, wart(e) nur eine Minute. 3. Jens, öffne die Tür noch nicht. 4. Jens, sei nett. 5. Nehmt eure Jacken mit. 6. Seid vorsichtig. 7. Kauft eine Zeitung und ein Buch für mich. 8. Kommt dann sofort zurück.

Übung 9 *Answers will vary.*

Sprache im Kontext Auf den ersten Blick A. 1. *Kleine Geschichte von der Frau, die nicht treu sein konnte* 2. Tanja Langer 3. Roman 4. 540 5. 15 6. gefährlich 7. ihr Leben B. *Answers will vary.*

Zum Text A. 1. Eva 2. idyllisch 3. drei 4. ein Haus mit Garten 5. einen künstlerischen Beruf 6. nicht unglücklich (*oder:* glücklich) B. 1. b 2. c 3. a

Kapitel 5

Alles klar? A. viele Obst- und Gemüsestände sehen, frisches Obst und Gemüse kaufen, Obst und Gemüse direkt vom Bauern kaufen, an der frischen Luft sein, frische Ingredienzen zum Mittagessen oder Abendessen suchen, einen Rucksack oder eine Tasche mitbringen B. frühmorgens, morgens, vormittags, nachmittags

Wörter im Kontext Aktivität 1 1. der Anzug 2. das Hemd 3. die Hose 4. das Kleid 5. der Gürtel 6. die Jacke 7. der Schal 8. der Rock 9. der Hut 10. die Krawatte 11. der Mantel 12. der Pullover 13. das Sakko 14. die Bluse 15. der Schuh 16. der Stiefel

Aktivität 3 1. Socken und Schuhe 2. Jeans und ein T-Shirt 3. ein Hemd und eine Hose 4. ein Mantel und ein Hut 5. ein Anzug und eine Krawatte 6. eine Jacke und ein Schal

Aktivität 5 1. a 2. a 3. a 4. b 5. a 6. a

Aktivität 6 1. <u>Welche Größe</u> brauchen Sie? 2. Möchten Sie etwas <u>gestreift</u> oder <u>kariert</u>? 3. Dieses Hemd ist wirklich <u>modisch</u>. 4. Möchten Sie es <u>anprobieren</u>? 5. Dieses Hemd <u>passt</u> mir. 6. Die Farbe <u>steht</u> mir gut. 7. Dieses Hemd <u>gefällt</u> mir. 8. Wo ist die Kasse bitte? Ich möchte jetzt <u>zahlen</u>.

Aktivität 7 1. rot 2. weiß 3. grün 4. schwarz 5. gelb 6. orange 7. braun / braun

Aktivität 9 Aufschnitt / Wurst / Käse / Brot / Brötchen / Gurken / Äpfel / Trauben / Kekse / Getränke

Aktivität 10 Wo ist <u>der</u> Blumenkohl? Ich kann <u>den</u> Blumenkohl nicht finden. / <u>das</u> Salz? / <u>das</u> Salz / <u>der</u> Pfeffer? / <u>den</u> Pfeffer / <u>der</u> Tee? / <u>den</u> Tee / <u>die</u> Wurst? / <u>die</u> Wurst / <u>der</u> Kaffee? / <u>den</u> Kaffee / <u>das</u> Mineralwasser? / <u>das</u> Mineralwasser / <u>das</u> Brot? / <u>das</u> Brot / <u>der</u> Truthahn? / <u>den</u> Truthahn

Aktivität 11 1. Ich brauche Medikamente. Wo kann ich <u>eine Apotheke</u> finden? 2. Eva braucht <u>Brot</u> und <u>Brötchen</u>. 3. Wo kann sie <u>eine Bäckerei</u> finden? 4. Ich brauche <u>Rindfleisch</u> und <u>Schweinefleisch</u>. 5. Wo ist hier <u>eine Metzgerei</u>? 6. Meine Freunde kommen heute Abend vorbei. Ich möchte <u>einen Kuchen</u> für sie kaufen. 7. Wo kann ich eine gute <u>Konditorei</u> finden? 8. Ist das <u>eine Drogerie</u>? 9. Gut, ich muss <u>Toilettenpapier</u> und <u>Zahnpasta</u> kaufen. 10. Heute muss ich <u>Lebensmittel</u> für die ganze Familie kaufen. 11. Wo kann ich <u>einen Supermarkt</u> finden? 12. Ich will <u>Bier</u> kaufen. 13. Wo ist hier <u>ein Getränkeladen</u>? 14. Wo finde ich <u>einen Bioladen</u>? 15. Ich muss noch Biomilch, <u>Müsli</u> und <u>Joghurt</u> haben.

Grammatik im Kontext Übung 1 B: Ihm D: Ihr F: ihnen H: ihr J: uns

Übung 2 1. Wem gehören diese Kleidungsstücke? 2. Gehört Ihnen dieser Bademantel? (*oder:* Gehört dieser Bademantel Ihnen?) 3. Gehört ihm diese Krawatte? (*oder:* Gehört diese Krawatte ihm?) 4. Gehört ihr dieser Schal? (*oder:* Gehört dieser Schal ihr?) 5. Gehört dir diese Jacke? (*oder:* Gehört diese Jacke dir?) 6. Gehören ihnen diese T-Shirts? (*oder:* Gehören diese T-Shirts ihnen?) 7. Gehören euch diese Schuhe? (*oder:* Gehören diese Schuhe euch?)

Übung 3 1. Rudi schenkt seinem Bruder einen Gürtel. 2. Karin schenkt ihrer Oma einen Schal. 3. Herr Lenz schenkt seiner Mutter einen Hut. 4. Peter schenkt seinem Vater eine Krawatte. 5. Emilie schenkt ihrem Onkel ein Hemd. 6. Herr und Frau Pohl schenken ihrem Sohn einen Anzug. 7. Frau Effe schenkt ihren Eltern eine Flasche Wein.

Übung 4 1. Nein, Rudi schenkt ihn seinem Bruder. 2. Nein, Karin schenkt ihn ihrer Oma. 3. Nein, Herr Lenz schenkt ihn seiner Mutter. 4. Nein, Peter schenkt ihn seinem Vater. 5. Nein, Emilie schenkt es ihrem Onkel. 6. Nein, Herr und Frau Pohl schenken ihn ihrem Sohn. 7. Nein, Frau Effe schenkt sie ihren Eltern.

Übung 5 1. Ja, ich kaufe es ihr. 2. Ja, ich zeige ihn ihnen. 3. Ja, ich gebe sie Ihnen. 4. Ja, ich gebe sie euch. 5. Ja, ich schicke ihn dir.

Übung 6 1. Diese Erdbeeren schmecken mir gut. 2. Dieser Pullover passt mir gut. 3. Die Jeans stehen dir gut. 4. Können Sie mir bitte helfen? 5. Ich möchte dir für den Tee danken. 6. Die Mütze gefällt mir. 7. Es tut mir leid. 8. Das Hemd ist mir zu teuer. 9. Es ist mir egal.

Übung 7 1. Nein, er ist jetzt beim Supermarkt. 2. Nein, ich sehe nach der Arbeit fern. 3. Nein, sie ist schon seit einem Monat hier. 4. Nein, ich höre oft von meinem Neffen Max. 5. Nein, ich gehe jetzt zur Bäckerei. 6. Nein, ich gehe später mit meinen Freunden aus. 7. Nein, er kommt aus der Slowakei.

Übung 8 1. Richard ist schon seit drei Monaten in Münster. 2. Morgens geht er zur Uni. 3. Nach-mittags geht er zur Arbeit. 4. Er wohnt bei Herrn und Frau Mildner. 5. Er spricht oft mit einem Studenten aus der Schweiz. 6. Sie sprechen besonders gern von ihren Freunden. 7. Manchmal geht Richard mit seinen Freunden zum Supermarkt. 8. Da kann er auch Lebensmittel aus den USA finden. 9. Nach dem Einkaufen fährt Richard mit dem Bus nach Hause.

Übung 9 1. Wo arbeitest du? 2. Wo bleibst du oft? 3. Wohin gehst du gern samstagnachmittags? 4. Wo wohnen deine Eltern jetzt? 5. Wo arbeitet dein Bruder manchmal? 6. Wo studiert deine Freundin Maria? 7. Woher kommt dein Freund Peter? 8. Woher kommt deine Kusine? 9. Wohin fährt dein Onkel nächste Woche? 10. Wohin will deine Tante reisen?

Sprache im Kontext Auf den ersten Blick 1. Sie heißen Dunja und Irene. 2. Sie heißen Russ und Nick. 3. Dunja, Russ und Irene sind achtundzwanzig (*oder:* 28), Nick ist fünfundzwanzig (*oder:* 25). 4. Dunja ist Erzieherin, Russ ist Model, Irene ist Redakteurin und Nick ist Fitness-Trainer.

Zum Text 1. Russ 2. Dunja 3. Dunja, Russ 4. Nick 5. Dunja, Russ, Irene, Nick 6. Nick 7. Dunja, Russ 8. Irene 9. Irene

Kapitel 6

Alles klar? 1. die Kellnerin 2. die Straße 3. das Fenster 4. die Tür 5. die Brille 6. das Hemd 7. der Stuhl 8. die Hose 9. das Hauptgericht 10. der Teller 11. die Serviette 12. das Messer 13. die Gabel 14. der Tisch 15. der Wein 16. die Jacke

Wörter im Kontext Aktivität 1 1. Ruhetag, B 2. geöffnet, W 3. Küche/Gerichte, W 4. nach dem Theater, K 5. geschlossen, K 6. zwischen, W 7. bis, K 8. von / bis, W 9. *Answers will vary.*

Aktivität 2 1. Imbiss 2. Ruhetag 3. Tischreservierung 4. Ist hier noch frei? 5. besetzt 6. Speisekarte 7. Rechnung 8. Ober / Kellnerin

Aktivität 3 1. ~~Servietten~~ / ~~Gaststätten~~ / ~~Ober~~ / ~~Rechnung~~ / ~~Plätze~~ / ~~Messer~~ 2. In einem Restaurant nehmen sich die Gäste viel Zeit für ihre <u>Speisen</u> und <u>Getränke</u>. Da kann man zuerst eine <u>Vorspeise</u> bestellen. Das kann oft eine <u>Suppe</u> oder ein <u>Salat</u> sein. Dann wählt man ein <u>Hauptgericht</u> mit <u>Beilage</u>. Das ist vielleicht ein Pfannengericht oder eine <u>Hausspezialität</u>. Dazu wählt man auch ein <u>Getränk</u>, wie zum Beispiel ein Bier oder ein Glas Wein oder sonst was. Nach diesem Gericht kann man eine <u>Nachspeise</u> bestellen – wenn man noch Hunger hat.

Aktivität 4 1. c 2. b, c 3. b 4. a, b, c 5. *Answers will vary.*

Aktivität 5 1. eine Gabel 2. ein Messer (*oder*: eine Serviette) 3. eine Serviette (*oder*: ein Messer) 4. Servietten 5. einem Teller 6. ein Löffel 7. Suppe 8. eine Tasse 9. Tee 10. Teller und Tassen 11. Weinglas

Aktivität 6 A. K: O: K: O: K: O: K: O: K: O: K: B. 8 11 6 1 4 9 7 3 10 5 2

Grammatik im Kontext Übung 1 1. im Frühling? / am Abend? / am Wochenende? / in den Sommermonaten? / an einem Wintertag? 2. in den USA? / in der Großstadt? / auf dem Land? / auf dem Markt? / an der Uni?

Übung 2 1. In diesem Zimmer sitzt ein Mann hinter seinem Schreibtisch. 2. Wir sehen seine Schuhe unter dem Schreibtisch. 3. Hinter dem Mann hängen viele Uhren an der Wand. 4. Die Kuckucksuhr hängt über einem Tisch. 5. Eine Lampe steht auf dem Schreibtisch. 6. Neben der Lampe steht ein Telefon. 7. Ein Computer steht auf einem Computertisch am Fenster.

Übung 3 1. Stellen Sie die Vase auf den Tisch. 2. Hängen Sie Bilder an die Wand. 3. Legen Sie einen Teppich vor den Schreibtisch. 4. Stellen Sie einen Sessel zwischen die Fenster. 5. Stellen Sie eine Zimmerpflanze neben den Schreibtisch. 6. Bringen Sie Farbe ins Zimmer.

Übung 4 PAUL: Wohin soll ich die Gabeln <u>legen</u>? ANNA: <u>Auf die Tische</u>. PAUL: Wo <u>stehen</u> die Tassen? ANNA: <u>Im Schrank</u>. PAUL: Wo <u>steht</u> der Schrank? ANNA: <u>Im Foyer</u>. PAUL: Wohin soll ich die Servietten <u>legen</u>? ANNA: <u>In die Schublade</u>. PAUL: Wohin soll ich die Blumen <u>stecken</u>? ANNA: <u>In diese Vase</u>. PAUL: Wo <u>hängt</u> das große Poster? ANNA: <u>Zwischen den Fenstern</u>. PAUL: Wo <u>liegt</u> der kleine Teppich? ANNA: <u>Vor der Tür</u>. PAUL: Wohin soll ich die Stühle <u>stellen</u>? ANNA: <u>An die Tische</u>. PAUL: Wohin soll ich den ersten Gast <u>setzen</u>? ANNA: <u>An diesen Tisch</u>. PAUL: Wo können die Kellner und Kellnerinnen <u>sitzen</u>? ANNA: <u>Am Tisch neben der Hintertür</u>.

Übung 5 … MARIA: <u>In einer Stunde</u>. THOMAS: Und um wie viel Uhr soll das sein? MARIA: <u>Gegen halb sechs</u>. Ich habe die Tickets <u>am Computer</u> gebucht. Sie liegen <u>an der Abendkasse</u> für uns bereit. THOMAS: Wann möchtest du essen? <u>Vor oder nach dem Theater</u>? MARIA: Vielleicht können wir schnell etwas <u>in der Pause</u> essen. THOMAS: Wie lange läuft dieses Stück schon im Volkstheater? MARIA: <u>Seit zwei Monaten</u> …

Übung 7 HERR GEISLER: Was <u>hatten</u> Sie denn zum Abendessen, Herr Schulze? HERR SCHULZE: Ich <u>hatte</u> das Wiener Schnitzel, meine Frau <u>hatte</u> die Hausspezialität, und meine drei Kinder <u>hatten</u> einen Wursteller. HERR GEISLER: Was <u>hattet</u> ihr zum Nachtisch, Kinder? ANGELIKA: Wir, das heißt Corinna und ich, <u>hatten</u> beide einen Eisbecher. Christoph, etwas anderes. HERR GEISLER: Und du, Christoph. Was <u>hattest</u> du? CHRISTOPH: Ich <u>hatte</u> ein Stück Apfelstrudel …

Übung 8 1. A: mussten B: musste C: mussten/musste 2. A: durften B: durfte/Durftest
C: durfte/durfte 3. A: konnten/Konntet B: konnte/Konntest C: konnte/konnte 4. A: sollten/
solltet B: sollte/sollten/Solltest 5. A: Wolltest B: wollte/wolltet C: wollten/wollte
6. A: Mochtet B: mochten/mochten/Mochtest C: mochte

Sprache im Kontext Auf den ersten Blick 1. a 2. a, b 3. b 4. a, b

Zum Text A. 1. richtig 2. richtig 3. falsch 4. richtig 5. falsch 6. richtig 7. falsch 8. richtig
9. falsch B. 1. e. 2. g 3. d. 4. f 5. h 6. b 7. c 8. a

Na klar! *Answers will vary. Possible answers:* 1. Sie sind in einem Straßencafé vielleicht in einer Stadt
in Deutschland, Österreich oder in der Schweiz. 2. Sie sitzen an einem Tisch vor einem Fenster.
3. Sie bringt ihnen die Speisen. 4. Sie sagt: Bitte. 5. Sie sagen: Danke. 6. Sie finden das Essen sehr
gut und die Bedienung auch gut.

Kapitel 7

Alles klar? 1. b 2. a, b 3. b, c, d 4. c 5. a, c 6. b, d 7. a, b, e, f

Wörter im Kontext Aktivität 1 1. Helga angelt auf einem See. 2. Herr Dietz segelt auf dem Meer.
3. Werner taucht in einem Hallenbad. 4. Käthe reitet auf einer Wiese. 5. Maria turnt in einer Turnhalle. 6. Joachim und Sigrid spielen auf einem Tennisplatz Tennis.

Aktivität 3 1. treiben 2. spielen 3. sammeln 4. gehen 5. läuft 6. spielen 7. fährst 8. laufen
9. macht

Aktivität 4 1. Willi macht gern Bodybuilding. 2. Petra und ihre Freundinnen joggen gern.
3. Claudia malt gern. 4. Manfred zeichnet gern. 5. Christel fährt gern Rad. 6. Heike und Max
spielen gern Schach. 7. Eva läuft gern Schlittschuh. 8. Jürgen und seine Brüder schwimmen gern.
9. Monika bloggt gern. 10. Stefan faulenzt gern.

Aktivität 5 A. 1. die Sonne 2. das Gewitter 3. der Nebel 4. der Regen 5. der Schnee 6. der
Wind B. *Answers will vary.*

Aktivität 6 *Answers may vary slightly in wording.* 1. Es schneit heute. 2. Morgen regnet es.
3. Donnert und blitzt es morgen auch? 4. Gestern hat die Sonne geschienen. 5. Ist es oft neblig?
6. Im Frühling ist es heiter.

Grammatik im Kontext Übung 1 1. f 2. a 3. g 4. e 5. h 6. i 7. c 8. b 9. d

Übung 2 FRAU WAGNER: Was haben Sie in Ihrer Freizeit gemacht? FRAU HUBERT: Ich habe Briefmarken
gesammelt und Karten gespielt. Ich habe auch viel gekocht. Und Sie? FRAU WAGNER: Ich habe gezeich-
net, gemalt und im Garten gearbeitet. Mein Mann und ich haben auch gesegelt. FRAU HUBERT: Haben
Sie auch Musik gehört? FRAU WAGNER: Ja natürlich. Wir haben auch gefaulenzt. Dann haben wir gern
Jazz gehört.

Übung 3 1. Hast du stundenlang vor dem Computer gesessen? 2. Wie viele Stunden hast du pro
Nacht geschlafen? 3. Habt ihr oft mit anderen Studenten und Studentinnen gesprochen? 4. Wie
viele Bücher habt ihr pro Kurs gelesen? 5. Wie viele Tassen Kaffee hast du pro Tag getrunken?
6. Bist du am Abend und Wochenende zu Hause geblieben? 7. Wie oft seid ihr in der Freizeit aufs
Land gefahren? 8. Wie oft seid ihr ins Kino gegangen? 9. Wie habt ihr die Kurse gefunden?

Übung 4 1. Ich habe keine Arbeit mehr gemacht. 2. Wir sind zehn Wochen nach Hawaii geflogen.
3. Ich bin fast nie zu Hause geblieben. 4. Ich bin oft in Österreich Ski gefahren. 5. Wir haben oft in
Restaurants gegessen. 6. Meine Eltern sind oft zu Besuch gekommen. 7. Wir sind oft in die Oper
gegangen.

Übung 5 1. ist/passiert 2. hast/verbracht 3. Hast/gewusst 4. hast/bestellt 5. hat/eingeladen
6. Hast/gekannt 7. Haben/fotografiert 8. hast/bekommen 9. Hat/gebracht 10. bist/eingeschlafen

Übung 6 A. 1. richtig 2. richtig 3. falsch 4. falsch 5. richtig

Übung 7 1. Eine Wiese ist größer als ein Stadtpark. 2. Ein Gewitter ist stärker als ein Regenschauer. 3. Ein Pullover ist wärmer als ein Hemd. 4. Ein Fluß ist länger als eine Straße. 5. Ein Eisstadion ist kühler als eine Turnhalle. 6. Wintertage sind kürzer als Sommertage.

Übung 8 1. Nein, Fußball ist nicht so interessant wie Tennis. Tennis ist interessanter. 2. Nein, der Film ist nicht so gut wie das Buch. Das Buch ist besser. 3. Nein, es ist am Nordpol nicht so kalt wie in der Antarktis. In der Antarktis ist es kälter. 4. Nein, er isst Gemüse nicht so gern wie Schokolade. Er isst Schokolade lieber. 5. Nein, das Hotel gefällt ihm nicht so gut wie das Restaurant. Das Restaurant gefällt ihm besser. 6. Nein, Wandern macht ihm nicht so viel Spaß wie Schwimmen. Schwimmen macht ihm mehr Spaß.

Sprache im Kontext

Zum Text A. *Answers will vary. Possible answers:* FÜR DEN KÖRPER: Sport, Tennis, Squash, Fitnesscenter, Waldbad, Golfen, Wandern, Radeln FÜR DEN GEIST: Schulmuseum, Literaturarchiv, Stadtmuseum FÜR DAS GEMÜT: Aktivitäten der örtlichen Vereine und Institutionen B. *Order of cities may vary.* a Bayreuth b. Regensburg c. Nürnberg d. München e. Prag f. Weiden g. Amberg C. 45 Minuten D. Max, Sonja und ich haben das Leben im Stadtzentrum sehr hektisch und kompliziert gefunden. Am Wochenende sind wir aus der Stadt gefahren, denn wir haben Ruhe gesucht. Max und Sonja haben Tennis gespielt, und ich bin ins Fitnesscenter gegangen. Dann ist Max mit der Bahn nach Nürnberg gefahren, aber Sonja und ich sind in Sulzbach-Rosenberg geblieben. Max hat die Nürnberg Messe besucht, aber Sonja und ich haben zwei Stunden im Stadtmuseum verbracht. Wir haben dort viel gesehen, und wir haben auch die Geschichte von der Altstadt gehört. Das Hotel hat alles für uns arrangiert.

Na klar! *Answers will vary.*

Kapitel 8

Alles klar? 1. der Ellbogen 2. die Brust 3. das Gesicht 4. der Kopf 5. das Ohr 6. der Hals 7. die Schulter 8. das Auge 9. die Nase 10. der Mund 11. das Kinn 12. die Hand 13. der Bauch 14. das Knie 15. das Bein 16. der Fuß 17. der Rücken 18. der Finger 19. der Arm 20. das Haar

Wörter im Kontext Aktivität 1 1. a. Gesundheit b. Rat c. Luft d. Arbeit e. Arzt 2. a. Arzt b. Fieber/Kopfschmerzen c. Biolebensmittel d. Termin

Aktivität 2 1. Achten 2. Versuchen 3. Reduzieren 4. Essen 5. Gehen 6. Machen 7. Meditieren (*oder:* Essen) 8. Verbringen (*oder:* Meditieren) 9. Rauchen

Aktivität 3 1. Kopf und Haare 2. Augen und Ohren 3. Nase und Mund 4. Gesicht und Kinn 5. Hals und Schultern 6. Bauch und Rücken 7. Arme und Beine 8. Hände und Füße 9. Ellbogen (*oder:* Ellenbogen) und Knie 10. Finger und Zehen

Aktivität 4 1. duscht sich 2. kämmt sich 3. entspannen sich 4. strecken sich 5. putzt sich die Zähne 6. zieht sich an

Aktivität 5 1. Ja, ich kämme mich jeden Morgen. (*oder:* Nein, ich kämme mich nicht jeden Morgen.) 2. Ja, ich strecke mich oft. (*oder:* Nein, ich strecke mich nicht oft.) 3. Ja, ich verletze mich manchmal. (*oder:* Nein, ich verletze mich nie.) 4. Ja, ich muss mich immer beeilen. (*oder:* Nein, ich muss mich nicht immer beeilen.) 5. Ja, ich kann mich am Abend entspannen. (*oder:* Nein, ich kann mich am Abend nicht entspannen.) 6. Ja, ich möchte mich fithalten. (*oder:* Nein, ich möchte mich nicht fithalten.) 7. Ja, ich fühle mich immer gesund. (*oder:* Nein, ich fühle mich nicht immer gesund.) 8. Ja, ich erkälte mich leicht. (*oder:* Nein, ich erkälte mich nicht leicht.)

Aktivität 6 *Answers may vary.* STEFAN: Du klingst deprimiert. BETTINA: Ich fühle mich hundsmiserabel. STEFAN: Was fehlt dir denn? BETTINA: Ich habe die Grippe. Der Hals tut mir weh, und ich kann kaum schlucken. STEFAN: Hast du Fieber? BETTINA: Ja, auch Husten und Schnupfen.

STEFAN: So ein Pech. Hast du deinen Arzt (*oder:* deine Ärztin) angerufen? BETTINA: Das mache ich heute. STEFAN: Na, gute Besserung! BETTINA: Danke.

Grammatik im Kontext Übung 1 1. Ich weiß, dass der Arzt montags bis freitags Sprechstunde hat. 2. Ich weiß, dass die Ärztin uns morgen sehen will. 3. Ich möchte wissen, ob Biolebensmittel wirklich besser für die Gesundheit sind. 4. Wir möchten wissen, ob wir diese Vitamine täglich einnehmen sollen. 5. Peter macht jetzt Urlaub, weil er dringend Freizeit braucht. 6. Effi macht jetzt Urlaub, weil sie sich entspannen muss. 7. Wir fahren nach Baden-Baden, wenn wir Zeit und Geld haben. 8. Ich fahre nach Baden-Baden, wenn ich eine Kur machen will.

Übung 2 2. Karl und Rosa haben Urlaub, aber sie haben noch keine Pläne. Sie wissen, dass sie den ganzen Urlaub nicht im Hotelzimmer verbringen wollen. Karl liest laut aus Reisebroschüren vor. Rosa spricht nicht, sondern sie hört zu. Die beiden können nicht in die Oper gehen, denn sie haben nicht genug Geld dafür. Sie können nicht schwimmen gehen, weil das Hotel weder Hallenbad noch Freibad hat. Karl weiß, dass Rosa durchs Einkaufszentrum bummeln möchte, aber er will nicht mitgehen. Rosa weiß, dass Karl gern ein Fußballspiel im Stadion sehen möchte, aber sie interessiert sich nicht dafür. Rosa sagt: „Wenn du ins Stadion gehst, gehe ich einkaufen", aber Karl sagt: „Wenn wir in Urlaub sind, sollten wir die Zeit zusammen verbringen."

Übung 3 1. Wenn ich mein Zimmer aufräume, darf ich fernsehen. 2. Wenn ich meine Hausaufgaben mache, kann ich draußen spielen. 3. Wenn ich samstags früh aufstehe, fahren wir aufs Land. 4. Wenn ich mein Gemüse esse, darf ich Schokolade haben. 5. Wenn ich mir die Hände nicht wasche, darf ich nicht am Tisch essen.

Übung 4 1. Ich weiß nicht, warum du keine Energie hast. 2. Ich weiß nicht, was dir fehlt. 3. Ich weiß nicht, wen du anrufen sollst. 4. Ich weiß nicht, wie du wieder fit und gesund werden kannst. 5. Ich weiß nicht, wann du dich wieder wohl fühlst.

Übung 5 1. Ich soll mich regelmäßig strecken. 2. Du sollst dich nicht beeilen. 3. Wir dürfen uns nicht erkälten. 4. Ihr dürft euch hier hinsetzen. 5. Sie müssen sich über Vitamine informieren. 6. Er kann sich nicht enspannen.

Übung 6 Ich habe mich fit gehalten. Ich habe gesund gegessen und viel Wasser getrunken. Ich habe regelmäßig Sport getrieben. Zweimal pro Woche habe ich Tennis gespielt. Ich bin jeden Morgen schwimmen gegangen, und ich bin jedes Wochenende gelaufen. Ich habe nie geraucht und habe nur selten Medikamente genommen. Manchmal habe ich mich erkältet. Dann habe ich Vitamintabletten eingenommen und viel Orangensaft getrunken. Ich bin zu Hause geblieben und habe mich erholt. Bald bin ich wieder gesund geworden. Einmal pro Jahr bin ich zum Arzt gegangen. Ich habe die Gesundheit für wichtig gehalten.

Übung 7 A: dir B: mir C: dich D: mich E: mich/mir/mich F: euch G: uns H: dir I: mir

Übung 8 1. Kämm dir doch die Haare. 2. Wasch dir doch die Hände. 3. Putz dir doch die Zähne. 4. Entspann(e) dich doch öfter. 5. Zieh dir doch den Mantel an. 6. Zieh dich doch an. 7. Koch dir doch einen Tee. 8. Leg dich doch aufs Sofa. 9. Rasier dich doch. 10. Beeil dich doch. 11. Zieh dir doch deine Schuhe an.

Übung 9 1. Wie oft seht ihr euch? 2. Wie oft ruft ihr euch an? 3. Wo trefft ihr euch gern? 4. Liebt ihr euch? 5. Wie lange kennt ihr euch schon?

Sprache im Kontext Auf den ersten Blick 1. Christian Wolff 2. Förster 3. Hund 4. Forsthaus Falkenau 5. Fragen 6. Stress

Zum Text A. (Christian Wolff) *Answers may vary slightly. Possible answers:* 1. ein Spaziergang mit meiner Frau und unseren Hunden. (*oder:* Ich gehe gern mit meiner Frau und unseren Hunden spazieren.) 2. einem guten Rotwein. (*oder:* Ich trinke gern einen guten Rotwein.) 3. Stress lasse ich nicht an mich ran. (*oder:* Ich lasse Stress gar nicht erst an mich ran. *oder:* Stress ist für mich kein Problem.) 4. Ich muss mich cholesterinbewusst ernähren. (*oder:* Ich darf keine Eier, keine Butter und nur wenig tierische Fette essen.) 5. mein Gerechtigkeitssinn. (*oder:* Ich will immer fair sein.) 6. Unprofessionalität und Unordnung 7. Italien; wegen der Landschaft, der Menschen, der Küche und der Nähe

8. Ich habe nie ein Musikinstrument gelernt.   9. der Blick durchs Schlafzimmerfenster in die Natur   10. Wer in die Vergangenheit blickt, verdient keine Zukunft. (*oder:* Ich sehe nicht in die Vergangenheit, sondern in die Zukunft.) (ich) *Answers will vary.*

Na klar!   *Answers will vary.*

Kapitel 9

Alles klar?   A. 1. ja   2. nein   3. vielleicht   4. ja   5. ja   6. nein   7. ja   8. vielleicht   9. nein   10. nein   11. ja (*oder:* vielleicht)   12. ja   B. 1. den Winter   2. im Dezember   3. das Weihnachten (*oder:* Silvester, das Neujahr)   4. am frühen Abend

Wörter im Kontext   Aktivität 1   1. das Einzelzimmer, -   2. das Bett, -en   3. die Wäsche   4. die Kommode, -n   5. das Handtuch, ¨er   6. der Fernseher, -   7. der Tisch, -e   8. die Lampe, -n   9. der Schlüssel, -   10. der Stuhl, ¨e   11. das Gepäck   12. der Koffer, -   13. der Schrank, ¨e   14. die Heizung   15. die Klimaanlage, -n   16. das Bad, ¨er (*oder:* das Badezimmer, -)   17. die Toilette, -n   18. die Dusche, -n // Fernseher / Dusche und WC / Einzelzimmer mit Bad / Klimaanlage und Heizung

Aktivität 2   1. Innenstadt   2. Lage   3. Parkplatz   4. Jugendherberge   5. Doppelzimmer   6. Einzelzimmer

Aktivität 3   1. Unterkunft / Einzelzimmer mit Bad   2. Erdgeschoss / Stockwerke / Stock   3. Anmeldeformular   4. Aufzug   5. Frühstücksraum

Aktivität 4   5 7 4 9 10 2 6 1 8 3

Aktivität 5   <u>eine</u> Ampel, <u>Ampeln</u> / <u>eine</u> Kreuzung, <u>Kreuzungen</u> / <u>eine</u> Bank, <u>Banken</u> / <u>eine</u> Jugendherberge, <u>Jugendherbergen</u> / <u>ein</u> Hotel, <u>Hotels</u> / <u>eine</u> Pension, <u>Pensionen</u> / <u>eine</u> Kirche, <u>Kirchen</u> / <u>ein</u> Museum, <u>Museen</u> / <u>einen</u> Bahnhof, <u>Bahnhöfe</u>

Aktivität 6   1. Entschuldigung, ist das Museum weit von hier?   2. Nein. Es ist nur ungefähr zehn Minuten zu Fuß.   3. Wie komme ich am besten dahin?   4. Gehen Sie hier die Schottenstraße entlang.   5. Gehen Sie geradeaus zur Ampel.   6. Biegen Sie dann links in die Schützenstraße.   7. Gehen Sie immer geradeaus.   8. Das Museum liegt gegenüber von der Christuskirche.   9. Vielen Dank.

Grammatik im Kontext   Übung 1   A. Haus <u>der</u> Kulturen <u>der</u> Welt / An einem "Netzwerk <u>der</u> Beziehungen zwischen den Kulturen" arbeitet das Haus <u>der</u> Kulturen <u>der</u> Welt in Berlin seit 1989. B. des Landes / der Kinder / der Periode / des Kontinents

Übung 2   A 1. die Zeitung des Moments   2. das Wort der Stunde   3. das Buch der Woche   4. der Roman des Monats   5. der Film des Jahres   6. das Symbol der Zeiten   B. 1. Habt ihr den Film des Monats gesehen?   2. Hast du den Roman des Jahres gelesen?

Übung 3   1. Das ist das Auto meines Onkels.   2. Das ist der Schlüssel deiner Freundin.   3. Das ist das Gepäck meiner Freunde.   4. Das ist die Kreditkarte eures Vaters.   5. Das ist das Anmeldeformular dieses Herrn.   6. Das ist das Geld Ihres Mannes.   7. Das sind die Fotos dieser Männer.   8. Das sind die DVDs eines Studenten aus Kanada.

Übung 4   1. Wer   2. Wessen   3. Wen   4. Wer   5. Wessen   6. Wem   7. wen   8. Wer   9. wem   10. Wer   11. Wessen   12. Wem

Übung 5   Das Haus <u>der Familie Beethoven</u> steht in Bonn. Hier wurde Ludwig van Beethoven 1770 geboren. Dieses Haus ist für viele Besucher ein wichtiges Symbol <u>der Stadt</u> Bonn. Die zweite Heimat <u>des Komponisten</u> war Wien, und im „Wiener Zimmer" <u>des Beethoven-Hauses</u> kann man Dokumente über sein Leben und seine Werke in Wien sehen.

Die moderne Beethovenhalle dient seit 1959 als Konzerthalle, und sie ist eigentlich die dritte <u>dieses Namens</u> in Bonn. Das Orchester <u>der Beethovenhalle</u> spielt eine große Rolle im kulturellen Leben <u>dieser Musikstadt</u> am Rhein. Es hat auch wichtige Funktionen im Rahmen <u>der Beethovenfeste</u> in Bonn.

Das erste Beethovenfest fand an Beethovens 75. Geburtstag statt. Der Komponist Franz Liszt war ein Mitglied des Festkomitees. Man hat zu diesem Fest eine Bronzfigur von Beethoven, das Beethoven-Denkmal, errichtet.

Ein neues Symbol der Beethovenstadt Bonn ist „Beethon", eine Skulptur aus Beton. „Beethon" ist das Werk eines Künstlers aus Düsseldorf, Professor Klaus Kammerichs.

Man findet das Grab der Mutter Beethovens auf dem Alten Friedhof in Bonn. Ludwig van Beethovens Mutter wurde als Maria Magdalene Keverich geboren. Sie starb am 17. Juli 1787. Auf dem Grabstein dieser Frau stehen die Worte: „Sie war mir eine so gute liebenswürdige Mutter, meine beste Freundin." Das Grab ihres Sohnes findet man in Wien.

Übung 6 1. Wegen der hohen Mieten wollen viele Leute ein Haus kaufen. 2. Trotz der Kosten kann man in dieser Stadt ein Haus haben. 3. Innerhalb eines Monats kann man im Traumhaus wohnen. 4. Wir kaufen Häuser innerhalb der Stadt in der Nähe des Stadtzentrums. 5. Wir verkaufen keine Häuser außerhalb der Stadt. 6. Man kann uns während der Woche und auch während des Wochenendes anrufen.

Übung 7 *Answers will vary.*

Übung 8 1. schönen, deutschen 2. großen/alten/historischen 3. interessanten 4. gemütlichen/freundlichen

Übung 9 1. junger 2. bequemen 3. runden 4. gemütlichen 5. kleine 6. weißes 7. blaue 8. graue 9. alte 10. große 11. zehnjährigen 12. roten 13. gelbes 14. sechsjährigen 15. stressfreie

Übung 10 *Answers will vary.*

Übung 11 1. viele/schöne 2. warmen/frische 3. historische/gemütlichen 4. luxuriöse/eleganten/berühmten 5. große 6. gute/deutscher/internationaler 7. schönen/ruhigen 8. fröhliche/zauberhafte/deutschen

Übung 12 D: Ja, ich habe den Hamburger Hafen fotografiert. F: Ja, ich habe das Berliner Theater besucht. H: Ja, ich habe die Wiener Philharmoniker gehört. J: Ja, ich bin vom neuen Münch(e)ner Flughafen abgeflogen.

Sprache im Kontext Auf den ersten Blick A. 1. h 2. c 3. f 4. d 5. g 6. a 7. e 8. b B. 1. der 2. Mindelheims 3. der 4. geschichtlicher 5. neuzeitlicher, der, des, Unterallgäus 6. nobler 7. lokaler 8. aller C. 1. a, c 2. b, c 3. a, b, c

Zum Text A. 1. farbenfroh 2. geschichtlich 3. neuzeitlich 4. alt 5. romantisch 6. künstlerisch 7. unerwartet 8. zahlreich 9. groß, historisch 10. reich 11. freundlich 12. breit 13. nobel 14. handwerklich 15. lokal 16. bemerkenswert 17. herzhaft-schwäbisch 18. kulinarisch 19. niveauvoll, gemütlich 20. gepflegt, heimelig

Na klar! *Answers for Vienna:* 1. a–e 2. a–e 3. *Possible answers for Vienna:* Der Winter in Wien ist kalt. Es schneit oft. Die Wiener müssen warme Kleidung wie Wintermäntel, Stiefel, Hüte und Handschuhe tragen.

Kapitel 10

Alles klar? *Answers may vary slightly. Possible answers:* 1. Der Zug ist noch nicht von Frankfurt am Main abgefahren. (*oder:* Der Zug ist schon in Frankfurt am Main angekommen.) 2. Die jungen Leute warten nicht auf dem Gleis. (*oder:* Die jungen Leute steigen schon ein.) 3. Sie steigen jetzt ein. 4. Sie tragen viel Gepäck: Koffer, Kameras und Rucksäcke. 5. Sie verbringen vielleicht mehr als ein Wochenende auf Reise, weil sie so viel Gepäck mitnehmen. 6. Sie tragen Sommerkleidung, weil sie Sommerferien haben.

Wörter im Kontext Aktivität 1 1. Angebot 2. Gepäckaufbewahrung 3. Reiseführer 4. Auskunft 5. Bargeld 6. Bahnhof B. 1. der Wagen / das Angebot / der Zug / das Flugzeug 2. die Gepäckaufbewahrung / die Fahrkarte / die Platzkarte / der Personalausweis 3. die Reise / die Fahrt / die

Übung 6   1. Wenn die Ferien nur länger wären! (*oder:* Wenn die Ferien nur nicht so kurz wären!) 2. Wenn wir nur nicht Tag und Nacht arbeiten müssten! (*oder:* Wenn wir nur nicht Tag und Nacht zu arbeiten brauchten!)   3. Wenn ich nur mehr Geld hätte! (*oder:* Wenn ich nur nicht so wenig Geld hätte!)   4. Wenn die Mieten in dieser Stadt nur nicht so hoch wären! (*oder:* Wenn die Mieten in dieser Stadt nur niedriger wären!)   5. Wenn Häuser nur nicht so viel Geld kosteten! (*oder:* Wenn Häuser nur weniger kosteten!)   6. Wenn ich mir nur ein neues Auto kaufen könnte!

Übung 8   Verben: fahre / würde / freuen / mitkommen / könntest / habe / erzählt / möchten / kennen lernen / könnte / vorbeikommen / dauert / könnten / essen / wären / hätten / Könntest / anrufen / geben Konjunktivformen: würde / könntest / möchten / könnte / könnten / wären / hätten / Könntest

Übung 9   A. 1. wie es (hätte laufen können.)   2. Es <u>ist</u> nicht so <u>gelaufen</u>,   3. *It just didn't happen the way it could have happened. (or: Nothing went the way it could have gone. or: Things just didn't run the way they could have.)*   B. 1. Wenn ich nur mehr Geld gespart hätte!   2. Wenn wir nur sparsamer gewesen wären!   3. Wenn ich nur auf ein neues Auto (*oder:* einen neuen Wagen) verzichtet hätte.   4. Wenn unsere Freunde nur nicht so viel Geld ausgegeben hätten!   5. Wenn sie uns nur unterstützt hätten. 6. Wenn ich nur das ganze Jahr gejobbt hätte!   7. Wenn das nur nicht notwendig gewesen wäre!

Sprache im Kontext   Zum Text A. 3, 8, 2, 5, 9, 6, 4, 1, 7   B. *Answers may vary slightly in wording.* 1. Sie fand in einem jugoslawischen Dorf statt.   2. Achtzig Gäste waren schon angekommen.   3. Die Braut war nicht zur Hochzeit gekommen.   4. Niemand wusste das.   5. Er bat eine junge Nachbarin um ihre Hand.   6. Ja, sie gab sie ihm.   7. Die Hochzeit fand statt, und alle waren zufrieden.

Kapitel 13

Alles klar?   1. a or d   2. e   3. b or d   4. *Answers will vary.*

Wörter im Kontext   Aktivität 1   1. Sie ist eine Morgenzeitung.   2. Sie ist eine Tageszeitung.   3. Sie informiert über das Geschehen in aller Welt, aus Politik, Wirtschaft und Kultur.   4. Sie hat über 105 000 Leser.   5. Sie existiert seit 1783.

Aktivität 2   1. die Schlagzeilen   2. die Nachrichten   3. die Lokalnachrichten   4. die Wirtschaft 5. Politik   6. die Börse   7. das Horoskop

Aktivität 3   1. Was hätte ich denn machen sollen?   2. Auf dem Kinderkanal kommt um diese Zeit doch nichts mehr. (*oder:* Es ist spät. Auf dem Kinderkanal kommt heute Abend nichts mehr.)   3. d. eine Detektivsendung / einen Krimi   4. „Tatort"   5. *Answers will vary.*

Aktivität 4   1. Computer   2. Drucker   3. Telefon   4. Anrufbeantworter   5. Faxgerät

Aktivität 5   1. Erfindung   2. Camcorder   3. Ausland   4. Abonnement   5. überfliegt   6. der PKW (Personenkraftwagen)   7. gescheit   8. blöd   9. die Zeitschrift   10. anschauen

Aktivität 6   A.   1. Dokumente drucken   2. E-Mails schicken und empfangen   3. Zeitschriften abonnieren   4. die Schlagzeilen täglich überfliegen   5. die Nachrichten aufnehmen   6. im Internet forschen

Grammatik im Kontext   Übung 2   1. Es scheint ein Bauernhaus zu sein.   2. Das Haus scheint in der Nähe des Mondsees zu sein.   3. Es scheint total renoviert zu sein.   4. Es scheint in einer sonnigen Lage zu sein.   5. Der Preis des Hauses scheint höher als 500 000 Euro zu sein.

Übung 3   FRAU WERNER: Wir brauchen keine Haushaltsgeräte zu kaufen. / Wir brauchen uns keinen Computer und keinen Drucker anzuschaffen. / Wir brauchen uns keinen größeren Fernseher zu kaufen. / Wir brauchen keine Zeitungen und Zeitschriften zu abonnieren. / Wir brauchen nicht unsere ganzen Freunde zu uns einzuladen.

Übung 4   1. Man würde in einem Dorf wohnen wollen, um eine abwechslungsreiche Landschaft zu genießen.   2. Man sollte Helmstedt besuchen, um durch die historische Altstadt zu bummeln. 3. Man sollte Helmstedt wählen, um Rad zu fahren, zu angeln, zu reiten und Tennis zu spielen.

4. Man sollte die Ferien in Helmstedt verbringen, um sich zu entspannen und sich zu erholen.
5. Man sollte an das Fremdenverkehrsamt schreiben, um Informationen zu bekommen.

Übung 5 1. Sie sollten keinen Marathon laufen, ohne fit zu sein. 2. Sie sollten kein Tier im heißen Auto lassen, ohne ein Fenster zu öffnen. 3. Sie sollten nicht in die Wüste fahren, ohne Wasser mitzunehmen. 4. Sie sollten das Haus nicht verlassen, ohne alle elektrischen Geräte abzuschalten. 5. Sie sollten bei minus 15 Grad Celsius nicht aus dem Haus gehen, ohne einen Mantel anzuziehen.

Übung 6 2. Herr Carl sagte, er <u>sei</u> ein sportlicher Mensch. Er <u>spiele</u> Volleyball. Außerdem <u>surfe</u>, <u>laufe</u> und <u>wandere</u> er gern.
  Als die Schüler ihn fragten, ob er sich „Baywatch" <u>ansehe</u>, antwortete er, dass Gott alles, nur nicht „Baywatch" <u>sehe</u>. Daran <u>halte</u> er sich auch. Er <u>sehe</u> mal einen Krimi, aber sonst nur Sportsendungen und Magazine wie „Monitor" oder „Report".

Übung 7 1. Der Zeuge antwortete: „Der Dieb ist um halb elf aus der Bank gelaufen." 2. Eine Bankangestellte sagte: „Ich habe den Dieb so genau wie möglich beschrieben." 3. Sie erklärte: „Der Dieb hat eine Maske getragen." 4. Der Polizist fragte: „Ist der Dieb allein gewesen?" 5. Der Zeuge behauptete: „Der Dieb ist in einem schwarzen Mercedes weggefahren." 6. Er sagte auch: „Ich habe eine Frau am Steuer gesehen."

Sprache im Kontext **Auf den ersten Blick** Titel / Tag / Tageszeit / Programm

Zum Text A. SENDUNG 1: *Liebe macht erfinderisch*; Jörg Schneider, Paul Bühlmann, Birgit Steinegger, Peter W. Staub; der Taxifahrer Hugo Meier, seine zwei Ehefrauen; ein Taxifahrer hat zwei Wohnungen und zwei Ehefrauen; Komödie; SA 20.10 SF1 SENDUNG 2: *Die Frisöse und der Millionär*; Eva Habermann, Ivo Möller; die Friseuse Anna, der 11-jährige Nick, der steinreiche Philipp Steinmann; der Junge unterbricht Annas Suche nach einem reichen Mann; keine Information; SO 20.15 RTL SENDUNG 3: *Die Metzger*; keine Information; Ferdinand Schmölling, seine Mieterin, seine Tochter, drei Kurden; die Ausländer sind unerwünscht, bis sie sich dem Metzger beweisen; Komödie; MO 20.15 ZDF SENDUNG 4: *Blind Date – Flirt mit Folgen*; keine Information; Louisa, zwei Kinder, Christa; Louisa tritt bei einer Fernsehshow für Christa an; keine Information; DI 20.15 PRO 7. B. 1. d 2. a 3. b 4. c

Kapitel 14

Alles klar? A. 1. a, d, e 2. f, h, B. 1. Neue Demokratische Jugend 2. Bildung ist keine Ware!

Wörter im Kontext Aktivität 1 1. d 2. c 3. a 4. b 5. c 6. b 7. d 8. c

Aktivität 2 **wer:** 600 Demonstranten aus Deutschland, Österreich und der Schweiz **wie:** mit Transparenten und fantasievollen Masken **wann:** am Sonnabend **wo:** im Frankfurter Bahnhofsviertel **wogegen:** Tierversuche **was man forderte:** das gesetzliche Totalverbot aller Versuche an Tiere

Aktivität 3 (*Opinions may vary.*) 1. die Wegwerfflasche – 2. die Sammelstelle + 3. die Fußgängerzone + 4. das Haushaltsgerät ? 5. die Plastiktüte – 6. die Umweltverschmutzung – 7. die Getränkedose ? 8. das Windrad + 9. die Verpackung –

Aktivität 4 1. teilnehmen 2. kaufen (*oder:* wählen *oder:* vorziehen) 3. Halten 4. wählen / schützen 5. vermindern 6. engagieren

Aktivität 5 1. Der Leser liest gern „Blitz". 2. Er wünscht sich diese Publikation in einer umweltfreundlicheren Verpackung wie recyceltem Papier. 3. Er glaubt, die Leser würden das akzeptieren. 4. Die Redaktion hat noch keine akzeptable Alternative gefunden.

Aktivität 6 1. Öffentliche Verkehrsmittel? Ich bin dafür. 2. Umweltverschmutzung? Ich bin dagegen. 3. Umweltfreundliche Verpackung? Wie kann das sein? 4. Sauberer Abfall? So ein Unsinn! 5. Meiner Meinung nach brauchen wir mehr Sammelstellen. 6. Ich bin der Meinung, dass alles möglich ist.

Grammatik im Kontext **Übung 1** 1. wurde / gespielt / Wer ist Elijah Wood? 2. wurde / angesehen / Wer ist Thomas Jefferson? 3. wurde / zerstört / Was ist die „Hindenburg"? 4. wurde /

gefeiert / Was ist der 3. Oktober?   5. wurde / kontaminiert / Was ist Tschernobyl?   6. wurde / verdient / Wer ist Boris Becker?   7. wurde / geschrieben / Was ist „Faust"?   8. wurde / beendet / wurde / ermordet / Wer ist Abraham Lincoln?   9. wurde / vorgeschlagen / Was ist der Truthahn? 10. wurde / geboren / Wer ist Henry Kissinger?

Übung 3   1. Wer stellt die Fragen „Wer ist Freund?" und „Wer ist Feind?"?   2. Wer erzählt die Geschichte? Antwort: Thomas Bohn.   3. Wer hat das Buch geschrieben? Antwort: Thomas Bohn. 4. Wie bringt man Klarheit in die Machenschaften des russischen Drogenrings?   5. Wer spielt die Rolle des schwarzgelockten (schwarzhaarigen) Sohnes des Kommissars? Antwort: Fjodor Olev.

Übung 4   1. Hier wird ein großes Sommerfest gefeiert.   2. Musik zum Tanzen wird gespielt.   3. Die Musik vom Tanzorchester „Lex van Wel" wird gehört.   4. Hier wird gesungen und gelacht.   5. Hier wird Bier und Wein getrunken.

Übung 5   1. in Räumen, in denen weder Speisen noch Getränke angeboten werden   2. in geschlossenen Räumen, in denen Getränke und Speisen serviert werden   3. Wer raucht, wird aufgefordert, das Lokal zu verlassen.   4. in separaten Zonen in Restaurants, die größer als 100 Quadratmeter sind 5. der Besitzer des Lokals   6. in Frankreich und in der Schweiz   7. in Irland / bis zu 3 000 Euro 8. in Norwegen

Übung 6   1. Hier feiert man ein großes Sommerfest.   2. Man spielt Musik zum Tanzen.   3. Man hört die Musik vom Tanzorchester „Lex van Wel".   4. Hier singt und lacht man.   5. Hier trinkt man Bier und Wein.

Übung 7   B. 1. Die Abfälle aus Haushalten, Restaurants und Großküchen wurden bisher an Futtermittelaufbereiter gegeben.   2. Bis eine sinnvolle Verwertungsmöglichkeit gefunden worden ist, 3. dass Küchenabfälle auch gemeinsam mit Gartenabfällen kompostiert werden können.   4. müssen die Abfälle leider gemeinsam mit Hausmüll auf den Deponien beseitigt werden.   C. 1. Die Berliner Stadtreinigung.   2. Verwerter für Küchenabfälle. / Um den Müll weiterhin getrennt sammeln zu können.   3. Futtermittelaufbereitern. (*oder:* An Futtermittelaufbereiter.)   4. Küchenabfälle können mit Gartenabfällen kompostiert werden.   5. Eine sinnvolle Verwertungsmöglichkeit.   6. Gemeinsam mit Hausmüll auf den Deponien.

Übung 8   1. Man kann Vorschläge für Umweltschutz in Anzeigen geben.   2. Man kann Umweltschutz durch gezielten Einkauf praktizieren.   3. Man kann umweltfreundliche Produkte herstellen, deren Inhaltstoffe biologisch abbaubar sind.   4. Man kann Produkte herstellen, die wenig Abfall produzieren und die die Natur so wenig wie möglich belasten.   5. Man kann auf Verpackung achten.   6. Man kann Waren vermeiden, die in überflüssigem Plastik verpackt sind.   7. Man kann umweltfreundliche Produkte günstig anbieten. **Was ist Krone?** b.

Übung 9   1. zunehmende, verbreitende   2. kommenden   3. beginnende   4. schlafende   5. jaulenden 6. folgenden, lachenden

Sprache im Kontext   Auf den ersten Blick   1. in Hammelburg   2. zu fünft   3. aus Holz   4. aus ökologischen Prinzipien

Zum Text   A. 1. 1985   2. Holz/Gras   3. ökologischen/baubiologischen   4. Strom/Wärme/Mobilität 5. Südausrichtung/Wintergarten   6. Solaranlage   7. Kochen/Backen   8. Pflanzenöl   9. 2000

Credits

Grateful acknowledgment is made for use of the following material: **Page 3 top left** Guten Morgen: *Aachener Volkszeitung*; **bottom left** Danke: PaperArt Holland; **bottom right** Grüß Gott!: © Eva Heller, from *Vielleicht sind wir eben zu verschieden*; **10** Volkswagen AG; **19** JUKI (Europe) GmbH; **21** www.seitensprung.net; **24** Courtesy of DER STANDARD, "STANDARD-Leserinnen beweisen Haltung"; **36** www.emailleschilder.com; **44** © 2006 Tribune Media Services, Inc./Distr. Bulls; **45** Courtesy of ImPulsTanz—Vienna International Dance Festival. Photo: © N. Höbling, Dans.Kias/Saskia Höbling "Jours Blancs"; **55** Paul Listen; **69 left** Galerie i.d. Töpferstube; **70** Reprinted with permission of Alain Debouillon; **71** Courtesy of Verlag Kiepenheuer & Witsch, Cologne; **75** Book ad: Courtesy of Deutscher Taschenbuch Verlag GmbH & Co. KG; Munch painting on cover of book: Edvard Munch, "The Dance of Life," 1899–1900. © 2006 The Munch Museum/The Munch-Ellingsen Group/ Artists Rights Society (ARS), NY; **83** Natural-Life Naturmarkt Jonas; **93** *Fit for Fun – Fit for Flirt*, 2/2002, S. 88; **98 top left** Restaurant Zum Webertor; **top right** Restaurant Zum Klösterl; **bottom** Restaurant La Bodega, Munich; **106** *P.M.*/Hurzlmeier; **109** Deutsches Theater, Munich; **112** Opera GmbH & Co, Bonn; **123** Deutscher Wetterdienst Seewetteramt; **126** AKAD, Die Privat-Hochschulen GmbH; **129** © Société des Produits Nestlé S.A.Trademark Owners; **132** Sperber Brauereigasthof-Hotel. Reprinted with permission of Christian Sperber; **133** Sperber Brauereigasthof-Hotel. Reprinted with permission of Christian Sperber; **145** Tele 5; **151** *Apotheken Umschau: Das Aktuelle Gesundheits-Magazin*, Wort & Bild Verlag; **154** Reprinted with permission of Manfred von Papan; **161** Text: *Deutschland* magazine; photo: Sabine Wenzel/OSTKREUZ; **165** Stadt Bonn, Amt für Wirtschaftsförderung und Tourismus; **167** *TV Hören und Sehen*; **169** Stadt Münster, Presse- und Informationsamt, Germany; **170** Courtesy of FlashDance Media B. Landmann, Tourismus Seite der Stadt Bad Liebenwerda, http://tourismus.badliebenwerda.de; **173** Courtesy of Stadtprospekt Mindelheim; **192** Reisebüro © 2003 Mirror Joke/Dist. Bulls; **194** *Berliner Morgenpost*; **196** Courtesy of www.relotours.de; **209** DWD/*Berliner Morgenpost*; **212** Handelsblatt GmbH; **216** Cartoon by Erik Liebermann/Cartoon-Caricature-Contor, Munich; **219** Courtesy of BRIGITTE-Woman 2/06; **224** *Schwimmerbad & Sauna*; **226** Copyright © Friedel Schmidt, Germany; **227** © Peter Butschkow/*Wohnidee* 6/89; **229 right** AKAD. Die Privat-Hochschulen GmbH (Stuttgart/Germany); Reprinted with permission of *Quick*; **236** Cartoon by Alfred von Meysenbug, *Trau Keinem über 30. Die 68er*, © Carlsen Verlag, Hamburg, 1998; **238** Kleine Komödie GmbH/ Hartmann und Stauffacher GmbH; **239** Kleine Komödie GmbH/Hartmann und Stauffacher GmbH; **244** *Goslarsche Zeitung*; **245** Cartoon by Greser/Lenz; *Frankfurter Allgemeine*, June 6, 1998; **249** Courtesy of MEGAtimer International: Organizer, Trainings für strategisches Denken und zielorientiertes Handeln, 5400 Hallein, Austria www.megatimer.com; **254** From *Profil 1/1998*, Schüler-Zeitung in Deutschland; **263** Text: *Berliner Morgenpost*; photo: DPA/Photoreporters, Inc.; **269** Text: *Der Spiegel*; **271** STERN 06/11, S. 40 Hier darf nicht mehr geraucht werden, © ohne credit; **273** *Berliner Morgenpost*; **275** *Berliner Morgenpost*; **277** http://www.hans-josef-fell.de. Reprinted with permission of Hans-Josef Fell.

Photo Credits

Page 1 © 2007 Ulrike Welsch—all rights reserved; **11** © 2007 Ulrike Welsch—all rights reserved; **13** © Grabowsky/Ullstein Bild/The Granger Collection, New York; **26** © Grabowsky/Ullstein Bild/The Granger Collection, New York; **29** © Ullstein Bild/The Granger Collection, New York; **47** © Ullstein Bild/The Granger Collection, New York; **49** © Sylent Press/Ullstein Bild/The Granger Collection, New York; **61** © Sylent Press/ Ullstein Bild/The Granger Collection, New York; **63** © Peter Hirth/Peter Arnold, Inc.; **77** © Peter Hirth/Peter Arnold, Inc.; **79** Courtesy of Monica Clyde; **94** Courtesy of Monica Clyde; **97** © Oberhäuser/CARO/Ullstein Bild/The Granger Collection, New York; **114** © Oberhäuser /CARO/Ullstein Bild/The Granger Collection, New York; **117** © Ric Ergenbright; **135** © Ric Ergenbright; **137** © Oberhäuser/CARO/Ullstein Bild/The Granger Collection, New York; **153** © Oberhäuser/CARO/Ullstein Bild/The Granger Collection, New York; **155** © Bob Krist/Corbis; **164** © Brand X Pictures/PunchStock; **174** © Bob Krist/Corbis; **177** © Ullstein Bild—superclic/The Granger Collection, New York; **198** © Ullstein Bild—superclic/The Granger Collection, New York; **201** © Heiko Specht/Visum/The Image Works; **220** © Heiko Specht/Visum/The Image Works; **223** © Joerg Mueller/ Visum/The Image Works; **241** © Joerg Mueller/Visum/The Image Works; **243** © CARO Fotoagentur/A. Bastian; **258** © CARO Fotoagentur/A. Bastian; **261** Hartmut Schwarzbach/Peter Arnold, Inc.; **280** Hartmut Schwarzbach/Peter Arnold, Inc.